D1622102

CHEZ LE MÊME ÉDITEUR

Du même auteur:

Améliorez la qualité de votre vie
Après la pluie, le beau temps (livre et cassette)
Devenez la personne que vous rêvez d'être
Pensez possibilités!
S'aimer soi-même
Tout est possible
Devenez une personne extraordinaire dans un monde ordinaire

En vente chez votre libraire ou à la maison d'édition

Si vous désirez recevoir le catalogue de nos parutions,
il vous suffit d'écrire aux éditions Un monde différent ltée
3400, boulevard Losch, bureau 8
Saint-Hubert (Québec) Canada J3Y 5T6
ou de composer (514) 656-2660

LE SUCCÈS

N'A PAS DE FIN, L'ÉCHEC

N'EST PAS LA FIN!

ROBERT H. SCHULLER

Les éditions Un monde différent ltée
3400, boulevard Losch, bureau 8
Saint-Hubert (Québec)
Canada J3Y 5T6
(514) 656-2660

Cet ouvrage a été publié en langue anglaise sous le titre original :
SUCCESS IS NEVER ENDING FAILURE IS NEVER FINAL
Published in Nashville, Tennessee
by Thomas Nelson Inc.
Copyright © 1988 by Robert H. Schuller

©, Les éditions Un monde différent ltée, 1990
pour l'édition en langue française

Dépôts légaux : 2e trimestre 1990
Bibliothèque nationale du Québec
Bibliothèque nationale du Canada

Conception graphique de la couverture :
MICHEL BÉRARD

Version française :
MESSIER & PERRON INC.

Photocomposition et mise en pages :
COMPOSITION MONIKA, QUÉBEC

ISBN : 2-89225-164-8

À ma femme,
la personne qui, plus que toute autre,
a non seulement rendu possible ma réussite,
mais a aussi donné de l'honneur et de la noblesse à tout
le processus.

Ce livre t'est dédié,
Arvella,
avec tout mon amour.

Table des matières

changement, le leadership, les problèmes, les gens, le bien-être émotionnel, les idées créatrices, la prise de décisions et vous-même.

Stérilisez votre attitude !   Analysez vos possibilités !
Reconnaissez votre position !   Examinez vos valeurs !
Énumérez vos atouts !   Misez sur vos expériences !

Établissez vos priorités !   Réorganisez votre horaire !
Visualisez vos objectifs !   Mobilisez vos ressources !
Énergisez votre pensée !   Organisez votre réseau !
Harmonisez vos conflits !   Neutralisez votre opposition !

Limitez vos risques !   Donnez un caractère positif à vos habitudes !

Mettez au point vos projets !   Verbalisez vos attentes !
Réalisez vos rêves !   Maximisez vos résultats !
Colonisez votre succès !   Revitalisez votre imagination !

Maintenant ! L'écho vous répète : Devenez un…
Fantastique ! Un penseur   Aïe ! Un penseur
Maintenant ! Un penseur   Faites vœu ! D'être un penseur
Comment ! Un penseur   Allez-y ! Comme penseur

Remerciements

Mille mercis aux nombreuses personnes dont les récits sont contenus dans ces pages pour nous inspirer et nous encourager. Un merci tout spécial à Sheila Coleman, ma principale recherchiste et éditrice. Merci à Arvella, ma femme, qui a patiemment parcouru chaque phrase et m'a apporté une aide inestimable. À vous deux, merci et que Dieu vous bénisse.

Préface

Qu'est-ce qui vous empêche de réussir? Limitez-vous vos propres habiletés par crainte de ne pas être à la hauteur? Faites-vous appel à des prétextes futiles? Croyez-vous que vos rêves ne se réaliseront jamais?

Le moment est venu de transformer votre attitude!

Robert H. Schuller, le «maître des possibilités», vous démontrera comment vos rêves, si impossibles qu'ils vous semblent, sont les germes de votre réussite. En vous débarrassant des impossibilités grâce aux listes de vérifications du docteur Schuller, vous déracinerez les facteurs négatifs de votre vie et vous les verrez se transformer en facteurs positifs!

Comme le note le docteur Schuller: «Lorsque le succès est perçu avec une attitude mentale positive, il n'est pas senti comme un processus. Il est le périple, et non la destination; par conséquent, le succès n'a pas de fin et l'échec n'est pas la fin!

Vous serez inspiré par les récits de gens qui ont réussi malgré les difficultés auxquelles ils étaient confrontés. Vous apprendrez comment ils ont analysé, reconnu, réorganisé, visualisé et mobilisé leurs possibilités pour les réaliser. Et si vous avez connu l'échec, vous verrez que le tournant n'est pas le bout de la route!»

Ne laissez pas passer un autre jour sans explorer votre propre route du succès! Soyez déterminé à dire adieu à l'échec et bonjour au succès, et voyez vos rêves se réaliser!

Robert H. Schuller connaît bien la signification du succès. Voilà plus de 25 ans il a fondé une église dans un ciné-parc abandonné. Aujourd'hui, ses membres, qui se chiffrent par milliers, assistent aux offices religieux dans la magnifique Cathédrale de Cristal, une structure entièrement faite de verre, à Garden Grove en Californie. Les encouragements édifiants et positifs du docteur Schuller ont été consignés dans plus de 20 ouvrages incluant les best-sellers *Après la pluie, le beau temps !*, The Be-Happy Attitudes*, et *Be Happy You Are Loved*. Sa populaire émission de télévision, *The Hour of Power***, est diffusée dans le monde entier.

---

* Publié aux éditions Un monde différent ltée sous forme de livre et de cassette audio.

** N.D.T. : The Hour of Power, service dominical retransmis en direct de la Cathédrale de Cristal, dont Robert H. Schuller est le pasteur, télédiffusé par le réseau NBC aux États-Unis et au Canada, et par satellite en Australie.

Première partie

Le succès n'a pas de fin...

Premier chapitre

Succès ou échec... Vous avez le choix!

Voilà 20 ans, j'ai mis au point une philosophie de réussite que j'ai appelée « la pensée axée sur la possibilité. »

Aujourd'hui, je regarde vers le passé et je me réjouis du succès de ce système.

Fantastique! Ça a marché pour moi! Et je sais qu'il peut en être de même pour vous!

Au cours des deux dernières décennies, ma famille a grandi et compte maintenant cinq merveilleux enfants, qui réussissent tous très bien, et dix petits-enfants, qui orienteront éventuellement leurs pensées vers la possibilité! Et ma carrière de prédicateur a été (et est toujours) gratifiante, emballante et remplie de défis!

Oui, ce système de réussite appelé « pensée axée sur la possibilité » fait des merveilles pour ceux qui le mettent en pratique. J'ai vu des milliers de personnes réaliser des objectifs incroyables et surmonter des obstacles et des handicaps étonnants avec l'aide de la « pensée axée vers la possibilité! » Examinez les résultats suivants :

• Quand il était petit garçon et fréquentait notre église, David Leestma avait l'habitude de dire : « Quand je serai grand, je serai astronaute. Eh bien ses parents, le révérend Harold Leetsma et son épouse, ministres de mon église, ont vraiment encouragé cette attitude positive. David a obtenu par la suite les meilleurs résultats de sa classe à l'Académie navale des États-Unis à Annapolis et a fini par réaliser son rêve. Il est devenu astronaute et a marché dans l'espace !

• Ils rêvaient de faire partie des ligues majeures de baseball... et ils ont réalisé leur rêve ! Bert Blyleven et Lenny Dykstra ont appris la pensée axée sur la possibilité à mon église. Et ils ont tous deux joué lors de la classique d'automne... et ils ont gagné !

• Je reçois chaque année près de 2 000 000 de lettres de gens qui me disent comment la pensée axée sur la possibilité leur a sauvé la vie ! Ils m'ont entendu l'enseigner à la télé, ils l'ont essayée et sont les preuves vivantes de son efficacité !

Je pourrais remplir ce livre d'autres récits de succès de personnes qui sont devenues des penseurs axés sur la possibilité et comptant à leur actif d'incroyables réalisations. Ils ont réussi dans tous les secteurs : en société, en affaires, en éducation, dans l'industrie, au sein du gouvernement et dans l'armée. La pensée axée sur la possibilité leur a été profitable. Elle peut l'être aussi pour vous. Vous aussi pouvez réussir !

Tout cela commence quand vous décidez de réussir. Certaines personnes fuient le succès. Elles sont embarrassées par le sujet. Après tout, le succès a été l'objet de toutes sortes de critiques, dont quelques-unes seulement étaient méritées.

Si l'on obtient le succès en exploitant les pauvres et les opprimés, cette injustice est répréhensible. S'il est nécessaire de réussir pour satisfaire une insatiable cupidité, une telle réussite est déplorable !

Un producteur et réalisateur de cinéma de réputation mondiale a un jour invité un de mes très bons amis à l'accompagner à une banque de Genève, en Suisse. Mon ami l'y suivit dans une chambre forte privée. La pièce renfermait des piles de lingots d'or ! Des dizaines de millions de dollars !

Mon ami décrivait la scène ainsi : « Le regard allumé, le cinéaste me dit : « N'est-ce pas ce que vous avez vu de plus beau ? » Je le regardai et j'en devins presque malade. Il semblait consumé par la cupidité et cela le rendait laid, repoussant, répugnant ! »

Ce genre de succès mérite d'être condamné.

J'ai aussi un ami, Armand Hammer, qui est un super penseur axé sur la possibilité ! Vous pouvez lire son livre*. Il était millionnaire à l'âge de 21 ans et est un homme extrêmement prospère et fortuné. Cependant, il a partagé son argent avec les pauvres et l'a utilisé pour financer la recherche et le développement de projets destinés à venir en aide au genre humain. Dieu seul sait combien de causes, de projets, d'institutions et d'individus ont bénéficié des appuis financiers de ce merveilleux philanthrope ! Il personnifie le genre de réussite que cet ouvrage salue !

Nous pouvons aussi relater le succès de mon ami le regretté Foster McGraw. Alors qu'il était encore un jeune représentant, il a découvert que les hôpitaux n'achetaient pas leurs propres équipements. Dans bien des cas, les médecins envoyaient les infirmières se procurer des pansements à la pharmacie.

Il eut une merveilleuse idée : téléphoner régulièrement aux hôpitaux et leur fournir tout ce dont ils avaient besoin. Son offre fut acceptée, tant par les médecins que par les hôpitaux.

Il entra bientôt en communication avec les manufacturiers et devint le fournisseur des hôpitaux du pays. La American Hospital Supply Corporation était née.

Foster McGraw donna de son vivant plus de 150 000 000 $. Plus de 30 universités reçurent des dons de 1 000 000 $ ou plus. Notre Cathédrale de Cristal a reçu deux dons de cette nature ! Le succès véritable est vraiment emballant !

---

* Armand Hammer et Neil Lindon : *Hammer : A Witness to History* (New York : Putnam, 1987).

Pour un autre ami, George Petty, le succès a consisté à créer des emplois pour sauver une ville entière !

« Je voudrais que vous acceptiez de prendre la parole, docteur Schuller », me dit un jour George d'une voix forte et décidée. « Je veux que vous inauguriez ma nouvelle usine du Wisconsin. Après tout, nous devons notre succès à votre pensée axée sur la possibilité. »

Il poursuivit en disant : « Je lisais dans le *Journal de Wall Street* que la ville entière de Kimberly, au Wisconsin, était condamnée à devenir une ville fantôme. La ville avait été construite autour d'une usine de fabrication de papier, 75 ans auparavant. Il s'agissait de la seule industrie véritablement génératrice d'emplois de la ville. Mais la conjoncture économique rendit l'usine non rentable. Je lus cette triste histoire, et le lendemain je vous entendis, docteur Schuller, parler de la pensée axée sur la possibilité à la télévision. Vous disiez : « Personne n'a de problème d'argent : il s'agit toujours d'un problème d'idées. » Alors j'ai téléphoné à un de mes cadres supérieurs et je lui ai dit : « Pourrais-tu me dire de quelle façon nous pourrions produire du papier avec rentabilité dans cette ville ? »

« Quelques jours plus tard mon associé me remit une note. La nouvelle était décourageante ! Son projet nécessitait une nouvelle machine capable de produire du papier glacé de 5 m 66 de largeur, et environ 1 km de longueur... chaque minute ! La machine pouvait être construite, mais à 150 m de longueur et à un coût de plus de 50 000 000 $! Et, en supposant que les conditions du marché soient bonnes et que le financement soit raisonnable, l'usine pouvait être fructueuse ! »

George Petty décida alors de concentrer ses énergies et de foncer ! Il alla voir des manufacturiers et des représentants gouvernementaux au Canada, son pays natal, et leur demanda : « Seriez-vous intéressé à construire les éléments de la machine ? À financer le coût de fabrication ? » Ils acceptèrent.

Il contacta ensuite les plus grands magazines du pays. « Voulez-vous que l'on vous garantisse la livraison de tout le papier dont vous avez besoin, en évitant les pénuries dans quelques années ? Si tel est le cas, avancez-moi l'argent et je vous donnerai une telle garantie. » Ils acceptèrent.

Ainsi, George conclut le « marché impossible » ! Puis il me téléphona. « Docteur Schuller, la machine est prête à fonctionner. Nous allons l'inaugurer le mois prochain. Nous avons sauvé la ville de Kimberly, au Wisconsin ! Et nous avons créé 600 emplois de plus ! Vous devez venir assister à l'ouverture et à la fête. »

J'acceptai. Je ne l'oublierai jamais ! Des drapeaux des États-Unis et du Canada flottaient partout dans la ville. Il y eut un défilé complet, avec la musique de la fanfare du collège, des majorettes et la pièce « On, Wisconsin ! » On érigea une immense tente pour recevoir près de mille personnalités venues en jets privés de New York et du Canada !

George Petty avait risqué son dernier cent ! Des milliers de personnes allaient bénéficier de son projet hasardeux. Et même s'il a failli laisser sa chemise deux ans plus tard quand les taux d'intérêt ont grimpé à un taux inimaginable de 22 %, il s'en est tiré ! Il a lutté et a réussi !

Ne dénonçons pas le succès ; ne nous y opposons pas ; favorisons-le ! Mais d'abord voyons ce que sont vraiment le succès et l'échec.

La combinaison succès/échec : *Est-ce plus que de simplement gagner ou perdre ?* Oui. Parce que le succès est un processus. C'est plus encore que ce que nous pouvons lire sur le tableau de pointage. Le succès et l'échec ne s'arrêtent pas à la fin du match et quand la foule quitte les lieux. Nous avons tous connu des vainqueurs qui, à la suite de leurs succès, sont devenus des imbéciles bouffis d'orgueil. Leur réussite a provoqué leur chute. Et nous avons tous connu des perdants si sportifs, qui perdaient avec tant de grâce qu'ils transformaient leur défaite en victoire personnelle.

La combinaison succès/échec : *Consiste-t-elle à se fixer des objectifs et à s'efforcer de les réaliser ?* Oui. Mais c'est plus que ce que vous lirez dans le rapport final ou les informations. Le succès véritable consiste à accepter les occasions que Dieu vous envoie et à donner à vos objectifs 110 % d'efforts !

Le succès peut vous échapper jusqu'à ce que vous connaissiez l'échec. Les efforts du sauteur à la perche ne sont complets et ne se soldent par une victoire que lorsqu'il rate son dernier saut ! Lorsqu'il échoue, le sauteur à la perche atteint le succès !

Le succès consiste à découvrir et à développer vos possibilités et à percevoir les nouvelles occasions qui s'offrent à vous chaque jour !

La combinaison succès/échec : *Consiste-t-elle à résoudre les problèmes et les difficultés ?* Oui. Mais comprenez bien que le succès est un processus qui ne doit jamais s'arrêter. Vous avez réglé un problème ? Ce succès entraînera de nouveaux problèmes ! Vous avez résolu une difficulté ? Ce succès en apportera de nouvelles ! Ainsi le véritable succès se mesurera au charme, à la grâce, à la politesse et au positivisme que vous aurez acquis au cours de ce processus évolutif.

La combinaison succès/échec : *Consiste-t-elle à connaître la renommée et la fortune ?* Oui... et non. Beaucoup des gens les plus prospères et les plus puissants de l'histoire ont été de grands hommes, mais d'autres se sont couverts de ridicule ! La renommée et la fortune sont des objectifs vides de tout sens s'ils ne visent pas une fin : aider les autres.

J'espère que le succès sera pour vous synonyme de prospérité. Car autrement il pourrait être synonyme de pauvreté. Et la pauvreté peut être terriblement oppressive. Combien de gens pauvres dans le monde ont opté pour la dictature parce qu'ils désespéraient de devenir financièrement indépendants. Des gens désespérés, faméliques ou pauvres ont été tentés de troquer leur liberté pour du pain. La pauvreté laisse les gens déprimés, découragés et abattus à la merci de tout dictateur se présentant avec des promesses (vraies ou fausses) porteuses d'espoir ! On transforme l'oppression en liberté en permettant aux gens de se sortir de leur pauvreté. Plus les citoyens deviennent financièrement indépendants et que les conditions qui favorisent et soutiennent les dictatures changent, plus la démocratie s'enracine. Les gens qui sont persuadés de pouvoir acquérir l'indépendance financière ont du mal à accepter les fausses promesses des politiciens égoïstes et opportunistes qui manipulent et exploitent les pauvres avec la promesse d'avantages divers.

Mais qu'est-ce que le succès ?

Pour le mari et la femme, le succès consiste à réussir leur mariage et d'espérer célébrer leurs noces d'or ! Le succès pour eux c'est de conserver l'intégrité de leur famille et de communiquer assez ouvertement pour que chacun de ses membres s'aiment et s'apprécient.

Pour l'étudiant, le succès consiste à réussir ses cours et à acquérir un esprit et des talents lui permettant d'apporter une contribution bénéfique au genre humain !

Pour le chirurgien, le succès consiste à sauver une vie !

Pour l'avocat, le succès consiste à aider des personnes confuses à se sortir des imbroglios desquels elles sont victimes et de leur rendre leur liberté !

Pour l'enseignant, le succès signifie de convaincre ses étudiants qu'ils sont brillants, et non stupides, et de les motiver à se faire d'eux-mêmes une image leur permettant de s'élever à des sommets inespérés !

Pour le représentant, le succès consiste à trouver des gens aux prises avec des problèmes que ses produits et services sont susceptibles de résoudre.

Pour le policier et le militaire, le succès consiste à maintenir la paix et l'ordre.

Pour le pasteur de l'église locale, le succès consiste à administrer des programmes pour subvenir aux besoins spirituels des fidèles. Il suppose de communiquer efficacement l'espérance du salut aux gens qui n'ont pas la foi.

Pour le malade, le succès consiste à recouvrer la santé, sinon à faire face à sa maladie de manière à être une source d'inspiration pour son entourage.

Le succès peut consister à faire face à des problèmes inhabituels. Par exemple, pour ma fille Carol qui a perdu une jambe dans un accident de motocyclette, le succès consiste aujourd'hui à porter sa précieuse petite fille en marchant sur sa jambe artificielle. Alors qu'elle sortait de chez elle un jour, avec son conjoint à ses côtés, l'impensable s'est produit : elle perdit l'équilibre sur le trottoir ; elle para sa chute, mais sa petite fille toute frisottée de huit semaines atterrit sur la pelouse, ratant le trottoir de quelques centimètres à peine.

Le lendemain soir ma femme était chez Carol. La chose se produisit à nouveau, sous le regard horrifié de ma femme et de ma fille de 23 ans ! Cette fois Carol et son bébé tombèrent sur le plancher recouvert de moquette. Au moment où cet ouvrage est sous presse, ma fille lutte toujours avec cette difficulté. Alors pour elle, le succès consistera à être capable de porter sa petite Rebekah sans la laisser tomber !

Le succès peut signifier d'acquérir plus d'argent ou de biens matériels. Notre perception du succès ne doit pas, bien sûr, faire abstraction des besoins matériels. Comme chrétiens, nous ne sommes pas opposés à la réussite matérielle si cela veut dire que les gens seront en mesure de (a) voir à leur propre éducation, (b) s'offrir des soins de santé, (c) mettre sur pied une entreprise où ils pourront exprimer leur créativité en mettant au point ou en distribuant un produit ou un service, ou (d) connaître la joie de donner à des causes, des ministères ou des institutions d'importance dans ce monde de famine et de douleur.

Quand j'étais petit garçon ma famille était pauvre, mais tous les dimanches nous étions capables de donner de l'argent à l'église. Tant que vous pourrez vous permettre de donner un dollar à une grande œuvre, vous ne vous sentirez jamais pauvre! Vous vous sentirez riche. C'est pourquoi je me suis toujours senti très riche!

Le succès ne consiste pas nécessairement à accumuler beaucoup de richesses, mais plutôt à faire preuve de générosité.

Peu de restaurateurs réussissent mieux que Keo Sananikone, à Honolulu. Réfugié du Laos, Keo a commencé comme plongeur et aide-cuisinier chez Pizza Hut. «Je n'avais pas assez d'expérience pour ouvrir mon propre restaurant», dit-il. Pendant la journée il enseignait les mathématiques dans deux langues au McKinley High School.

En 1977, avec un investissement de 26 000 $ environ, il ouvrit son premier restaurant : «Le Mekong». Malgré l'exiguïté des lieux et son manque de permis de vente d'alcool, le Mekong devint vite populaire grâce à la qualité de la nourriture, aux prix remarquablement bas et à l'excellent service. «Même si le Mekong est un endroit très modeste, j'ai essayé de créer une atmosphère agréable en tamisant l'éclairage. C'est ce que j'aime quand je prends un repas au restaurant», dit Keo.

«Il n'y avait aucun employé, à l'exception des membres de la famille», se rappelle Keo. «Nous avions tous d'autres emplois. Ceux qui travaillaient le jour se chargeaient du souper, et ceux qui travaillaient le soir s'occupaient du lunch.»

Huit mois après l'ouverture, Keo embaucha ses deux premiers employés. Dix ans plus tard il compte 142 employés à ses 4 restaurants et une liste d'attente de 300 personnes qui souhaiteraient beaucoup travailler à l'un de ses populaires restaurants Thai.

« J'adore travailler avec les gens et les distraire », dit Keo. « J'ai le sentiment d'organiser chaque jour des soirées. J'ai toujours su que je réussirais, non pas pour accumuler des fortunes, mais je suis heureux et je ris beaucoup. Le succès, c'est cela pour moi. Une femme m'a un jour demandé : « Comment se sent-on d'avoir réussi et de posséder beaucoup d'argent ? » Je lui ai répondu : « Le succès n'a rien à voir avec l'argent. J'ai réussi parce que j'ai eu une bonne éducation, de bons amis et j'ai toujours été heureux. »

Alors à quoi se résume le succès ? À un diplôme sur le mur ? Un trophée sous verre ? De l'argent à la banque ? Des honneurs professionnels ? Oui, tout cela est du succès, mais plus encore que cela, le succès consiste à pouvoir vous regarder dans le miroir et à être fier de ce que vous êtes devenu ! À avoir fait de votre mieux !

Le succès est des plus nobles lorsqu'il vous laisse persuadé de vous être respecté vous-même, que vous avez été un bon gardien de la vie, des libertés, des possibilités et des occasions dont Dieu vous a gratifié.

Le succès consiste à acquérir le respect de soi en affirmant la dignité du prochain. C'est pourquoi la plupart des personnes les plus prospères que je connaisse ont été (et sont toujours) les gens les plus aimés et les plus respectés sur terre, même si leur fortune est modeste. Ils ont de grands cœurs ! De super-âmes ! Ce sont des gens précieux ! Ce sont des gens exceptionnels, et je ne parle pas de mode, de fortune ou de niveau de vie. Et mon père fermier fait partie de ce Temple de la Renommée des grands hommes ! Il a lutté. Il a relevé d'immenses défis. Ses voisins, parents et amis l'admiraient, le respectaient et l'aimaient. Et papa se respectait aussi !

Voilà ce qu'est le succès !

Oui, papa a acheté sa ferme et il l'a payée. Et elle l'a nourri jusqu'à sa mort. Cela a-t-il marqué la fin de sa vie de prospérité? Pas vraiment. Ses enfants en ont hérité. J'ai reçu ma part et j'ai acheté un terrain. Un an plus tard, ce terrain avait gagné beaucoup de valeur. Lorsque nous organisions des levées de fonds pour construire la Cathédrale de Cristal, cet investissement m'a aidé à payer une partie de cet établissement qui abrite des gens qui viennent et repartent transformés. La réussite de mon père se perpétue encore aujourd'hui.

Donc, le succès n'a jamais de fin, car le succès est un processus!

Vous aussi serez capable de mesurer tout le bien que vous faites! Il se répandra et se multipliera! Sans cesse!

Prenez par exemple les personnes dont le succès est une question d'amélioration de soi. Le fait d'affronter une réalité avec honnêteté et sans détour constitue un véritable succès. Exemple: L'alcoolique qui cesse de nier qu'il a un problème, qui se rend chez les Alcooliques Anonymes et arrête de boire. Voilà le succès!

« Mais il a recommencé à boire », se plaint le cynique. Et alors? Son succès s'est-il estompé? Non! Les semaines, les mois, les années où il n'a pas bu n'ont-ils pas été merveilleux? Quelque chose de grand s'est produit pendant cette période! Des souvenirs positifs se sont accumulés et demeureront pour toujours dans l'esprit de la personne concernée et dans celui de ceux qui ont été inspirés par sa période de sobriété. *Qui peut mesurer l'impact à long terme d'un seul souvenir?*

Pendant que l'alcoolique était sobre, son attitude a inspiré les autres et les a encouragés à prendre des mesures pour transformer leur vie. Certains d'entre eux sont encore sobres aujourd'hui ! Et ils inspirent d'autres personnes qui, à leur tour, en inspireront d'autres. Alors même si l'alcoolique fait une rechute, le passé demeure et influe sur la vie d'autres personnes !

Et le souvenir de la période de sobriété permettra, très souvent, de surmonter la honte de la rechute. Et l'alcoolique dont la réussite passagère a momentanément pris fin reprendra ses bonnes habitudes ! Ses souvenirs positifs lui reviendront lentement et l'attireront à une autre assemblée des AA où il sera à nouveau sur la bonne voie !

En vérité, son succès ne peut prendre fin ! Son succès chancèle mais ne prend jamais fin !

Le succès n'a jamais de limites, même si vous prenez du poids après une diète réussie ! Je me souviens d'une femme qui est venue me demander conseil. Elle avait enfin admis qu'elle était obèse. Elle avait pris du poids mais elle avait tenté pendant des années de nier la réalité de sa condition. Puis vint la minute de vérité ! Elle se vit telle qu'elle était vraiment (grosse) et eut une vision soudaine de ce qu'elle pouvait devenir (mince). Alors elle s'inscrivit à un programme d'amaigrissement et perdit 45 kg ! Quelle réussite !

Deux ans plus tard elle reprit 15 kg. Mais elle entreprit une nouvelle diète ; elle perdit du poids et le reprit. Pendant 15 ans elle perdit du poids, puis le reprit. Finalement, déprimée, elle était prête à abandonner et me dit : « J'ai perdu toutes ces batailles. »

— Pas vraiment », lui dis-je. « Comptez tous les kilos que vous avez perdus lors de toutes vos diètes. Ajoutez ce nombre à votre poids actuel et dites-moi quel serait votre poids total aujourd'hui. »

Elle réfléchit. Une expression d'étonnement apparut sur son visage. « Mon Dieu, j'ai perdu plus de 200 kg ! » dit-elle. « J'ai quand même eu un certain succès ! »

— Bien sûr, répondis-je. Vous avez eu de nombreux succès ! Et chaque kilo perdu est un kilo de moins pour vous aujourd'hui. »

Le succès ne prend jamais fin, même si le mariage ne dure pas toujours ! Ils étaient si heureux le jour de leurs noces. Les premiers mois furent merveilleux ! Puis vint la tempête. Des rochers semblaient dormir sous la surface, prêts à émerger à marée basse. Ils me consultèrent. Puis leur fragile embarcation heurta un écueil. Ce fut la fin. Tous les efforts pour sauver leur mariage ne purent prévenir le divorce. Mais le divorce ne put mettre fin au lien qui les attirait l'un vers l'autre. Ils firent un nouvel essai ! « Accepteriez-vous de nous remarier, docteur Schuller ? » *Ici, le succès équivaut à une réconciliation !*

Le couple accepta d'annuler une entente contenue dans leur premier contrat qui prévoyait qu'ils n'auraient jamais d'enfants. Dix mois après leur second mariage leur fille vint au monde. Ils réussirent finalement. D'accord ? Oui ! Mais 10 ans plus tard le mariage sombra à nouveau. Cette fois le mari avait une maîtresse, et personne ne put l'empêcher d'abandonner sa femme et sa fille. Le divorce fut définitif.

Une personne négative me dit : « C'est bien malheureux qu'ils aient eu un enfant ! Ce serait tellement plus facile pour chacun d'eux s'ils n'en avaient pas eu !

— Cette perception est très bornée », dis-je en protestant. « Leurs belles années de mariage ne prendront jamais fin ! »

Je ne croyais pas si bien dire ! Aujourd'hui, 22 ans plus tard, j'ai vu la petite fille que j'ai baptisée devenir diplômée universitaire et éducatrice dans une garderie ! Même peu durable, le succès laisse des germes qui se développeront envers et contre tous et se reproduiront. Quand ce succès s'arrêtera-t-il ? Jamais ? Il se manifestera à l'infini !

J'ai vécu intensément la chute du président Richard Nixon. Après tout, il était l'un de mes voisins dans le comté d'Orange en Californie. Aucun président n'avait jamais démissionné de son poste avant lui. Son mandat fut une honte. Un échec total ! Pourtant, l'histoire se rappellera de Richard Nixon comme du président ayant jeté un pont entre la Chine et l'Amérique. Nul critique sérieux ne peut sous-estimer l'immense succès de cet effort diplomatique international. Ainsi, ironiquement, le processus de succès de ce président démissionnaire se poursuit encore de nos jours ! Le succès n'a jamais de limites !

Voilà donc ce qu'est le succès : faire du bien, quand nous le pouvons, là où nous le pouvons, pendant que nous le pouvons. Si, chemin faisant, une terrible collision met fin à tout cela, rappelez-vous que *rien ne peut vraiment y mettre fin !*

Le succès prend-il fin lorsque vous faites une chute, ou laissez-vous derrière des germes qui croîtront et porteront des fruits ? L'histoire religieuse se souviendra longtemps de la triste, déplorable et déshonorante mésaventure, en 1980, d'un ministère de la télévision connu sous le nom de « PTL », fondé par Jim et Tammy Bakker. Les fautes avouées de ce couple ont fourni l'occasion aux cyniques et aux non-chrétiens de porter un jugement méprisant contre tous les ministères religieux télévisés, y compris le mien. Je ne pourrai sans doute jamais vivre une année plus difficile comme prédicateur. Le mal causé aux chrétiens respectables par l'affaire Bakker est impossible à évaluer ! Le « succès PTL » a connu une fin abrupte, difficile et méprisable. Vraiment ? Lors d'une vente aux enchères publique des biens extravagants achetés par les Bakker, un couple expliqua à la télévision pourquoi il avait acquis le bureau de Tammy Bakker. « Nous avons été sauvés par leur ministère », dirent-ils. « Rien ne peut changer cela. Nous leur serons toujours reconnaissants du bien qu'ils nous ont fait, à nous et probablement à un million d'autres personnes. Ils nous ont conduits vers le Seigneur Jésus-Christ, et Jésus nous a toujours soutenus. » Ainsi, même dans ce cas, le succès se perpétue, et l'échec n'est jamais final.

L'un des entrepreneurs en construction domiciliaire les plus prospères de Californie fut un jour aux prises avec des difficultés. Le marché immobilier était en baisse. Il dut déclarer faillite. Il avait construit plus de 10 000 résidences unifamiliales sur la côte californienne, et il se retrouvait sur la paille. J'étais son pasteur, et c'était mon travail de l'aider à se sortir de son désespoir.

« Vous n'avez pas cessé de réussir parce que vous avez fait faillite », lui dis-je. « Vous avez été forcé de déclarer faillite parce que vos comptes à recevoir ont perdu leur valeur. Mais regardez les maisons que vous avez construites ! Elles existent encore. Pensez aux salaires que vous avez versés aux sous-entrepreneurs et aux ouvriers pendant les 20 dernières années ! Cet argent permet encore de survivre à des gens et à des institutions dont vous n'entendrez jamais parler ! Beaucoup de cet argent que vous avez versé au cours des 20 dernières années se retrouve dans des comptes d'épargne aujourd'hui. Certaines de ces sommes seront utilisées dans 20 ans pour défrayer les études universitaires d'un enfant ! Des médecins, des professeurs et des leaders de la société recevront une éducation à partir des économies accumulées grâce aux chèques de paie que vous avez distribués ! »

Je poursuivis en disant : « Combien de l'argent que vous avez versé en salaires s'est retrouvé dans des fonds de retraite dont les gens bénéficieront dans 10, 20 ou 30 ans ? Votre entreprise a fermé ses portes. C'est vrai. Mais votre succès se perpétue ! Quelle part de l'argent que vous avez versé a été investie en bourse ou dans l'immobilier et constituera l'héritage de plusieurs générations successives ? Le simple fait que votre entreprise soit en faillite ne veut pas dire que vos succès ont pris fin ! Le processus du succès se poursuit, changeant de forme et transformant des vies ! »

Un pasteur a vu un jour le nombre de ses fidèles diminuer et se vit forcé de fermer les portes de son église. Il vendit la propriété. La vie d'une petite congrégation prit fin. L'homme était terriblement déprimé. « Mais vos succès n'ont pas pris fin ! lui dis-je. Le simple fait que les portes de l'église soient fermées et que la propriété ait été vendue ne signifie pas qu'aucun des enfants des membres de cette église ne bénéficient d'une vie meilleure grâce aux valeurs chrétiennes qu'ils ont reçues. Des âmes immortelles jouiront de la vie éternelle au paradis ! Rien ne peut mettre fin à cela ! Pensez au bien que vos membres et vous avez fait en vous encourageant et en aidant les âmes de personnes souffrantes à surmonter leurs difficultés ! »

Le succès n'a pas de fin, car il s'apparente au processus de l'agriculture. Les bonnes actions honnêtes sont immédiatement transformées en des germes fertiles. Toute contribution créatrice et rédemptrice, comme une graine jetée en terre, portera fruit ! Et seul Dieu peut compter les pommes que contient une graine ! La ferme peut cesser de produire ou être vendue à un promoteur, mais la terre ne s'évaporera pas ! Elle demeurera productive pour quelqu'un ! Des êtres humains auront subsisté pendant une saison par la nourriture produite sur cette ferme. Ils auront fait l'amour et auront donné naissance à des enfants, et ainsi les fruits se propageront à l'infini !

Réfléchissez à ceci : vous et moi devons notre vie à des gens prospères que nous ne pourrons jamais remercier personnellement.

• Pensez à la liberté dont nous bénéficions ! Un soldat est mort pour cela ! Son succès se perpétue ! Merci, monsieur !

• Un chercheur en médecine a permis l'éradication d'une maladie voilà plusieurs années. Merci, madame !

• Des croyants ont soutenu la foi chrétienne pendant des époques de persécution ! Leur succès est sans limites ! Merci !

Je dis donc à toutes les personnes de bonne volonté de la planète Terre : *Vos plus grands succès seront à jamais les secrets de Dieu.* Lui seul saura tout le bien que nous avons tous fait. Un peu de bien est beaucoup plus bénéfique que nous le saurons jamais, car la personne aidée appuiera à son tour une autre personne. La mort d'une chenille et la naissance d'un papillon ne signifie pas que la chenille a cessé de réussir. Toute vie contient le principe universel de la mort et de la résurrection. La vie se perpétue. À l'infini!

Même les échecs apparents peuvent devenir des éléments importants du processus du succès! Supposez que, malgré les efforts du médecin, le patient meure. Cela signifie-t-il que le médecin a échoué? Pas entièrement! Le médecin a réussi au niveau de la recherche, car il a appris ce qu'il ne faut pas faire. Les échecs deviennent alors des contributions significatives au processus des succès futurs, par exemple la découverte d'une cure pour une forme de cancer ou une autre maladie grave.

Cette perception positive de l'échec est de toute première importance! Sans elle, l'enthousiasme disparaît. La dépression s'installe. Le découragement prend le dessus. L'énergie se tarit. Les ressources ne permettent plus à l'entreprise de survivre.

Si le succès, c'est tout cela, alors qu'est-ce que l'échec véritable? L'échec véritable consiste à :

- Échouer personnellement, et non professionnellement!

- S'abandonner à la lâcheté face à une entreprise urgente mais risquée!

- Se retirer d'une noble cause par crainte de l'échec.

- Protéger sa fierté d'un échec professionnel s'avérant embarrassant plutôt que d'œuvrer à une noble cause.

- Réduire à une classe inférieure la foi du leadership de sa vie et placer la crainte en position de pouvoir.

Voilà l'échec incontesté au plan personnel. Mais voici de bonnes nouvelles : si vous connaissez ou avez déjà connu l'échec, celui-ci n'est pas définitif! Vous pouvez renverser la situation et reprendre en mains votre avenir en transformant votre façon de penser!

Oui, je vous promets que dans ce livre, vous aussi pourrez trouver (a) la motivation de réussir et (b) les habiletés qui vous permettront de réussir! Vous découvrirez que le succès consiste à bien gérer votre meilleur atout, c'est-à-dire VOUS-MÊME! À la lecture de ce livre,

- Un nouveau rêve vous sera inspiré!

- Vous serez encouragé à tenter de réussir!

- Vous deviendrez un penseur axé sur la possibilité et vous croirez que rien n'est impossible!

Oui, voilà ce qu'est le succès: oser rêver à l'impossible avec Dieu, et donner à Dieu la chance de réaliser ce rêve?

Le succès n'est-il pas fantastique? OUI! À vous de choisir!

Choisissez-le! Recherchez-le! Car le succès consiste à trouver un besoin et à le combler! À déceler un mal et à le guérir! À dénicher un problème et à le résoudre!

Et nous devons constamment nous rappeler qu'*il n'existe pas de succès sans sacrifice*. Jésus a dit: «Qui aura trouvé sa vie la perdra et qui aura perdu sa vie à cause de moi la trouvera» (Matthieu 10,39). L'égoïste n'obtiendra jamais vraiment de succès satisfaisants! C'est plutôt un sincère esprit de sacrifice qui inspire, soutient et sanctifie le succès.

J'ai connu un jeune homme qui est mort au début de la trentaine après une brève carrière publique qui lui a apporté la renommée de ce temps et en son pays. L'élément tragique de sa vie est qu'après une réussite épatante, il a été accusé d'un crime qu'il n'avait pas commis, a été emprisonné, jugé puis exécuté! Il a subi la peine de mort. La fin de sa vie a été caractérisée par la disgrâce, l'humiliation et la honte. J'ai envie de pleurer quand je pense au spectacle triste et sordide de cette injustice sociale. Je doute qu'il y ait dans l'histoire un autre cas où un homme brillant s'est élevé aussi rapidement aux yeux du public, pour aussitôt perdre l'estime de ce même public !

Donc le succès se perpétue... n'est-ce pas ? Il a échoué, non ? Pas vraiment ! Son retour a été plutôt sensationnel ! Son échec n'était pas définitif ! Le nom de cet homme a été en définitive réhabilité. Son honneur lui a été rendu par des disciples honnêtes et honorables. Son nom est aujourd'hui le plus respecté et le plus célèbre au monde. Il est mon ami ! Mon inspiration ! Il s'appelle Jésus-Christ.

Faites le bilan de son caractère, sa carrière, sa victoire contre l'adversité et la mort, et vous direz comme moi : Le succès n'a pas de fin et l'échec n'est pas la fin.

Deuxième chapitre

Un succès illimité grâce aux rêves!

Alors maintenant vous savez! Ce livre traite de :

• Succès et d'échec ;
• Exaspération et d'inspiration ;
• Frustration et de réalisations,
• Découragement et d'espoir !

Ce livre vous est destiné! Et il est sur le point de vous permettre de réaliser vos rêves !

Lorsque je rencontre des gens, ils m'abordent en me posant la question habituelle : « Bonjour docteur Schuller ; comment allez-vous ? »

« Très bien. » Je fais une pause, je souris et j'ajoute : « C'est prévu ! Car le succès ne tombe pas du ciel ! On doit s'y préparer ! »

J'ai appris cela lorsque j'étais petit garçon. Quelques jours avant mon cinquième anniversaire de naissance, le frère de ma mère, diplômé de Princeton œuvrant comme missionnaire en Chine, vint passer des vacances en Amérique. Nous attendions son arrivée depuis plusieurs mois. À la campagne où nous habitions, nous idolâtrions l'oncle Henry : il était tout à la fois pour nous George Washington, Abraham Lincoln, et Theodore Roosevelt. Il était le plus grand des héros.

Ma mère était très proche de son jeune frère érudit. Elle était fière de l'oncle Henry. Il était parti d'une ferme en Iowa pour mériter un diplôme en théologie à l'université de Princeton, puis se rendre ensuite, dans les années 20, dans ce pays mystique, mystérieux et merveilleux situé de l'autre côté de la Terre ! Sa femme et lui avaient réuni les quelques biens qu'ils possédaient dans une grande malle et s'étaient rendus en train en Californie. Ils avaient embarqué sur un navire à vapeur, pour arriver, plusieurs semaines plus tard en Chine, ce pays de lutte, de souffrances et de travail, peuplé de gens vêtus de noir, coiffés de chapeaux de paille pointus et chaussés de sandales !

L'oncle Henry était un rêveur... et un homme d'action ! Il faisait des projets et obtenait des résultats ! Il pensait grand ! Il agissait ! Il visait haut et réussissait ! Alors les gens le croyaient ! Ils l'écoutaient. C'était un leader qui savait ce qu'il voulait et où il voulait aller.

L'oncle Henry nous avait envoyé chaque année des cartes postales. J'avais regardé ces étranges photographies, si étrangères à mon petit univers sur une ferme d'Iowa avec sa grange, son poulailler, sa porcherie et sa mangeoire, isolée à l'extrémité d'une impasse. Bien sûr j'étais emballé à la pensée de la visite de l'oncle Henry.

« Il arrivera dans une heure », dit maman. « Harold, va chercher de l'eau fraîche. » (Elle m'appelait toujours par mon second prénom. C'était son prénom favori. Le nom de Robert lui avait été imposé par sa mère, alors j'avais été baptisé Robert Harold. Grand-mère avait eu gain de cause, mais ma mère aussi. Elle feignait simplement d'ignorer mon premier prénom, et grand-mère était satisfaite).

Muni d'un petit seau, je traversais la cour de la ferme et me dirigeais vers le puits qui était deux fois plus haut que moi. Planté au beau milieu de la cour déserte, sa silhouette me semblait une créature de fer dotée d'un corps et d'une vie bien à lui ; la manette de la pompe m'apparaissait comme un vrai bras, et le dégorgeoir, sa tête. Après avoir actionné vigoureusement la manette de haut en bas, l'eau se mit à gicler, propre, claire et froide ! Le puits était l'ami de la famille ! Il allait nous prodiguer la boisson fraîche que nous pourrions offrir à notre invité de marque !

Je me remis en route vers la maison, portant la meilleure boisson jamais goûtée, et je jetai un coup d'œil à la longue route déserte et poussiéreuse. Très loin, à l'horizon presque, j'aperçus un petit nuage de poussière qui grossissait et s'allongeait, et venait dans notre direction ! Puis je vis une voiture noire émerger de la poussière.

« Il arrive, maman ! Il est là ! » criai-je. Je gravis en courant l'escalier de bois nu, répandant mon eau, je franchis la porte de moustiquaire, et me retrouvai debout sur le plancher de linoléum délavé et craquelé de la cuisine.

« L'oncle Henry arrive ! » criai-je à maman, qui, me semblait-il, était toujours dans la cuisine, matin, midi et soir.

Je retournai vivement dehors. Une petite pelouse composée d'une variété de mauvaises herbes entourait notre petite maison de ferme blanche à deux étages. Une modeste clôture empêchait un cheval ou une vache égarée de s'y aventurer. Mes pieds nus parcoururent le trottoir de ciment constellé de fissures qui laissaient passer les mauvaises herbes et servaient d'accès à de vastes galeries où des millions de fourmis vivaient et travaillaient.

Je m'arrêtai à la barrière, et j'attendis. Je pouvais entendre la voiture ! C'était la nouvelle Chevrolet noire de grand-père, modèle 1926. Dans mon petit univers, tout le monde conduisait une Chevrolet ou une Ford, et lors des réunions familiales, les adultes discutaient avec animation de la valeur de chacune de ces marques.

Grand-père servait fièrement de chauffeur à Henry, son fils aîné ! Un homme cultivé ! Un membre de l'élite ! Un grand voyageur ! Un homme ayant une mission ! La voiture s'arrêta. Des nuages de poussière enveloppèrent la berline à quatre portes. Je pinçai nerveusement ma salopette de marque Oshkosh. Dans mes poches se trouvaient mes seuls biens : une poignée de billes de verre ! À mes yeux c'était des diamants, des émeraudes, des joyaux !

La portière de la voiture s'ouvrit (et mes yeux aussi) ! J'étais sur le point de faire la connaissance de la personne qui était mon plus grand héros ! Une célébrité de premier plan ! Un homme à la réussite exceptionnelle ! Il était, à mon époque et dans mon univers, Michael Jackson ! Lionel Ritchie ! Mohammed Ali ! Bob Hope ! Frank Sinatra ! Ronald Reagan ! Magic Johnson ! Pour le petit garçon de quatre ans et onze mois que j'étais, l'oncle Henry était la personne vivante la plus importante de toute la planète Terre !

J'allais être le premier membre de la famille à le voir ! Avant mon frère et ma sœur, qui étaient encore à l'école. Il avait belle apparence. Il portait un complet-veston ! Une chemise blanche ! Une cravate ! Il était bien habillé comme, je supposais, une personne bien éduquée devait l'être. Il était énergique, intimidant ! Il m'impressionnait.

Les yeux fixés sur mon héros, qui était là en chair et en os, je demeurai bouche bée, le souffle court. Puis il parla de sa voix forte. « Alors tu es Robert. Oui ! Tu dois être Robert Harold. »

J'acquiesçai. J'attendis.

« Toi, Robert... » dit-il. (Il avait la main posée sur ma tête ! Il me regardait, son regard tout près du mien ! Comme si j'étais la seule personne vivante qu'il connaissait à ce moment ! Puis il parla ! D'une voix forte ! Claire ! Une déclaration ! Une prédiction ! Une affirmation ! Une prophétie) ! « Toi, Robert, tu seras ministre du culte quand tu seras grand. »

Il n'en fallait pas plus. Ces quelques secondes transformèrent mon destin ; elles décidèrent de mon avenir. Je restai là à le regarder, caressant mon rêve en mon cœur pendant qu'il tombait dans les bras de sa sœur.

Cela me laissa une impression profonde, définitive. Il m'avait donné quelque chose de bien plus précieux que les diamants et les émeraudes que j'avais dans mes poches de tissu de coton sergé ; l'oncle Henry m'était arrivé de Chine avec le don le plus précieux que j'aurais jamais : un rêve ! Une possibilité fantastique ! Je savais, sans l'ombre d'un doute, ce que je deviendrais. Après tout, l'oncle Henry l'avait dit !

Ce soir-là je fis ma prière quotidienne : « Maintenant je vais dormir. Je prie le Seigneur de garder mon âme. Si je dois mourir avant mon réveil, je prie le Seigneur de garder mon âme. » Puis j'ajoutai cette nouvelle phrase : « Et faites de moi un prédicateur quand je serai grand. Amen. »

Au déjeuner le lendemain matin j'annonçai mon rêve à mes parents. Et je me suis longtemps demandé pourquoi papa avait pleuré.

Comment s'est produit ma réussite ? Pourquoi mes rêves se sont-ils réalisés ? Cela a-t-il de l'importance ? Bien sûr ! Cela fait-il une différence ? Sans aucun doute ! Pour qui ? Dieu seul le sait. Cela a certainement eu de l'importance pour mon mariage, ma famille et pour tous ceux qui sont touchés de façon positive, créative, et qui sont sauvés par mes efforts et mes réalisations.

Alors aujourd'hui je célèbre le succès ! Qu'est-ce que j'en connais ? Comment ai-je réussi ? Qu'ai-je appris que je puisse vous communiquer ?

J'ai appris que certaines personnes semblent réussir sans efforts. Au début ce n'était ni leur intention, ni leur objectif, ni leur rêve. Les circonstances leur ont presque imposé le succès.

Cependant, ils sont, toutes proportions gardées, un fort petit nombre. Et il y a peu de leçons à tirer de leur réussite.

Ce qui importe vraiment, c'est que la vaste majorité de ceux qui ont réussi le voulaient ! Ils caressaient un ardent désir de réussir dans leur vie. Posez-leur des questions ; je l'ai fait ! Ils disent des mots comme « mon rêve », « mon ardent désir », « ma grande passion », « mon objectif premier », « mon destin ».

Je comprends ces gens ! Je suis l'un d'eux ! Qui que vous soyez, vous pouvez tirer profit des expériences de ces personnes ! Et je vous communiquerai volontiers et avec joie ce que m'ont appris 60 ans de réussite. Voici donc, je le jure devant Dieu, comment j'ai réalisé mes rêves ! Et comment je continue à les réaliser ! Merveilleusement ! Naturellement ! Noblement ! Joyeusement ! Comme une fleur que l'on sème en terre et qui s'épanouit !

Voici comment les rêves se réalisent !

« Vous et moi méritons d'être réunis aujourd'hui ! » dis-je à l'auditoire. Ce fut mon introduction. J'avais une boule dans la gorge. La larme à l'œil. Pourquoi ! Parce que je répondais à l'une des plus belles invitations de ma vie.

C'était la seconde fois en 10 ans que j'étais invité à prononcer une allocution devant les finissants au baccalauréat de l'académie de l'Aviation des États-Unis à Colorado Springs. La spectaculaire chapelle était remplie à pleine capacité des fiers parents des cadets.

Les diplômés provenaient de 50 États et de familles de toutes les conditions, des plus riches aux plus pauvres. Dans plusieurs cas, un brillant jeune homme ou une brillante jeune fille de famille modeste avait attiré l'attention d'un sénateur américain. Les études universitaires leur auraient été inaccessibles, n'eut été de la nomination du sénateur. Mais cela s'était produit ! Ils avaient été acceptés par l'académie de l'Aviation !

Ils avaient eu la chance de bénéficier d'une bourse d'études de quatre ans, tous frais payés, dans une université de très haut calibre, tout en gagnant un petit salaire.

Mais le travail avait été difficile. Les heures d'études et de formation avaient été ardues. Et maintenant, quatre ans plus tard, ils étaient diplômés ! Portant fièrement leurs uniformes neufs, ils vivaient le plus grand moment de fierté de leur vie ! Le rêve incroyable et impossible s'était réalisé !

Un orgue à tuyaux de taille imposante remplissait la chapelle de musique militaire. Le chœur chantait avec beaucoup d'enthousiasme. Puis vint le moment pour moi, le ministre du culte, de prononcer l'allocution. Je regardai mon auditoire et je poursuivis, expliquant ma déclaration d'ouverture. « Oui ! Nous avons un élément commun ! Vous et moi croyons que *les rêves peuvent se réaliser !*

Je leur expliquai ensuite brièvement comment mes rêves s'étaient réalisés. Voilà 55 ans, quand j'étais petit garçon, mon oncle Henry me donna un rêve : devenir ministre et raconter aux gens la vie édifiante de Jésus-Christ. Ma famille était pauvre, mais nous n'en savions rien. Nous mettions souvent du carton dans nos chaussures quand nos semelles étaient percées et exposaient nos pieds à la terre, aux cailloux et au ciment.

« Une menue pièce de monnaie m'excitait presque autant que le fait de posséder un billet de 100 $ aujourd'hui ! Nous n'avions pas à nous inquiéter pour notre subsistance. Nous avions un potager et nous vivions des fruits de la terre. Mais la possibilité de poursuivre des études onéreuses pendant plusieurs années était une tout autre question. » (Mon auditoire savait très bien de quoi je parlais) !

J'ajoutai : « Je suis devenu un rêveur âgé de cinq ans à peine, à la suite de l'appel de l'oncle Henry — ou de Dieu lui-même — m'enjoignant de consacrer ma vie à la prédication.

« Même si le coût de mes études me paraissait de façon indistincte presque impossible à rencontrer, mon rêve me permit de traverser le niveau collégial et de faire quatre ans d'université. J'eus toutes sortes d'emplois, je travaillai pendant l'été, je fis des économies et je gagnai mes repas en travaillant à la cafétéria de l'université. Tout s'arrangea et, avant que je ne m'en rende compte, j'obtins mon diplôme universitaire, comme vous aujourd'hui ! Oui, mon diplôme universitaire a marqué un sommet de réussite dans ma vie, tout comme pour vous. Nous savons que les rêves peuvent se réaliser !

« Il m'a fallu trois ans, à la suite de mes études universitaires, pour effectuer mon stage en théologie. J'ai terminé et j'étais prêt à être ordonné et à recevoir ma licence de ministre au sein de l'Église réformée d'Amérique. Pour assister à cet événement, mon père se rendit à nouveau à Holland, au Michigan, la ville où j'avais déjà reçu un premier diplôme. Lorsque je traversai la scène pour recevoir mon diplôme final, je vis mon père, dans la salle, qui essuyait ses larmes.

« Je me rappelai l'avoir vu pleurer le matin où j'avais annoncé, alors que j'avais à peine cinq ans, que je deviendrais ministre. Maintenant, alors que je terminais mon séminaire, mon père me confia son vieux secret. J'appris la raison de ses larmes.

« Quand j'étais petit garçon, je désirais aussi devenir pasteur protestant, me dit-il. Mais ma mère et mon père sont morts, me laissant orphelin. Je dus quitter l'école alors que je ne savais que lire et écrire. Je fus obligé d'accepter le seul travail disponible : aider un fermier d'Iowa à exécuter ses tâches. À partir de ce jour je vis mon rêve de devenir ministre s'estomper comme un merveilleux nuage que j'avais vu grandir et prendre forme. Je priai. Je demandai à Dieu de réaliser mon rêve à travers le fils qu'il voudrait bien me donner. Ainsi mon rêve ne mourrait pas. Il pourrait se réaliser à travers TOI ! »

À ce moment il me regarda en pleurant et me dit : « Je n'ai jamais osé t'en parler, Robert, parce que je ne voulais pas que tu deviennes ministre juste pour me faire plaisir. Il fallait que Dieu t'inspire, qu'il exauce ma prière, sinon ce n'aurait pas été bien. »

Il me dit avec fermeté et passion : « C'est pourquoi je ne t'ai jamais dit pourquoi j'avais été si emballé lorsque, petit garçon, tu m'as annoncé au déjeuner que tu serais ministre lorsque tu serais grand ! Aujourd'hui, Robert, mon rêve, qui est aussi le tien, s'est réalisé ! Nous savons tous deux que c'était le rêve de Dieu avant d'être le nôtre ! »

« Cela, dis-je aux fiers cadets, est le véritable secret de ma réussite... et de la vôtre. Car tous les rêves qui se réalisent prennent naissance dans l'esprit de Dieu. Et voici comment ils évoluent... »

Voici comment les rêves évoluent !

Comme je l'ai dit aux cadets, le succès est une évolution, et non pas une chose qui se produit du jour au lendemain ; c'est un voyage, et non une destination ; un projet continuel, et non une réalisation unique indépendante du passé et n'ayant aucun impact sur l'avenir. Le succès est un processus continu qui comporte des périodes faciles et difficiles, du plaisir et de la douleur, des hauts et des bas, des victoires et des échecs !

J'ai observé qu'un rêve qui se réalise, de sa conception à sa concrétisation, passe par 10 étapes distinctes.

Première étape : Le rêve prend naissance dans l'esprit de Dieu.

Où commencent les rêves ? Quelle est la source première des idées qui nous viennent à l'esprit pour diriger notre destinée ?

Je croyais que c'était mon rêve de devenir ministre ! En vérité, ainsi que je le découvris, c'était le rêve de mon père avant d'être le mien. Il croyait (et je partage sa conviction) que c'était le rêve de Dieu avant d'être le sien ou le mien. Et même quand mon rêve s'est réalisé, à la réception de mon diplôme en devenant le *révérend Robert Harold Schuller*, un nouveau rêve a pris naissance en moi. Je rêvai de trouver un endroit en Amérique où je pourrais fonder une église à laquelle je consacrerais toute ma vie !

Alors lorsqu'on me demanda, immédiatement après la fin de mes études, d'aider à ériger une église dans une banlieue de Chicago, j'acceptai. Mais quatre ans plus tard je reçus une autre invitation : mettre sur pied, à partir de zéro, une église dans le comté d'Orange, en Californie.

Je n'ai jamais recherché cette invitation. Elle m'est « tombée du ciel », comme l'idée de consacrer ma vie entière à une seule église. Alors, à l'âge de 28 ans, en compagnie de ma femme et 500 $ seulement, je partis pour la Californie avec la ferme conviction de mettre sur pied une église fantastique !

Mais d'où ce rêve m'est-il venu ? Il m'est « tombé du ciel ! » Les rêves qui stimulent notre imagination et mobilisent notre volonté prennent naissance dans l'esprit de Dieu.

Deuxième étape : Dieu adapte son rêve au rêveur.

Dieu choisit la personne à qui il pourra confier le plus grand don qu'il puisse donner à un être humain : un rêve !

« J'ai une idée, un rêve. » Il se demande : « À qui puis-je le confier ? Qui l'acceptera avec respect, avec passion et le fera sien ? Qui vivra pour ce rêve ? Qui mourra pour ce rêve ? »

Le rêveur doit être quelqu'un qui adorera le rêve, même s'il lui semble impossible et hors de sa portée ! Le Tout-Puissant doit trouver une personne qui, instinctivement, intuitivement, impulsivement et passionnément, accueillera le nouveau rêve dans son cœur, et en appréciera les saintes et heureuses possibilités comme étant des plus précieuses, comme un nouvel amour, un enfant à naître !

À qui Dieu peut-il se fier pour confier son rêve ? Certains en riraient ou le tourneraient en dérision, et l'écarteraient d'un geste de la main en se montrant sarcastiques. Dieu doit s'assurer que le germe d'un rêve ne tombe pas en terre stérile, dans un esprit cynique. Il peut aussi tomber dans un sol insuffisamment riche, où il pourra germer, et mourir par la suite d'un manque de nourriture. Dieu doit éviter l'esprit qui risque d'accueillir avec enthousiasme le rêve naissant, pour ensuite l'abandonner dans un moment difficile.

Dieu doit trouver l'esprit parfait pouvant recevoir cette impossible idée ! La personne qui l'accueillera, la respectera, la révérera, l'examinera, l'améliorera et la reproduira ! Oui, la reproduira... car un rêve n'est jamais unique ! De nombreuses pommes peuvent voir le jour à partir d'une seule graine qui est semée et nourrie. Donc Dieu choisit la personne à qui il peut confier sa nouvelle et merveilleuse idée créatrice. Le Tout-Puissant recherche une personne dont la pensée est axée sur la possibilité. Quelque part sur terre, une personne simple, ordinaire, travaillant pour un salaire, assise derrière un bureau, faisant du jogging, prenant un bain, lisant, priant, pleurant ou riant, a soudain une idée de génie qui lui « tombe du ciel ! » Dieu a fait son choix. Le contact a été établi entre le ciel et la terre. Le divin processus créateur s'est manifesté une fois de plus. La création est éternelle ; comme le succès, elle est un processus continu !

Ce même merveilleux esprit qui a animé la création, donnant la vie à une planète morte, insuffle la vie à des esprits morts en leur faisant entrevoir des possibilités fabuleuses ! Le rêveur reçoit alors le rêve et chemine avec lui, devenant un « penseur axé sur la possibilité ! »

Le rêve divin est confié à une personne engagée !

Troisième étape : Le rêve s'anime de sa propre vie.

Le rêve entre alors dans sa période de gestation. Le rêveur porte en son sein ce qui deviendra une vie nouvelle. Une création merveilleuse ! Une réalisation glorieuse ! Un succès fascinant !

Dieu a donné au rêve sa vie propre, comme un ovule fertilisé qui se développe et devient, après plusieurs phases, un être humain sur le point de naître. Le cycle du succès est en marche !

Examinons comment le succès démarre. Il s'est merveilleusement amorcé, au moment où le rêveur a accepté le rêve, où l'être humain a accueilli l'idée inspiratrice et l'a faite sienne ! Ne négligez pas ce moment, car il a été témoin d'un miracle ! Le petit garçon de cinq ans aurait pu très facilement rejeter le commentaire de son oncle héroïque débarqué de Chine !

Le succès commence quand nous ajoutons foi et croyons au merveilleux rêve que Dieu nous envoie. Quelle merveille que notre réaction ait été positive et non négative. Il est particulièrement remarquable que le simple rêve n'ait pas été écarté d'un geste de la main comme une impossibilité à réaliser, alors que le moment était témoin d'une rencontre de l'esprit humain et du rêve du Créateur, de Dieu !

Lorsque le succès se met en marche, il ne peut s'arrêter. Car le succès n'a pas de fin. Même le coucher du soleil n'indique pas la fin du jour, car ce jour est marqué de la vie éternelle et fait irrévocablement partie de l'histoire !

Jusqu'où ira le rêve ? Quelle sera sa durée ? La vie nouvelle qui couve ira-t-elle à terme et naîtra-t-elle pour vivre une existence normale ? Ou sera-t-elle victime d'un avortement accidentel qualifié de fausse couche ? Même alors, elles resteront dans la mémoire. Les idées positives deviennent instantanément immortelles, même si elles meurent avant terme. Elles laissent leur empreinte dans notre souvenance. Bien souvent, elles renaîtront revivifiées ! Et si elles ne sont qu'un souvenir passager, elles auront un impact nouveau sur la conscience humaine. Alors elles ne meurent pas complètement de toutes façons. C'est vrai : le succès n'a pas de fin et l'échec n'est pas la fin !

Alors soyez assuré de ceci : quand le rêve a été accepté par l'esprit fertile, imaginatif et dynamique d'une personne dont la pensée est axée sur la possibilité, c'est un grand moment, car quelque chose de nouveau a entrepris une nouvelle existence !

Quatrième étape : Dieu détermine la durée du processus évolutif

La quatrième dimension d'un rêve en devenir est la notion de temps.

Il arrive que la période de gestation soit incroyablement brève. Le plus souvent, elle correspond à une sorte d'horaire destiné à enseigner la patience au rêveur.

Quelle est la principale qualité qu'ont en commun les gens qui réussissent ? La patience. Les impatients recherchent les raccourcis faciles et les aubaines conduisant au succès ! Incapables de trouver ces raccourcis et inconscients de ce qu'ils font, ces impatients ont trop souvent et trop facilement tendance à se détourner de leur rêve divin. Par la suite, quand il est trop tard, ils découvrent qu'en choisissant la voie de la facilité ils ont pris la direction de l'ennui, la honte, le vide, l'échec et la pauvreté. Si seulement ils n'avaient pas eu peur de la discipline qu'exigeait le rêve !

Je n'ai connu la valeur du don dont Dieu m'a gratifié lorsqu'il m'a présenté mon rêve à l'âge de cinq ans que plusieurs décennies plus tard ! Près de 20 ans se sont écoulés avant que je ne revête la toge et le mortier et que ne me soit remis mon glorieux diplôme.

Le profond sillon de la patience s'est définitivement gravé dans mon attitude pendant ces années d'études et de luttes. Le jour où j'ai troqué le séminaire pour le trottoir, où le genre humain travaille et lutte, j'étais déjà habitué à l'attente. Il allait m'être plus facile de mettre 40 ans à réaliser mon rêve : construire une grande église pour la gloire de Dieu.

En fait, il a fallu plusieurs années — presque une vie entière — pour que ce rêve évolue et se réalise pleinement. Les cinq premières années de mon ministère à Garden Grove, en Californie, furent constituées d'efforts, renouvelés semaine après semaine, pour réunir des fidèles en prêchant du toit du casse-croûte d'un cinéma en plein air. Les 10 années suivantes furent marquées par l'acquisition de 10 acres de terre et la construction de notre première église, dessinée par l'architecte de renommée mondiale Richard Neutra. Les 10 années suivantes, nous construisîmes le complexe administratif, un immeuble appelé la Tour de l'espoir. Cet immeuble, avec sa croix de 28 m , brillant dans le ciel, est devenu un signe d'espoir vu de l'autoroute du comté d'Orange, en Californie du Sud.

Le succès semblait ne jamais vouloir se terminer, car alors me vint le rêve de la Cathédrale de Cristal. Impossible ! Incroyable ! Tout portait à le croire. Mais en y repensant aujourd'hui je suis obligé de dire que rien n'est trop grand pour le Dieu qui donne des rêves impossibles !

Ainsi une église qui avait commencé avec deux membres, 500 $ et la permission d'utiliser gratuitement un cinéma en plein air, a célébré son vingt-cinquième anniversaire avec l'inauguration de ce que l'on a désigné comme l'une des plus belles cathédrales contemporaines du monde. Ce fut un événement médiatique, le couronnement artistique de Philip Johnson, l'un des grands architectes du XXe siècle.

Cinquième étape : Des appuis étonnants provenant de sources inattendues.

Le rêve qui a pris naissance dans l'esprit de Dieu et qui est transmis à une personne qui axe sa pensée sur la possibilité se met soudainement à recevoir des appuis de sources, de lieux et de gens dont le rêveur n'avait jamais entendu parler. Tel un aimant puissant, le rêve se met à attirer l'appui de gens qui ont tendance à aider les grands rêveurs à réussir. Des personnes possédant les bons points forts, les bonnes habiletés et qui font partie des bonnes sphères d'influence se font connaître pour faire évoluer le rêve et permettre sa réalisation!

Comme des comédiens sur scène, ces gens font une entrée remarquée au moment le plus propice. Ceux qui ont travaillé en étroite collaboration avec moi au cours des années m'ont entendu dire une centaine de fois au moins : « Je réussis car Dieu m'envoie les personnes appropriées et les appuis dont j'ai besoin au moment opportun. »

À cette période du rêve, Dieu l'entoure d'une équipe. Les gens, le pouvoir et les pressions positives font passer l'idée du stade de l'impossibilité à celui de la possibilité. Nous sommes alors témoins de l'énorme somme d'énergie générée quand des gens qui croient se réunissent pour faire en sorte qu'un miracle se produise.

Sixième étape : Les difficultés temporaires sont agaçantes.

À cette étape, vous vous attendiez sans doute à une victoire finale! À un couronnement! À un succès sans équivoque! Tenez bon : vous n'êtes pas encore au bout de vos peines!

Je crois qu'il doit se produire un test de dernière minute avant le moment victorieux de la glorieuse réussite. J'ai toujours connu la douleur, la souffrance, et des difficultés coûteuses à ce stade. Le rêve et le rêveur connaissent toujours des problèmes, des délais et des frustrations. Cette phase permet à Dieu de s'assurer que le rêveur fera vraiment preuve d'humilité lorsque la couronne sera placée sur sa tête.

Des stratégies soigneusement établies peuvent échouer. Toutes les options peuvent avoir été utilisées. Le rêveur a-t-il échoué? Oui! Pour le moment! Mais il peut essayer à nouveau demain. L'échec n'est pas la fin. Il n'est pas nécessaire que le succès prenne fin à cause de ce découragement. C'est dans un tel moment que j'ai écrit : « Lorsque vous croyez avoir éliminé toutes les possibilités, rappelez-vous ceci : tel n'est pas le cas. »

Les gens et les tensions varient. Les obstacles ne seront pas aussi importants demain. Vous êtes confronté à une montagne ? C'est très bien ! Qu'est-ce qu'une montagne peut avoir de bien ? Elle ne peut grandir, mais vous le pouvez ! Vous aurez peut-être besoin de battre en retraite, regrouper vos forces, repenser votre stratégie, la restructurer ou vous réorganiser pour un nouvel assaut sur le versant abrupt et difficilement praticable ! Vous le ferez ! Vous aurez peut-être besoin de revenir vers Dieu qui vous a inspiré le rêve. Renouvelez votre foi grâce à ses promesses :

- « Je puis tout en Celui qui me rend fort. » (Philippiens 4,13)

- « Si Dieu est pour nous, qui sera contre nous ? » (Romains 8,31)

Vous avez de l'espoir ! Un nouveau jour se lèvera. Vos aspirations bénéficieront de nouvelles puissances et de nouvelles personnes que Dieu mettra sur votre route. Il ne vous a pas emmené si loin pour vous abandonner. Il vous prépare tout simplement pour la septième étape.

Septième étape : Le rêve réalisé !

Vos prières, votre pensée axée sur la possibilité, votre patience et votre souffrance se soldent par un formidable succès ! Vous avez réussi. L'entreprise est lancée. La carrière est solidement amorcée. Maintenant, préparez-vous à des surprises… et à des déceptions ! Les honneurs et les difficultés se présenteront sans prévenir. Vos supporteurs vous applaudiront avec enthousiasme. Cependant, quand vous aurez atteint le sommet, vous serez aussi remarqué par vos concurrents. La jalousie se déchaînera contre vous. Les opposants et les envieux vous prendront pour cible.

Vous serez prêt, déjà fortifié par votre assaut. Vous êtes un vétéran, un alpiniste aguerri. Votre problème ne sera pas l'arrogance ou l'orgueil destructeur, mais plutôt de conserver la confiance en vous et croire que ce que vous avez accompli est bien, honorable, noble et bon !

Souvent j'ai dû préciser à de jeunes rêveurs que la pensée axée sur la possibilité ne conduisait pas à l'orgueil démesuré. Au moment où le rêveur réussit, l'humilité fait tellement partie de sa personnalité qu'il est modeste. Quand la fierté positive prend sa source dans la grâce et la bonté de Dieu, l'humilité est garantie ! Oui : le processus du succès vous a conduit au sommet ! C'est sans doute la dernière étape de l'évolution du rêve ! Vrai ? Faux !

Huitième étape : Le rêveur a été façonné par le rêve.

Le rêveur est maintenant parvenu au palier supérieur. Il regarde dans le miroir, et il est abasourdi ! Il s'aperçoit qu'il a été changé, modelé par le rêve ! Il est devenu aussi grand que le rêve qui l'a animé, consumé et s'est greffé à sa personnalité même. Il comprend maintenant qu'il n'existe pas de grands hommes : que des gens ordinaires. Certains ont simplement de plus grands rêves que d'autres. Maintenant nous voyons comment les rêveurs sont récompensés.

La souffrance qu'ils ont éprouvée dans leur cheminement leur a donné plus de compassion pour la douleur des autres. Les appuis de sources inattendues ont solidifié leur foi en Dieu et en l'homme. La ténacité qui les a soutenus pendant les moments difficiles leur a donné plus de patience et de tolérance. Leur motivation la plus profonde — venir en aide aux gens qui souffrent — a marqué leurs traits de gentillesse et de tendresse. Ils ont vécu leur rêve et cela les a transformés ! Ils sont plus riches, plus complets, plus larges d'esprit parce qu'ils ont caressé un rêve sans désemparer.

Aussi, quand vous choisissez un rêve, celui-ci décide de votre destin. L'importance du rêve détermine le genre de personne que vous deviendrez.

Neuvième étape : Le rêve continue de croître.

À ce stade le rideau s'ouvre sur l'avenir. Le rêveur apprend que les grands rêves des grands rêveurs ne sont jamais réalisés ; ils sont transcendés ! Ainsi, ils ont tendance à se propager. Le succès se multiplie. Il est illimité !

Votre rêve réalisé, vous découvrez que le succès n'est pas une fin en soi, mais une étape préparatoire à de plus grandes réalisations. Par exemple, la sécurité financière n'est qu'un outil permettant d'entreprendre des réalisations jusque-là impossibles ou inimaginables.

Vous avez votre diplôme en mains ? Le rêve s'est réalisé ? Dans quel but ? Simplement pour disposer dans un cadre un document important dans votre bureau ? Bien sûr que non. C'est plutôt pour vous donner une base qui vous permettra d'avancer et d'accéder à de plus hauts sommets. Désormais les gens sérieux vous prendront au sérieux.

Le temps est venu de vous arrêter et de réévaluer votre pouvoir. Passez en revue vos atouts. Soustrayez-en vos faiblesses et établissez votre valeur nette, en termes professionnels, intellectuels, et du point de vue de l'expérience, de la connaissance et de l'aspect financier.

Vous serez peut-être très étonné de votre force. Vous disposez d'un levier qui vous permet de soulever des montagnes auparavant inaccessibles. Vous êtes en position de grande puissance et vous pouvez caresser de plus grands rêves. De plus, les gens que vous avez aidés en cours de route ne vous laisseront pas abandonner. Alors préparez-vous à la dixième et dernière étape du rêve.

Dixième étape : Le rêveur pénètre dans la zone dangereuse.

C'est la période périlleuse. Le rêveur risque maintenant de se laisser dépasser par son rêve en constante évolution. Comme un enfant en pleine croissance, le rêve risque de dépasser le rêveur, comme l'élève peut surpasser le maître ou l'athlète l'entraîneur. Le rêve prend maintenant les commandes, et pendant ce temps le rêveur cherche à se reposer, à se retirer, au moins pour un congé sabbatique.

« Fonce ! » crie le rêve en pleine progression au rêveur fatigué. « Il y a d'autres sommets à gravir. Ne les vois-tu pas ? Il y a d'autres victoires à accumuler. »

Le rêveur hésite. Il souhaite se reposer, mais il ne faut pas. Il a besoin d'un nouveau rêve. Il doit de nouveau franchir les 10 étapes. Il sait que s'il ne continue pas à rêver et à croître, il commencera à mourir. Comme l'écrit d'une façon poignante Evangeline Wilkes :

> « *Sur les sables de l'hésitation,*
> *Gisent les ossements de millions de gens,*
> *Qui, à la veille de la victoire*
> *Se sont assis pour attendre*
> *Et sont morts en attendant !* »

Quand vous atteindrez la dixième étape, PRENEZ GARDE ! FAITES ATTENTION ! Et acceptez d'oser à nouveau ! Je vous enjoins de recommencer à rêver ! Si vous ne rêvez pas vous mourrez, alors la décision est toute trouvée !

Où dénicher un nouveau rêve ? Revenez à la première étape. Rendez-vous au lieu tranquille où vous rencontrerez Dieu qui vous a conduit là où vous êtes. Reportez-vous à la source de tous les grands et bons rêves !

J'en parle en connaissance de cause, car je me suis récemment tiré de cette zone dangereuse. Lorsque la cathédrale a été inaugurée, les gens, les paroissiens et les journalistes m'ont demandé : « Quel est votre prochain rêve ? »

55

Je n'avais pas vraiment de réponse. En vérité, je n'avais pas d'autres projets. J'étais émotivement vidé. Je m'étais épuisé à rêver à une cathédrale de verre, avec ses possibilités fabuleuses, sans jamais faire de compromis et visant l'excellence en art et en architecture. Il me restait à peine assez d'énergie pour faire montre d'enthousiasme ce matin du mois de septembre 1980 quand fut dédiée la cathédrale à la gloire de l'homme pour la plus grande gloire de Dieu !

En privé, je me confiai à mon amie la plus intime, ma femme. « Tout le monde veut que Schuller ait un plus grand rêve. Mais je suis fatigué, Arvella. Je suis épuisé. Mes motifs pour la construction de la cathédrale ont été critiqués. Des gens cyniques et des amis sincères se sont élevés contre les sommes dépensées. Je n'ai plus le goût de rêver. Et puis, n'en ai-je pas assez fait pour cette vie ? »

Pour la première fois de ma vie je sentais que mes rêves s'étaient réalisés... complètement. J'avais réussi. J'en étais certain. Cela me suffisait. J'étais parvenu au succès. Point. C'est ainsi que je ponctuais mon progrès. Mais je me trompais. Ce n'est pas dans la nature du succès de s'arrêter ! Il me restait à apprendre quelque chose d'important : le succès n'a pas de fin ! Je croyais à tort que j'avais fini de rêver. Mais le jour de mon soixantième anniversaire de naissance, mon fils Robert Anthony Schuller me dit : « Papa, tu n'as pas fini de construire ton église. Tu as un immeuble à bureaux, la très belle Tour de l'Espoir. Tu as une merveilleuse église, la Cathédrale de Cristal. Mais tu n'as jamais édifié un centre d'éducation chrétienne pour aider les familles dans le besoin et les générations futures de l'église.

— Mais je n'ai pas les terrains nécessaires », dis-je en protestant.

— Achète le complexe d'habitation situé à côté de la cathédrale.

— Mais c'est impossible, Bob », m'entendis-je répondre. Nos yeux se croisèrent, incrédules ; le mot ne faisait pas partie de mon vocabulaire.

« *Impossible !* » Nous nous mîmes à rire. « Essaie encore », me lança mon fils. Il savait que j'avais déjà échoué dans ma tentative de me porter acquéreur des immeubles d'habitation qui occupaient quatre acres de terrain à côté de notre propriété. Le propriétaire refusait de vendre. J'avais échoué. Et puis, avais-je besoin d'autres succès ?

Mais le succès ne s'arrête jamais. Il produit sans cesse de nouvelles possibilités, parfois sous la forme de problèmes. L'échec n'est pas la fin ! Essayons encore !

Seul avec mes pensées et mes prières, je téléphonai à un agent d'immeubles et lui demandai de tenter l'impossible pour acquérir le complexe. « Nous sommes prêts à offrir 6 000 000 $, lui confiai-je.

Cette fois le propriétaire était d'humeur différente. De nouvelles taxes entrant en vigueur à la fin de l'année rendaient la vente avantageuse pour lui. Nous conclûmes pour la somme de 5 000 000 $. Un appel à la banque nous donna un financement instantané et complet.

Je rêvais de nouveau ! Je me mis à imaginer un immeuble sur nos nouveaux terrains qui pourrait répondre aux besoins de l'église et des prochaines générations. Mais une nouvelle question se posait : comment relier cette nouvelle structure à la Cathédrale de Cristal de façon à présenter une composition homogène, tant au niveau de l'esprit et du style que de la structure ?

Une vague image commença à prendre naissance dans mon esprit. C'était l'image d'une structure originale. Je téléphonai à Philip Johnson. « Philip, le rêve n'est pas terminé ainsi que je le croyais. Tu dois compléter la Cathédrale de Cristal. » J'étais passionné. « Nous avons l'église, nous avons les fidèles, mais où est le clocher ? »

J'avais ri en prononçant ces paroles, mais je poursuivis sérieusement en disant : « Monsieur Johnson, nous avons besoin d'un clocher, conçu par un expert et situé à côté de la cathédrale pour relier les divers éléments de la propriété. Dans la chapelle sise à la base du clocher nous pourrons instituer un ministère de prières ininterrompues. De plus, le clocher pourra relier la Cathédrale de Cristal au nouveau centre familial que nous construirons sur les terrains que nous venons d'acquérir. »

Philip releva l'idée et conçut le clocher le plus étonnant et le plus spectaculaire jamais imaginé par un architecte. Les plans sont terminés, nous avons obtenu l'approbation des autorités municipales et au cours des prochaines années je réunirai les fonds nécessaires pour développer le projet et faire du rêve une réalité. Nos échecs passés pour l'agrandissement de nos terrains ont été surmontés grâce à la pensée axée sur la possibilité ! Ainsi, aujourd'hui je puis dire en toute honnêteté : « *Le succès n'a pas de fin, l'échec n'est pas la fin.*

Le rêve ne s'arrêtera-t-il jamais ? Pas si nous permettons à Dieu de faire selon sa volonté et de fixer son propre horaire ! Au moment où j'écris ces lignes, je me tiens sur la pointe des pieds, regardant vers l'avenir pour contempler l'heureuse réalisation du rêve de ma vie !

Où en est votre vie aujourd'hui ? À quelle étape en êtes-vous ? Où que vous soyez, je vous offre ces paroles d'encouragement : « *Oser rêver équivaut à oser vivre !* Vous pouvez être à la fois un rêveur et un homme d'action ! Vous pouvez voir vos rêves se réaliser, et je puis vous dire, selon mon expérience personnelle, que c'est très emballant !

- J'ai rêvé un jour de construire une grande église ! La Cathédrale de Cristal existe aujourd'hui.

- J'ai rêvé de mettre sur pied un ministère national télévisé. Aujourd'hui, The Hour of Power, l'émission de télévision religieuse la plus populaire d'Amérique, est regardée par des millions de personnes chaque semaine.

• J'ai rêvé un jour de devenir un auteur à succès. J'ai eu l'immense satisfaction de voir quatre de mes livres mentionnés à la liste des best-sellers dans le *New York Times*, le magazine *Time* et *Publishers Weekly*.

• J'ai rêvé un jour de contracter un mariage heureux et d'avoir des enfants dotés d'une bonne santé et réussissant bien. Aujourd'hui ma femme et moi sommes mariés depuis 37 ans. Nous nous aimons plus qu'hier, mais moins que demain. Mes cinq enfants? Ils ont tous réussi! Ce sont tous des rêveurs; des gens d'action qui axent leur pensée sur la possibilité.

• Aujourd'hui je suis imprégné d'un NOUVEAU rêve : terminer la Cathédrale de Cristal en érigeant un clocher de verre de 72 m de hauteur qui étincelera au soleil et brillera la nuit. Cela va se réaliser, car j'ai été capable de caresser ce rêve, et par conséquent, nous pourrons le réaliser!

Oui, mon plus grand rêve en est encore au stade de la planche à dessin! Le succès n'a jamais de limites! Et il commence au moment où nous osons caresser un beau rêve. Alors joignez-vous à moi. Si vous pouvez en rêver, vous pouvez aussi le faire!

***Puissiez-vous vivre aussi longtemps
que vous le voulez
et vouloir aussi longtemps
que vous vivrez !***

Troisième chapitre

Si vous pouvez en rêver, vous pouvez aussi le faire !

Peu importe où vous êtes dans la vie…

Peu importe qui vous êtes…

Peu importe vos réalisations passées…

Peu importe quand, à quel endroit et pourquoi vous avez échoué…

Je vous mets au défi de répondre aux questions suivantes :

- Quels rêves caresseriez-vous si vous étiez assuré de ne pas pouvoir échouer ?

- Quels objectifs vous fixeriez-vous si vous possédiez des ressources financières illimitées ?

- Quels plans feriez-vous si vous étiez certain de pouvoir les concrétiser ?

- Quels projets entreprendriez-vous si vous aviez la sagesse vous permettant de résoudre tous les problèmes et le pouvoir d'écarter tous les obstacles ?

À quel travail emballant vous consacreriez-vous aujourd'hui si vous pouviez apprendre à vendre vos idées à des gens puissants ?

TOUT LE MONDE peut rêver ! TOUT LE MONDE peut faire des projets ! Comme le dit la chanson : « Quand nous visons les étoiles, PEU IMPORTE QUI NOUS SOMMES ! »

Le succès n'aura pas de fin et l'échec ne sera pas la fin pour les gens qui sont capables de rêver.

En 1955, à mon arrivée en Californie pour ériger une église, à 3 km seulement de l'endroit où je me trouvais, la firme Walt Disney brûlait des orangers pour construire un parc appelé Disneyland. J'ai affiché sur le mur cette phrase de mon célèbre voisin : « Je ne crois pas qu'il y ait beaucoup de sommets inaccessibles à l'homme qui connaît le secret lui permettant de réaliser ses rêves. Ce secret se résume en quatre mots commençant par la lettre C : *curiosité, confiance, courage et constance*, et le plus grand de tous est la confiance. »

Walt Disney connaissait le secret lui permettant de réaliser ses rêves. Vous pouvez aussi réaliser les vôtres !

Tout commence, bien sûr, par une idée ou un rêve ! Tout le monde a des idées. La différence réside dans ce que nous faisons de ces idées.

La vérité est que plusieurs d'entre vous avez vu quelqu'un réaliser quelque chose de grand et vous vous êtes demandé : « Comment a-t-il fait ? »

Peut-être avez-vous eu la même idée, mais sans la mettre à exécution. Les gens exceptionnels ne sont pas différents de vous et moi ; ils ont simplement saisi une grande idée avant qu'elle ne tombe dans l'oubli. Ils ont misé sur cette idée. Ils l'ont prise en note pour ne pas l'oublier. Elle est devenue un rêve. Puis, intuitivement ou à force d'expérience, ils ont appris comment réaliser leurs rêves. Ils possédaient les quatre C !

Vous pouvez rêver, si vous avez la curiosité !

Quelle est la qualité qui caractérise l'activité cérébrale de tous les rêveurs et les gens d'action ? La « curiosité créatrice ».

La curiosité est la partie dynamique de l'esprit qui suscite les questions porteuses de créativité.

Pendant des millénaires les gens se sont assis sous des arbres et ont reçu des pommes sur la tête. Pendant des millénaires ils ont réagi d'une façon bien humaine :

« Aïe ! »

Ou encore : « Quelle pomme ! »

Puis un jour, selon la légende, un homme reçut une pomme sur la tête et réagit avec curiosité créatrice. Il se demanda : « Pourquoi ? Pourquoi la pomme est-elle tombée plutôt que de s'élever et de flotter comme un nuage, une plume ou une feuille ? Pourquoi les feuilles volent-elles alors que les pommes tombent ? »

Cette curiosité a permis à Newton de découvrir la loi de l'attraction universelle !

Depuis que j'ai écrit, voilà 20 ans, mon livre intitulé *Move Ahead with Possibility Thinking*, j'ai reçu des témoignages de milliers de personnes qui ont essayé la pensée axée sur la possibilité et qui ont découvert que cela les rendait créatifs ! La curiosité leur a soudain donné la capacité de résoudre les problèmes et de prendre des décisions.

Les vraies questions sont porteuses de possibilités

Imaginez ce qui peut se produire si vous vous posez des questions du genre :

- Pourquoi est-ce impossible ?
- Que faudrait-il pour transformer cette impossibilité en une possibilité ?
- Où trouver le financement pour rendre le projet possible ?
- Serait-ce possible si j'avais la bonne équipe ? Les bons matériaux ? Un délai additionnel ?

Les vraies questions sont porteuses de confiance

Posez-vous des questions imprégnées de curiosité créatrice, des questions qui vous donneront de l'assurance ou vous redonneront une image positive de vous-même :

- Si les autres peuvent faire quelque chose à partir de rien, pourquoi pas moi ?

- Si certains ont échappé à leur pauvreté et sont devenus prospères, pourquoi pas moi ?

- Si d'autres, dont les résultats scolaires étaient aussi mauvais ou pires que les miens, ont repris leurs études et sont devenus avocats, ministres, comptables ou médecins, pourquoi pas moi ?

- Si d'autres ont reçu le pardon et se sont réhabilités, pourquoi ne puis-je faire un retour moi aussi ?

- Si je fais une autre tentative, si j'essaie une fois de plus, ne serai-je pas plus avisé la prochaine fois ? Ne pourrai-je tirer profit de mes erreurs et de mes échecs ? Ne pourrai-je les transformer en forces positives pour mon amélioration personnelle ? Dans ce cas, mon échec ne sera pas définitif ; il ne sera qu'une pause qui me permettra de me réorganiser !

Les vraies questions sont porteuses de solutions créatrices

Posez des questions qui vous permettront de rencontrer des gens plus avisés que vous :

- Qui pourrait trouver une solution à ce problème ?

- Quels sont les talents et les compétences dont j'ai besoin pour transformer ce problème en une possibilité ?

Posez des questions susceptibles de vous débarrasser des distorsions qui affectent votre pensée.

- Le problème est-il aussi sérieux que je le crois ?

- Que pourrait-il m'arriver de pire ? Pourrais-je l'accepter ? Si je crois que non, pourquoi ? D'autres y arriveraient ! Pourquoi pas moi ?

- Si le pire se produit, puis-je transformer mon obstacle en une occasion de réussite ?

Les vraies questions sont porteuses de motivation

Posez-vous les questions qui vous pousseront à aller de l'avant. Rappelez-vous que nul ne peut vous motiver avant que vous ne vous motiviez vous-même. Posez-vous des questions vous permettant de puiser de l'énergie en vous-même :

- Si je commençais simplement, pourrais-je avancer un peu ?

- Si j'avançais un peu, cela marquerait-il le commencement de quelque chose qui pourrait prendre de l'ampleur ? Si j'économise des dollars, ne les verrais-je pas s'accumuler et se multiplier ? Combien de temps faudra-t-il avant qu'une petite somme investie ne rapporte de l'intérêt et ne me permette de lancer mon projet ?

- Si je commence plus tôt le matin, je termine plus tard le soir et je consacre plus d'efforts et de temps à mon travail, qu'arrivera-t-il ?

J'étudiais en théologie quand je fis la connaissance d'un ministre qui avait mis sur pied une église avec 30 fidèles environ. Mais il avait consacré plus de 40 ans à cette église. Lorsqu'il prit sa retraite, son église, la First Baptist Church à Dallas, au Texas, était l'église baptiste comptant le plus de fidèles au monde. Il s'appelait George Truett.

Cette histoire suscita ma curiosité : *Qu'arriverait-il si je consacrais toute ma vie à une seule église ? Et si je persistais à construire année après année, décennie après décennie, réalisation après réalisation, où cela me mènerait-il ?*

Ces questions donnèrent naissance à mon rêve de construire une grande église ! Quand j'arrivai en Californie sans argent, sans fidèles et sans pouvoir trouver un immeuble vide à louer, je découvris les guichets automatiques des banques et les ciné-parcs. Je me posai une question motivée par la curiosité : un service de prédication à l'auto aurait-il du succès ? Sinon, pourquoi pas ? Et si quelqu'un pouvait le faire, pourquoi pas moi ? »

Les questions créatrices donnèrent naissance au rêve d'une église avec service à l'auto. Les questions porteuses de motivation me donnèrent l'énergie de réaliser mon rêve. Les questions porteuses de possibilités me fournirent les solutions à mes problèmes.

La curiosité est une nécessité pour tout rêveur et tout homme d'action !

Vous pouvez rêver... Si vous êtes confiant !

En plus de la curiosité, le rêveur a besoin de confiance. Alors prévalez-vous du pouvoir des cinq mots suivants : « JE PEUX AUSSI LE FAIRE ! »

Prononcez à voix haute ces paroles génératrices d'enthousiasme. Dites-les à vos amis qui axent leur pensée sur la possibilité : « JE PEUX AUSSI LE FAIRE ! »

Ayez confiance en vous-même et en votre rêve. Les rêveurs qui deviennent des gens d'action agissent émotivement et rationnellement en ayant (a) confiance en leur *intelligence*, (b) confiance en leurs *instincts cachés* et (c) confiance en leur *intuition silencieuse et secrète*.

L'intelligence, l'instinct et l'intuition peuvent être des instruments divins, et nous pouvons avoir confiance si nous croyons que nos merveilleuses idées positives prennent naissance dans l'esprit de Dieu. « Celui qui a commencé en vous cette œuvre excellente en poursuivra l'accomplissement jusqu'au Jour du Christ. » (Philippiens 1,6).

Ayez confiance en votre intelligence, quelle qu'elle soit. Mais ne confondez pas éducation et intelligence. La véritable intelligence prend racine dans le subconscient, et elle est la capacité de reconnaître les possibilités positives et d'y réagir avec enthousiasme. Une telle intelligence est une sensibilité, héritée ou acquise, permettant de percevoir les principes universels et de réagir de manière créatrice en mettant ces principes en pratique.

L'éducation est l'acquisition de connaissances. Aussi importante soit-elle, la connaissance ne peut remplacer la sagesse, car la sagesse est la capacité d'utiliser intelligemment la connaissance. Comprenez bien que l'éducation formelle n'est pas toujours une base solide pour une confiance en soi responsable. Quand les diplômes accroissent la connaissance mais réduisent la sagesse, l'éducation devient improductive. Beaucoup de gens très scolarisés ont acquis des connaissances mais se sont mentalement conditionnés à la pensée négative à cause de l'influence de professeurs cyniques et négatifs.

Malheureusement, et sans aucune raison, trop de gens possédant des diplômes impressionnants se retrouvent au bas de l'échelle sociale. Il est remarquable de retrouver au-dessus d'eux un nombre étonnant de personnes moins scolarisées. La différence est une conscience accrue du fait que l'attitude est plus importante que la connaissance.

Même si les faits constituent les fondements de la connaissance, nous pouvons dire que l'attitude est le fondement de la sagesse. En fait, la sagesse est le début et la fin, l'alpha et l'oméga des réalisations.

Donc, la pensée axée sur la possibilité est le conditionnement mental positif de l'attitude humaine en vue de l'acquisition de la sagesse. Et celui qui détient la sagesse d'axer sa pensée sur la possibilité est vraiment sage. Maintenant, nous pouvons ajouter à la sagesse toute la connaissance que nous pouvons acquérir, mais la connaissance dénuée de la sagesse d'une attitude mentale positive ne peut produire qu'un être cultivé négatif, ce qui explique pourquoi l'éducation formelle est insuffisante.

On peut résumer tout cela de la façon suivante. Si vous décidez d'acquérir une attitude positive à l'égard des bonnes occasions et des obstacles, vous êtes en bonne voie d'acquérir la qualité la plus importante qui soit en éducation : le pouvoir de la pensée positive.

Maintenant que vous avez confiance et êtes sûr de vous, vous pouvez prêter foi à ce que vous avez appris. Voilà ce qu'est l'éducation, qu'elle ait été acquise en classe, « à la dure » ou à force d'expérience. Devenez aussi brillant que vous le pouvez ! Il vous suffit d'acquérir la connaissance qui vous permettra de bien gérer vos rêves, ou de savoir où trouver des gens aptes à vous prodiguer des conseils juridiques, financiers ou techniques. Le succès appartient à ceux qui axent constamment leurs pensées sur la possibilité !

Ayez aussi confiance en vos instincts. Quelqu'un a dit : « Quand Dieu désire confier une vérité à l'une de ses créatures, il greffe cette vérité à son instinct. » Un oiseau fait son nid. Un saumon retourne au lieu de sa conception. Un être humain se fie à ses « instincts ».

Ce comportement instinctif fait-il partie de ce que l'on qualifie souvent d'intuition ? Probablement. Aussi, ayez confiance en votre intuition. J'ai eu le privilège de bénéficier de l'expérience et de l'amitié de certains des plus grands psychiatres de ce siècle. J'ai demandé un jour au docteur Victor Frankl, qui dirigeait le département de psychiatrie de l'université de Vienne en Autriche : « Qu'est-ce que l'intuition ? » Sa réponse fut simple et franche : « Nul ne le sait. » J'ai posé la même question au docteur Karl Menninger. Même réponse.

Le psychiatre Scott Peck écrivait, dans son livre intitulé *The Road Less Traveled* : « Le subconscient précède toujours le conscient. » L'intuition est-elle un jugement émotif formulé par le subconscient qui accumule toutes nos expériences, nos observations et nos perceptions, y compris tous les souvenirs de la vie et de l'apprentissage ?

À mon avis, toute explication de l'intuition ou de l'instinct qui ne tient pas compte de la présence et de la puissance de Dieu est étroite et intellectuellement irresponsable. Dans tout ce que j'ai pensé et fait, j'ai prié toute ma vie pour être guidé. Par conséquent, j'ai appris à me fier aux instincts que Dieu me donne.

Nous avons confié à Philip Johnson la conception de la Cathédrale de Cristal car il est à mon avis le plus grand architecte au monde. Lors de notre première rencontre, je lui ai dit que je voulais une église entièrement faite de verre pour que les gens puissent voir à l'intérieur et à l'extérieur. Je lui donnai l'explication suivante : « Je crois qu'une personne saine qui possède une certaine maturité émotive et intellectuelle est une personne à l'esprit ouvert. Faisons en sorte que la structure soit le reflet de cette conviction. »

Peu de temps après Philip me téléphona. Il était impatient de me montrer ses premiers plans. Ceux-ci prévoyaient un toit tout en verre supporté par des murs solides. Je dois avouer que cela ne m'enthousiasmait pas du tout. Philip perçut mon manque d'exaltation et dit : « Qu'est-ce qui ne va pas ? »

Je dissimulai ma déception et répondis : « Rien. »

Il protesta. « Allons, Bob, pourquoi n'êtes-vous pas plus emballé ? »

J'avais peur de lui dire honnêtement ce que je pensais. Je me bornai donc à lui demander : « Monsieur, qui suis-je, moi, un ministre, pour juger le travail du plus grand architecte du monde ? »

Il fixa son regard sur moi et me dit : « Bob, si nous devons travailler ensemble, tu ferais mieux d'apprendre quelque chose dès maintenant, et de ne jamais l'oublier. » Ses yeux demeurèrent longtemps fixés sur moi.

« Quoi donc ? » lui demandai-je.

— L'architecture est trop importante pour être laissée entièrement à l'architecte. »

Cela me donna le courage de parler. « Eh bien, je voulais que les murs soient aussi en verre. »

Philip retourna à sa planche à dessin et créa l'un de ses plus grands chefs-d'œuvre : la Cathédrale de Cristal.

L'architecture est trop importante pour être laissée aux architectes. L'éducation est trop importante pour être laissée aux éducateurs. La science est trop importante pour être laissée aux scientifiques. Le sujet de la guerre et de la paix est trop important pour être laissé au gouvernement et aux experts militaires. Les affaires sont trop importantes pour être laissées aux gens d'affaires. L'économie (surtout le paiement des factures) est trop importante pour être laissée aux économistes. Bien sûr, la religion est trop importante pour être laissée aux théologiens. La créativité est trop essentielle pour être laissée aux créateurs.

Alors osez croire que vos idées en valent la peine. Et ayez confiance aux instincts que Dieu vous donne. La plupart du temps, ils s'avéreront fondés !

Vous pouvez rêver... si vous avez du courage !

Jeb Stuart était un fidèle partisan du général Robert E. Lee. C'était un officier courageux et un homme intègre qui terminait toujours les lettres qu'il faisait parvenir au général par les mots : « Vous pouvez compter sur moi. Jeb. »

Franchement, c'est l'engagement même que j'ai pris envers mon Dieu qui me donne des idées positives. Je lui ai dit en priant : « Si tu me confies le rêve, Seigneur, *tu peux compter sur moi !* Je ne le laisserai pas passer. J'en ferai quelque chose. J'y consacrerai toutes mes énergies ! »

Le courage ? Oui. L'intégrité ? Absolument ! I-N-T-É-G-R-I-T-É : voilà comment j'épelle mot courage, car le courage est en fait de l'honnêteté. Quand quelqu'un fait montre de véritable courage, il manifeste de l'intégrité. Il doit faire ce qu'il fait, sinon il serait déloyal. J'espère que vous en viendrez à croire, tout comme moi, que nos rêves nous sont confiés par Dieu, avec l'obligation de transformer nos idées en action créatrice. Ainsi, comme honnête gardien, vous serez tellement motivé par l'intégrité que vous n'aurez plus de crainte.

J'ai appris cela quand j'étais petit garçon sur une ferme où nous élevions des vaches laitières. Il fallait les traire chaque matin et chaque soir sans exception ! « Quoi qu'il arrive », disaient les fermiers. Et c'était ma tâche de traire les vaches. Aucun problème ne pouvait m'empêcher de le faire.

Appelez cela de la responsabilité ou de la fiabilité, en fait c'est de l'intégrité. Et l'intégrité ne laisse aucune place à la crainte. Et si des émotions négatives menacent, elle les transforme en une force positive. Voici comment :

Ne craignez pas d'échouer ; craignez plutôt de ne jamais réussir si vous n'osez jamais essayer.

Ne craignez pas de commettre une erreur en croyant à votre rêve ; craignez plutôt qu'en ne le poursuivant pas vous risquiez de comparaître devant Dieu et de vous faire dire que vous auriez réussi si vous aviez eu plus de foi.

Ne craignez pas d'être embarrassé si vous échouez ; craignez plutôt qu'en n'essayant pas, le temps ne prouve que vous auriez pu réussir ! La phrase la plus triste qui soit est : « J'aurais pu réussir. »

Ne craignez pas d'échouer ; craignez plutôt de ne jamais réussir si vous ne commencez pas à prendre des risques.

Ne craignez pas d'être blessé ; craignez plutôt de ne jamais croître si vous attendez de réussir sans effort.

Ne craignez pas d'aimer et de perdre ; craignez plutôt de ne jamais aimer du tout.

Ne craignez pas que l'on rie de vos erreurs ; craignez plutôt que l'on vous dise : « À toi, homme de peu de foi. »

Ne craignez pas d'échouer encore une fois ; craignez plutôt de vous dire que vous auriez peut-être réussi si vous aviez fait une nouvelle tentative en donnant tout ce que vous pouviez.

L'échec ne signifie pas que vous avez été stupide d'essayer ; il signifie que vous avez eu le courage d'explorer et d'expérimenter pour voir ce qui marcherait et ce qui ne marcherait pas. L'échec ne veut pas dire que vous ne savez pas prendre de décisions ; il signifie simplement que vous devez en prendre une nouvelle. Vous pouvez surmonter la crainte de l'échec en redéfinissant le terme.

L'échec ne signifie pas que vous êtes un raté ; il signifie que vous n'avez pas encore réussi.

L'échec ne veut pas dire que vous n'avez rien accompli ; il signifie que vous avez appris quelque chose.

L'échec ne veut pas dire que vous avez été stupide ; il signifie que vous aviez beaucoup de foi.

L'échec ne veut pas dire que vous êtes tombé en disgrâce ; il signifie que vous avez voulu essayer.

L'échec ne veut pas dire que vous n'avez pas ce qu'il faut ; il signifie que vous devez vous y prendre différemment.

L'échec ne veut pas dire que vous êtes un être inférieur ; il signifie que vous n'êtes pas parfait.

L'échec ne veut pas dire que vous avez gaspillé votre vie ; il signifie que vous avez une raison de recommencer à neuf.

L'échec ne veut pas dire que vous deviez abandonner ; il signifie que vous devez redoubler d'efforts.

L'échec ne veut pas dire que vous ne réussirez jamais ; il signifie qu'il vous faudra plus de temps.

L'échec ne veut pas dire que Dieu vous a abandonné ; il signifie que Dieu a une meilleure idée en tête !

L'échec ne veut pas dire que vous êtes fini ; il signifie que vous avez la chance d'essayer quelque chose de nouveau.

Alors c'est vrai ! L'échec n'est pas la fin !

Voulez-vous rester là où vous êtes pour le reste de votre vie ? Dieu nous réserve un meilleur destin à vous et à moi, mais nous ne progresserons jamais si nous ne prenons pas de risques. Prendre un risque, c'est risquer un échec personnel et risquer d'être sérieusement blessé. Cela exige du courage.

J'ai rencontré un jeune homme dans un aéroport du Texas. Il avait avec lui une copie de mon livre intitulé *Tough Times Never Last But Tough People Do*. Il m'a reconnu, m'a abordé et m'a demandé un autographe.

Bien sûr j'ai été content de le lui donner.

« Docteur Schuller, dit-il, ce livre m'a vraiment aidé. Je viens de déclarer faillite. J'ai mis sur pied ma propre entreprise, mais j'ai perdu tout ce que je possédais. » Il avait les yeux baignés de larmes, mais il poursuivit en disant : « Mon entreprise allait plutôt bien. J'ai ouvert une nouvelle usine et j'ai acquis de nouveaux équipements. Je gagnais beaucoup d'argent. Tout à coup des clients qui me devaient de l'argent cessèrent de payer. De petites entreprises fermèrent leurs portes, suivies d'une ou deux grandes entreprises. J'examinai mes comptes à recevoir, et soudain je me rendis compte que tout ce que j'attendais était tombé à l'eau. Mes comptes ne valaient plus rien. Quand cela s'est produit, je m'écroulai aussi. C'est la situation dans laquelle je me trouve aujourd'hui. Mais votre livre m'aide. »

Je regardai ce jeune homme d'affaires intelligent et je dis : « Premièrement, permettez-moi d'apporter une rectification. Vous n'avez pas perdu tout ce que vous possédiez.

— Oh, dit-il, mais c'est le cas.

— Non, lui dis-je en protestant, je n'en crois rien. Vous aviez quelque chose avant de mettre sur pied votre entreprise. Vous aviez un rêve. Et vous avez eu le courage d'essayer. Vous n'avez pas perdu cela. »

Mais il répondit : « Je crois que oui. »

Je rétorquai : « Oh non ! Nul ne perd jamais courage ! Le courage est quelque chose que nous ne pouvons perdre, car nous pouvons toujours opter pour le courage ! »

La vérité est que le courage n'est pas un don. Le courage est une DÉCISION ! Le courage n'est pas l'absence de crainte ; c'est un appel, un rêve qui vous fait vous dépasser. C'est donc quelque chose que vous ne pouvez perdre. C'est toujours quelque chose que vous pouvez choisir. Alors optez dès aujourd'hui pour le courage !

Vous pouvez rêver… si vous pouvez faire montre de constance !

Persistez, terminez, complétez votre travail, n'abandonnez jamais. Je suis venu en Californie, voilà 30 ans, armé d'un projet d'une durée de quatre ans. C'est ce que j'appelle la constance. Poursuivez votre rêve, même si vous êtes confronté à des obstacles. Puisez à même l'incroyable puissance générée par une constance jamais démentie !

Au cours des 30 premières années de mon ministère, il m'est arrivé plus d'une douzaine de fois, pour diverses raisons, de vouloir abandonner ! J'aurais tout donné pour m'en aller ! Pour fuir ! Pour ne jamais revenir ! Qu'est-ce qui m'a empêché d'abandonner mon rêve, de lui tourner le dos ? Entre autres un verset de la Bible : « Quiconque a mis la main à la charrue et regarde en arrière est impropre au Royaume de Dieu. » (Luc 9,62) Et une pensée aussi : « Lorsque les difficultés surviennent, ne bouge pas. Les gens et les tensions varient, mais le sol demeure le même où que l'on soit. »

Enfin, je croyais et je crois toujours en la force d'une base solide pour construire quelque chose. Abandonne, et tu perdras la base que tu as érigée — bonne volonté, contacts professionnels, respect de la collectivité, connaissance profonde d'un secteur ou d'une activité — une accumulation de pouvoirs difficiles à rejeter. Les problèmes passent, mais les assises sont pénibles à remplacer. La constance consiste à tenir ferme, à persister. Tout vendeur sait que c'est la caractéristique qui distingue ceux qui réussissent de ceux qui échouent. Tout gestionnaire avisé sait que sans les examens et les revues constantes, les grands projets risquent de s'écrouler sans que nous puissions les sauver.

J'étais aumônier chez les militaires en Orient pendant la guerre du Viêt-nam. Le quartier général du service d'évacuation médicale était situé à Tachekawa, au Japon. Le général commandant ce service me racontait à quel point les efforts de ses hommes avaient été couronnés de succès. « Je vais vous confier quelque chose que vous aurez du mal à croire, docteur Schuller », me dit le général. « Au cours de cette guerre, nous n'avons perdu qu'onze personnes en transit. Nous avons étudié les décès survenus lors de la guerre de Corée et de la Seconde Guerre mondiale, et nous avons noté que beaucoup de décès étaient survenus lors du transfert des patients, tant en avion, en train, en ambulance qu'en bateau. Bien sûr, nos moyens sont limités pour sauver des vies à bord d'avions ou sur la route. Alors nous n'avons jamais laissé décoller un hélicoptère ou partir une ambulance sans d'abord nous assurer que le patient pouvait supporter le transport.

Et maintenant, docteur Schuller, entrez dans le bureau de commandement et vous y verrez les trois mots qui ont sauvé des milliers de vies, trois mots que doit respecter tout médecin, toute infirmière et tout auxiliaire. »

Je pénétrai dans une immense pièce, à peu près la moitié de la taille d'un terrain de football. Sur un mur se trouvait une carte de l'Orient, du Pacifique et de l'Amérique. Des voyants brillaient là où se trouvaient des hôpitaux et des facilités de transport. Et tout en haut du mur, faisant toute la longueur de la pièce, on pouvait lire, en lettres qui devaient faire entre deux et quatre mètres de hauteur : « VÉRIFIEZ, REVÉRIFIEZ, VÉRIFIEZ ENCORE. »

« Nous avons souvent noté lors d'une troisième vérification un problème qui nous a permis de sauver une vie ! » expliqua le général. Voilà un bel exemple de constance ! Il y a également une autre facette à la constance : la capacité de se relever. Votre enthousiasme peut faiblir un moment, votre niveau d'excitation peut monter ou descendre, mais jamais vous ne serez assez déprimé ou découragé pour abandonner.

Je sais : votre rêve s'est peut-être écroulé. La compagnie a fait faillite, ou n'a pas retenu votre nom pour une promotion. Peut-être votre mariage vient-il d'éclater ou avez-vous perdu l'amour de votre vie. Votre rêve est mort. Que faire maintenant ?

Croyez que Dieu a le pouvoir de vous confier un nouveau rêve, de vous aider à faire votre marque pour de bon de votre vivant. Et rappelez-vous que *si vous pouvez en rêver, vous pouvez le réaliser !* J'ai vu ce principe mis en œuvre à d'innombrables reprises ! Vous le pouvez !

Henry Ford disait : « Croyez que vous le pouvez ou croyez que vous ne le pouvez pas, et de toute façon vous aurez raison. »

« *Je peux !* » dit le facteur retraité.

Facteur rural pendant 20 ans, à sa retraite du service postal de Makanda, en Illinois, Wayman Presley a accumulé un petit fonds de retraite et 1 100 $ d'économies. Aujourd'hui, à 82 ans, il est millionnaire. Son agence de voyages offre un chiffre d'affaires de près de 7 000 000 $ par année. La compagnie Presley Tours œuvre dans tout le pays.

Comment un facteur à la retraite devient-il un homme d'affaires prospère ? Presley croyait en lui-même et en sa capacité de rendre les autres heureux. Il aimait amener des amis et des voisins en excursion et leur apprendre à connaître les fleurs et les arbres. Les voyages de plus en plus organisés, incluaient les repas et les goûters.

Un jour quelqu'un lui dit : « J'adorerais voir l'océan. » ce simple souhait formulé de manière enthousiaste en présence de Wayman Presley donna naissance à un voyage de 546 passagers à Miami Beach. Wayman gagna 120 $ et trouva l'expérience tellement plaisante qu'il mit sur pied une agence de voyages devenue l'une des plus importantes au pays. Son entreprise a acquis une renommée et il a gagné beaucoup d'argent pour le bien-être de sa famille. Il a créé des centaines d'emplois et a fait voir le merveilleux monde de Dieu à des milliers de personnes !

« Je peux ! » dit la jeune épouse et mère.

Marie Callender était en train de préparer de la salade de pommes de terre et de la salade de choux dans un restaurant de Los Angeles pendant la Seconde Guerre mondiale. Son patron lui demanda de faire des tartes pour les clients de l'heure du lunch. Cela marqua le départ d'une nouvelle carrière pour Marie.

Au début elle faisait cuire ses tartes à la maison, manipulant des sacs de farine qui pesaient plus de 50 kg chacun. Puis en 1948 son mari et elle vendirent leur automobile et se portèrent acquéreurs d'un hangar préfabriqué, d'un four et d'un réfrigérateur. Elle cuisinait des tartes que son mari livrait aux restaurants de la région. Elle commença en confectionnant environ 10 tartes par jour. Deux ans plus tard, elle faisait plus de 200 tartes par jour. Seize ans plus tard, plusieurs milliers de tartes sortaient de ses fourneaux quotidiennement.

Marie et son mari ouvrirent leur première boutique de tartes dans le comté d'Orange en 1964. La première année ils firent à peine leurs frais, mais son mari, puis son fils gérèrent l'entreprise pour créer en définitive une chaîne de restaurants ayant pignon sur rue dans 14 États. En un rien de temps, tout le monde parlait des tartes de Marie Callender. Elles n'avaient pas leurs pareilles ! D'autres éléments, tout aussi exceptionnels au point de vue de la qualité et du goût, vinrent s'ajouter au menu.

En 1986, la chaîne Ramada Inns Inc. acheta l'entreprise familiale (115 restaurants) de Marie et son fils pour la somme de 90 000 000 $. Il s'agissait d'une réalisation exceptionnelle ! Qui aurait cru qu'une jeune mère, armée seulement d'un rouleau à pâte et d'un sac de farine, allait pouvoir servir une nourriture aussi délicieuse à tant de gens, sans parler des milliers d'emplois créés pour des boulangers, des cuisiniers, des serveurs et des serveuses.

Vous le pouvez aussi ! Vous pouvez réaliser vos rêves ! Vous pouvez changer votre vie ! Vous pouvez recommencer, même si vous êtes abattu !

Oui, vous pouvez aussi être un rêveur et un homme ou une femme d'action, à condition de rayer un seul mot de votre vocabulaire : *impossible*.

*Vous ne pouvez jamais
perdre le courage,
car le courage est quelque chose que
vous pouvez toujours choisir!*

Quatrième chapitre

Rien n'est impossible!

Rien n'est impossible !

Vous avez peut-être envie de dire : « Voyons, docteur Schuller ! Vous êtes un homme éduqué. Comment pouvez-vous dire que « rien n'est impossible » ? Avez-vous donc perdu tout sens critique ? »

Il est bien connu que j'ai enlevé le terme « impossible » de mon dictionnaire. C'est vrai. Et il y a plusieurs raisons à cela. D'abord, nous utilisons le plus souvent ce mot de manière inconsidérée, frivole et peu sérieuse. Non, je n'ai pas volontairement perdu tout sens critique. C'est précisément que j'ai développé et affiné ce sens critique et déclaré le mot *impossible* nul et non avenu !

De ne pas savoir comment faire quelque chose ne nous autorise pas à dire « c'est impossible ». Même si de soi-disant experts disent « c'est impossible », ça ne veut pas dire qu'ils ont raison.

Je dois vous mettre en garde contre la force la plus dangereuse et la plus destructrice qui soit sur terre : l'expert en pensée négative. Parce qu'il est un expert, vous serez tenté de le croire tout bonnement, de lui faire confiance et d'abandonner ! Impressionné par le poste d'autorité qu'il occupe, vous aurez tendance à le croire sans poser de questions. Trop souvent nous nous laissons convaincre par notre entourage plutôt que de nous en tenir à nos convictions.

Herbert Bayer, artiste, architecte, concepteur et auteur âgé de 78 ans, nous donne une idée saisissante de ce que serait l'art si un expert en pensée négative avait le dernier mot. Voici le récit favori d'Herbert, cité par John Dreyfuss, critique en architecture et en design au *Los Angeles Times* :

> Un expert en efficacité a un jour aggravé son ulcère en assistant à un concert où l'on jouait la symphonie « Inachevée » de Schubert.
>
> « Les 12 violons jouaient des notes identiques », se plaignit-il. Tout cela me semble peu nécessaire. Il faudrait effectuer d'importantes coupures de personnel chez les violons.
>
> De plus, nota fiévreusement l'expert, les quatre hautbois sont restés longtemps silencieux. Sa solution : congédier certains d'entre eux et « répartir leur travail dans l'ensemble de l'orchestre. »
>
> Faisant alors montre d'une ingénuité dépassant l'entendement, l'expert en efficacité observa alors que le fait de jouer tant de trente-deuxièmes notes constituait un « raffinement excessif », et qu'une « seizième note pouvait s'avérer suffisante » et permettre que l'œuvre de Schubert soit exécutée par « des aspirants musiciens appartenant à des orchestres de moindre importance. »
>
> Poursuivant sur le sujet, il décida qu'il n'y avait « aucune raison pour que les cuivres répètent des passages déjà exécutés par les instruments à cordes. En éliminant tous ces passages redondants, on pourrait réduire la durée du concert de deux heures en vingt minutes. »
>
> Finalement, l'homme termina ses recommandations en disant : « Si Schubert s'était arrêté à ces problèmes, il aurait sans doute été capable de terminer sa symphonie. » [1]

---

1. *Los Angeles Times*, 1979 Imprimé avec autorisation.

L'expert en pensée négative est une personne qui est si bien informée, formée et expérimentée à propos d'un sujet donné que, si une chose n'a jamais été exécutée, elle saura et n'hésitera pas une seconde à vous le dire. Ensuite, avec l'attitude autoritaire d'un brillant snob intellectuel, cet expert vous énumérera toutes les raisons, réelles ou imaginaires, pour lesquelles une idée n'a jamais rien donné, se convaincant d'abord lui-même, puis persuadant son entourage, que ses propos constituent la preuve que la notion tout entière est irréaliste, peu crédible, ridicule, impensable et impossible. Ainsi il bloque le progrès, fait obstacle au développement, tue la créativité, nuit à la réflexion et retarde de plusieurs mois, années ou décennies les grands progrès.

L'expert en pensée positive est celui qui, confronté à un nouveau concept et sachant que ce concept n'a jamais été éprouvé, considère avec enthousiasme ce qu'il voit comme une fantastique occasion de progrès. Il est stimulé par la perspective de trouver de nouvelles solutions à de vieux problèmes en mettant à profit les connaissances d'une ère nouvelle pour franchir des pas de géant. Parce qu'il est convaincu qu'il doit exister une façon de surmonter les difficultés apparemment insurmontables, ses facultés créatrices l'entraînent à obtenir des résultats étonnants. Mettant à profit des techniques de recherche avancées, il prouve que de vieilles causes d'échec sont en fait des erreurs de jugement imputables à des chercheurs intelligents qui ne disposent pas des outils, des compétences ou du savoir nécessaires à l'ère moderne[2]. Ainsi, l'échec n'est pas la fin !

Le simple fait qu'un expert en pensée négative dise « je ne peux l'imaginer ! » ne veut pas dire qu'il n'y a pas quelqu'un, quelque part qui, à un moment ou un autre, « pourra imaginer l'inimaginable », et, à l'étonnement général, réussir !

J'affirme que, trop souvent, le progrès a été bloqué et retardé par des gens qui utilisaient le mot « impossible ».

---

2. Schuller, *You Can Become*, 30, 31

« Transplanter un cœur humain ? Impossible ! »

« Envoyer un homme sur la Lune ? Allons donc ! Impossible ! »

« Construire une cathédrale entièrement faite de verre plus vaste qu'un terrain de football et à l'épreuve des tremblements de terre en Californie ? C'est impossible ! »

Non. Je n'ai pas rejeté tout sens critique. J'ai simplement vécu ma vie au vingtième siècle et j'ai vu des impossibilités scientifiques mourir comme des chenilles, pour ensuite renaître sous la forme de papillons positifs !

Peut-être me direz-vous : « De nos jours il n'y a aucun moyen connu de réussir une telle chose. » D'accord ! Voilà une observation intelligente. Mais ne dites pas : « C'est impossible. »

Peut-être me direz-vous qu'une certaine idée nouvelle est complètement incroyable, absurde et ridicule. Comme Thomas l'incrédule vous ne croirez que lorsque vous aurez mis le doigt dans la plaie de la main du Christ ! D'accord ! D'accord ! Je peux comprendre votre réaction. Mais, s'il vous plaît, ne vous exposez pas à devoir retirer un jour vos paroles. Quoi que vous fassiez, ne vous servez pas du mot « impossible ».

Soyez honnête avec moi. Si vous n'aimez pas l'idée, dites-le simplement. Elle n'est pas à votre goût ? Mettez les choses au clair. Votre ego nuit à votre jugement ? Peut-être s'agit-il d'un conflit de nature culturelle. Donnez les raisons véritables. Mais n'utilisez jamais ce terme inintelligent qu'est le terme « impossible » !

Vous pouvez peut-être me prouver que l'idée n'est pas économiquement viable. Mais, s'il vous plaît, dites-moi comment, quand ou grâce à qui elle pourrait en venir à faire ses frais. Et n'essayez pas de m'avoir. Peut-être voudrons-nous la réaliser même si elle nous coûte de l'argent. Alors n'utilisez pas le mot « impossible » !

Peut-être me direz-vous : « Quelqu'un l'a tenté, et cela a échoué. » Je voudrai alors savoir (a) quand, (b) où, (c) par qui, et (d) comment. Ensuite je voudrai passer tout cela en revue. Mais n'insultez pas mon intelligence en disant : « C'est impossible ! »

Peut-être me direz-vous que, dans leur état actuel, les lois ne le permettent pas. D'accord ! C'est brillant ! Je l'apprécie. Mais les lois peuvent être changées, alors ne me dites pas ; « C'est impossible. »

Si dans votre esprit l'idée est immorale ou manque d'éthique, la question est tout autre. Nous pouvons nous mettre d'accord. Utilisons le mot « inacceptable ». Mais gardons-nous d'utiliser un mot incorrect : « impossible ».

C'était lors de ma troisième visite à Pékin, en Chine. Lors de mes séjours précédents j'étais tombé amoureux de l'un des plus grands trésors artistiques de toute la Chine, le fameux cheval de bronze de la dynastie des Han. On en a fait des milliers de reproductions de 15 et de 30 cm de hauteur. Je désirais une reproduction de 1,25 m pour notre centre de retraite à Hawaï. Plus que toute autre œuvre d'art, celle-ci symbolisait la liberté de l'esprit ! Tous mes efforts en vue de trouver et d'acquérir une telle reproduction se butèrent à des murs de négativité aussi inébranlables que la Grande Muraille de Chine elle-même ! Finalement je me rendis au sommet : le ministère national des Arts, qui avait la garde de l'original. La réponse me fut immédiatement donnée en un mot. Vous l'avez deviné ! Ils ont aussi appris ce mot en Chine, ce qui est décevant quand nous constatons tout ce qu'ils ont fait d'*impossible*, en histoire, en art, en architecture et en génie ! Mais c'est ce que l'on me répondit : « Docteur Schuller, ce que vous demandez est impossible. »

Mais laissez-moi vous expliquer ce qui se passait dans l'esprit de ce responsable :

85

A. La requête était inhabituelle et allait nécessiter l'approbation d'un comité spécial. Cela serait difficile et frustrant. Et puis, il ne souhaitait pas se donner tout ce mal.

B. En supposant que l'on puisse obtenir les autorisations nécessaires, il allait probablement nous falloir un an pour embaucher les artistes qui, seuls, allaient pouvoir exécuter cette « reproduction officielle. » Bien sûr, l'Américain que j'étais ne voudrait pas attendre aussi longtemps.

C. Cela allait sans doute coûter des milliers de dollars, et le responsable pensait : « *C'est plus que je ne gagne en 10 ans ! Cet Américain ne voudra sans doute jamais dépenser autant d'argent !* »

Alors il prononça le mot « impossible » ! Quand je lui appris que j'avais un riche donateur prêt à payer une très grosse somme d'argent et que j'insistai, son attitude commença à changer, lentement mais sûrement. « Eh bien, cela prendra peut-être deux ans !

— C'est d'accord. »

Aujourd'hui, deux ans plus tard, je l'ai ! Elle symbolise la « liberté d'esprit » et invite les prédicateurs et les fidèles à la retraite.

C'était possible après tout !

À bas le mot « impossible »

N'oubliez pas que le subconscient n'a pas de facultés critiques ou intellectuelles. Il tend à tout croire ce que nous lui présentons, comme un ordinateur !

Prononcé à voix haute, le mot « impossible » a des effets dévastateurs sur le subconscient. La pensée s'arrête. Le progrès s'interrompt. La porte se ferme. La recherche cesse brusquement. Nous mettons un terme à l'expérimentation. Les projets sont abandonnés, les rêves rejetés. Les plus brillantes et les plus créatrices des cellules du cerveau piquent du nez, se referment, se cachent, se refroidissent et se blottissent dans un recoin sombre de l'esprit. En procédant à une telle manœuvre défensive, le cerveau se protège contre les douloureux assauts des déceptions insultantes, des rejets brutaux et embarrassants et des espoirs déçus.

Maintenant, il suffit que quelqu'un prononce les paroles magiques : « Ce peut être possible ! Je ne sais pas comment ou quand, mais c'est possible ! » Ces paroles excitantes, comme l'appel d'une trompette, pénètrent dans le subconscient, encourageant le pouvoir de la fierté à se manifester ! Les rêves ensevelis sont ramenés à la vie. Des étincelles de frais enthousiasme se produisent, puis donnent naissance à une nouvelle flamme. Des mesures oubliées retrouvent la vie. Des dossiers poussiéreux s'ouvrent à nouveau. Des lumières se rallument dans les laboratoires longtemps plongés dans l'obscurité. Des téléphones se remettent à sonner. Des ordinateurs se rallument. De nouveaux budgets sont révisés et adoptés, des offres d'emploi affichées. Des usines se dotent de nouveaux équipements et ouvrent à nouveau leurs portes, de nouveaux produits apparaissent. De nouveaux marchés s'offrent. La récession prend fin. Une merveilleuse nouvelle ère d'aventure, d'expérimentation, d'expansion et de prospérité voit le jour. [3]

Vous dites : « Mais, docteur Schuller, vous jouez avec les mots. » Et je vous réponds avec insistance : « Pas du tout ! Je

---

3. Schuller, *You Can Become*, 61

ne joue pas avec les mots ! Je déclare la guerre aux forces dangereuses, irresponsables et destructrices générées par des propos apparemment intelligents et innocents. »

La véritable question est celle de l'attitude. Laissez quelqu'un dire que quelque chose est « impossible », et une nouvelle attitude émergera à l'égard du progrès, du développement et de la créativité. Non ! Chassons le mot de notre vocabulaire !

Un critique cruel et insensible m'a un jour pris à partie concernant ma croisade pour répandre l'idée que rien n'est impossible. C'était un cynique, l'un des pires qui soient ! Il entendit parler de l'accident à la suite duquel ma fille avait dû subir l'amputation de la jambe à la hauteur du genou. « Tout est possible ? Allons, Schuller, une jambe ne peut repousser. C'est impossible !

— S'il vous plaît, dis-je doucement, n'utilisez pas ce mot. Vous verrez peut-être de votre vivant le jour où l'on pourra transplanter le cœur, le foie, les yeux et… les jambes, pourquoi pas, de personnes cliniquement mortes ! »

Impossible ? En effet, ce mot ne fait pas partie de mon dictionnaire ! C'est pourquoi le mot « impossible » est un mot dangereux !

Impossible ? Ce mot a la puissance destructrice d'une bombe thermonucléaire émotionnelle !

Impossible ? Ce mot est un couteau planté au cœur de la créativité !

Impossible ? Ce mot est un obstacle au progrès !

Démasquons le mot. Il nous faut bien étiqueter ces impossibilités. On pourrait plus justement les appeler :

- Préjugés !
- Défis !

- Problèmes à résoudre !
- Points morts !
- Fatigue !
- Ignorance !
- Crainte !
- Excuses !
- Problèmes d'ego !
- Paresse !

Appelez ces impossibilités par leur vrai nom : des *craintes* qui s'arrogent le leadership du processus de la réflexion. Ce sont des barrières mentales érigées par l'ignorance, l'apathie ou l'intolérance. Arrachez le masque des impossibilités et que trouvez-vous ? Une perception partielle génératrice d'illusions, puis de confusion.

Donc, montrons ces impossibilités telles qu'elles sont ! Vérifiez, revérifiez et vérifiez encore votre liste d'impossibilités avant de vous y soumettre :

- *Ce n'est pas impossible !*

Je dois simplement réviser mon projet. Revoir mes priorités. Refaire mon plan. Redéfinir ma stratégie. Resituer mon centre de décisions. Revérifier mes solutions traditionnelles. Sortir de mon ornière !

- *Ce n'est pas impossible !*

Je ne sais pas vraiment comment m'y prendre et je ne connais personne qui le sache. Je dois simplement entrer en contact avec des gens plus avertis. Je dois trouver quelqu'un qui pourra concevoir de nouveaux outils ou mettre au point de nouvelles façons de procéder !

- *Ce n'est pas impossible !*

Il me suffit de résoudre certains problèmes. Je dois prendre des décisions difficiles ; je dois me fixer de nouveaux objectifs.

Je devrai peut-être demander à des gens hostiles de m'aider. Suis-je prêt à m'associer à mes concurrents et à accorder mon amitié à mes ennemis ! ?

• *Ce n'est pas impossible !*

J'ai simplement besoin de plus de temps que prévu. Je devrai peut-être annuler des rendez-vous pour disposer de plus de temps. Je devrai repenser et réviser mon calendrier, ou demander de l'aide quand je serai à court de temps.

• *Ce n'est pas impossible !*

J'ai juste besoin de trouver plus d'argent, de couper les coûts, d'éliminer le gaspillage et de mettre de côté de petits projets afin de renouveler mes ressources financières. Je n'ai besoin que d'idées créatrices, et mes efforts d'imagination généreront de l'argent !

• *Ce n'est pas impossible !*

Il me suffit de penser plus grand ! Cela me donnera plus d'enthousiasme et d'énergie. Je dois débarrasser mon imagination des pensées limitées et sans envergure.

• *Ce n'est pas impossible !*

Il me suffit de travailler plus fort. Je dois être prêt à payer plus cher. Je dois augmenter ma mise . Je dois m'efforcer de rejeter ce qui nuit à mes progrès. Je ne peux me prélasser, être prudent et réussir !

• *Ce n'est pas impossible !*

J'ai simplement besoin de croire davantage en moi-même, d'avoir plus d'assurance. Je dois apprendre à gérer mes pensées, cesser de me dévaloriser, et chasser de mon esprit les pensées et les perceptions négatives qui y sont fermement ancrées, comme : je suis trop vieux ; je ne suis pas assez intelligent. Je dois prendre l'habitude de me dire : « JE PEUX. »

• *Ce n'est pas impossible !*

Je dois me prendre en charge, et oser commencer. Décider de commencer. Combattre le leadership des forces et des gens qui n'ont pas principalement à cœur mes intérêts !

• *Ce n'est pas impossible !*

J'ai simplement besoin d'une attitude positive. J'ai tendance à réagir négativement. Je choisirai de croire que, d'une manière ou d'une autre, c'est possible.

• *Ce n'est pas impossible !*

J'ai simplement besoin d'une foi plus grande. Je dois apprendre à croire en l'avenir. Je débarrasserai mes pensées des mauvaises influences, des échecs et des rejets passés.

• *Ce n'est pas impossible !*

Jamais je ne devrai abandonner. Il me suffit d'avoir une patience inépuisable. Bientôt, les méthodes traditionnelles devenues inefficaces feront place à une nouvelle technologie, et je serai récompensé pour mon attitude indéfectible ! Je tiendrai bon ! Le passé fera place à l'avenir !

• *Ce n'est pas impossible !*

Je dois simplement puiser à même une source supérieure de puissance. Il existe des sources d'idées créatrices avec lesquelles je dois entrer en contact, des forces cachées attendent que je les découvre et les mette à profit. Alors ce n'est pas impossible ; je ne peux simplement pas m'en tirer seul. J'ai besoin de la puissance de Dieu ! Ce n'est pas impossible... si j'ai la foi. De grandes choses se passent quand l'homme et Dieu s'attaquent à une montagne ! Je dois m'abandonner à l'aide de Dieu.

• *Ce n'est pas impossible !*

Il me suffit de cesser de m'entêter. Je dois faire des compromis quant à mes exigences informulées, à mes désirs secrets. Je dois avoir la sagesse de changer mon esprit et le courage de le dire ! J'ai simplement besoin de pratiquer l'humilité et les portes s'ouvriront ! Dieu m'aidera ! Les montagnes se déplaceront ! Je serai béni.

Quand vous vous rendrez compte que ce n'est pas impossible, vous pourrez trouver les solutions ! Vous pourrez alors croire qu'un miracle attend à chaque tournant. Vous saurez qu'une simple courbe ne marque pas le bout de la route !

Regardez au-delà du tournant ! Allez de l'avant ! N'abandonnez pas !

Ce peut être possible... si seulement je peux apprendre à le faire !

Ce qui encore hier semblait impossible peut être possible aujourd'hui ! Et ce qui semble impossible aujourd'hui sera peut-être possible demain ! Chaque jour de nouvelles techniques voient le jour, de nouvelles percées technologiques sont effectuées.

Malheureusement, une percée en médecine est venue trop tard pour le père de l'un de mes amis, le docteur Raymond Beckering. Il fut le ministre du culte qui fit de moi un ministre du culte voilà 37 ans, et le pasteur qui me demanda de venir de Chicago en Californie pour fonder une nouvelle église.

Le docteur Beckering m'a raconté comment son père est mort du diabète un mois seulement avant la découverte de l'insuline. S'il avait seulement vécu 30 jours de plus, il aurait pu ajouter 20, 30 ou même 40 ans à sa vie.

Je me rappelai à quelle vitesse les changements peuvent se produire comme je parlais un jour avec John Templeton, le célèbre conseiller en investissements qui assurait la présidence du conseil d'administration du séminaire de théologie de Princeton.

«Bob, te rends-tu compte de tous les changements dont toi et moi avons été témoins au cours de notre vie?» dit-il. «En 1912, les Américains n'avaient pas:

D'impôt sur le revenu... ni de réserve fédérale.

De conseillers en investissements... ni de fonds mutuels.

De comprimés vitaminiques... ni de réfrigérateurs.

De radios... de téléphones trans-continentaux... de feux de circulation.

De plastique... de fibres synthétiques... de tubes fluorescents.

«Beaucoup plus tard, après le «boom» de 1929, les Américains n'avaient toujours pas:

De sécurité sociale... ni d'assurance-chômage.

De poste aérienne... ni de transporteurs aériens.

De photocopieurs... ni de systèmes de climatisation

D'antibiotiques... ni d'aliments surgelés.

De téléviseurs... ni de postes à transistors.

De lasers... ni d'énergie nucléaire.

Les impossibilités disparaissent lorsque l'homme et son Dieu se lancent à l'assaut d'une montagne.

«Qui aurait pu imaginer à cette époque la variété des nouveautés que j'allais connaître de mon vivant, et qui peut imaginer aujourd'hui toutes les nouveautés dont bénéficieront nos enfants et nos petits-enfants?»

John continua en disant : « Nous vivons dans un monde et à une époque de progrès fulgurants. Nous sommes mieux éduqués, mieux nourris et mieux logés qu'à n'importe quelle autre époque de l'histoire du monde. Regarde tout le chemin que nous avons parcouru :

En 1912, Emil von Vehring a mis au point un agent immunisateur efficace contre la diphtérie et le tétanos.

En 1921, Frederick Banting et Charles Best ont isolé l'hormone de l'insuline.

En 1928, Alexander Fleming a découvert la pénicilline.

En 1929, Hans Berger a mis au point le premier électro-encéphalographe.

En 1938, Max Theiler a mis au point un vaccin contre la fièvre jaune.

En 1946, H. J. Muller a reçu le prix Nobel de médecine pour ses recherches sur les mutations imputables aux rayons X.

En 1951, André Thomas a mis au point le cœur et le poumon artificiels.

L'année suivante, Selman Waksman a découvert la streptomycine.

En 1954, Jonas Salk a développé le premier vaccin antipolio.

En 1967, Christian Barnard a effectué, en Afrique du Sud, la première transplantation cardiaque réussie.

En 1982, le docteur William De Vries a implanté le premier cœur artificiel permanent à Barney Clark, à Salt Lake City.

En 1983, la chirurgie au laser permettait d'effectuer des interventions chirurgicales à l'œil et de soigner les tumeurs de la moelle épinière et du cerveau.

«Plus de la moitié des scientifiques qui ont jamais vécu sont encore vivants de nos jours. Plus de la moitié des découvertes du domaine des sciences naturelles ont été faites au cours du siècle actuel. Les découvertes et les inventions ne se sont pas arrêtées et n'ont même pas ralenti. Qui peut imaginer ce que l'on découvrira si la recherche continue à s'accélérer? Chaque découverte révèle de nouveaux mystères. Plus nous en apprenons, plus nous constatons à quel point nous étions ignorants et combien il nous reste encore à découvrir», conclut John.

Vous n'êtes sans doute pas tout à fait conscient de vos propres forces. Votre valeur nette s'est sans doute accrue ; votre sphère d'influence s'est élargie. Votre réseau d'amis a pris de l'ampleur. Aujourd'hui, toutes sortes de choses impensables il y a peu de temps vous sont accessibles.

Quand je pense au chemin parcouru et à celui qui reste à parcourir, je crois que tout est possible! Avec le temps nous en viendrons à posséder toutes les réponses. Avec le temps nous ferons toutes les percées. Avec le temps nous verrons l'impossible devenir possible.

C'est peut-être possible...
si je peux résoudre certains problèmes!

La tâche la plus impossible que vous puissiez jamais imaginer n'est jamais tout à fait impossible, à condition que vous puissiez apprendre à résoudre certains des problèmes auxquels vous êtes confrontés.

J'ai récemment franchi le canal de Panama. J'avais hâte de vivre l'expérience, car j'ai toujours considéré le canal comme l'une des plus grandes réalisations de l'histoire.

Les Français ont tenté pendant 19 ans de le construire. Cela leur a coûté des millions de dollars et des centaines de vies. Ils ont fini par abandonner l'entreprise. Puis les Américains ont essayé. Ils ont décidé que la solution consistait à construire des écluses qui hausseraient et abaisseraient le niveau de l'eau pour permettre aux navires de passer. Ce fut une réalisation incroyable, une expérience émouvante que de voguer sur ce canal construit de main de maître.

Considérez votre impossibilité comme un problème que vous devez résoudre. Si le problème vous semble trop important, vous devrez peut-être le fractionner pour en faire plusieurs petits problèmes.

Walter Burke était président de McDonnell Aircraft Corporation lorsque le président Kennedy lui téléphona et lui dit : « Nous voulons envoyer un homme sur la Lune. »

Walter savait ce qu'il fallait faire pour faire de ce projet impossible une réalité. Il allait falloir mettre au point une fusée porteuse assez puissante pour permettre à sa capsule spatiale de s'arracher à l'attraction terrestre. Comme ingénieur, il avait appris qu'*un grand problème ne se présente jamais seul*. Alors il commença par se poser la question : « Quels sont les problèmes qui composent le problème principal ? »

Il subdivisa soigneusement le problème en une vingtaine de problèmes. Il détermina ceux de ces problèmes auxquels il pouvait lui-même s'attaquer, et ceux qui allaient nécessiter de l'aide, et ce, jusqu'à ce qu'il ne reste plus qu'un seul problème : le vaisseau spatial qui pourrait échapper à la force de l'attraction terrestre et aller en orbite.

Walter déclara : « C'est la phase intéressante. Je pourrai concentrer toutes mes énergies sur ce dernier problème, et quand je me concentre sur un problème unique je sais que sa solution n'est qu'une question de temps ! »

Bien sûr, la suite est connue. Les problèmes furent résolus et en 1969 Neil Armstrong est devenu le premier homme à marcher sur la Lune.

C'est peut-être possible...
si je peux réunir plus d'argent !

L'argent n'est pas la solution à tous les problèmes, mais il est étonnant de voir combien de problèmes sont causés par un manque de fonds. Trop de rêves sont détruits à cause de lacunes financières, et trop de vies sont ruinées par des faillites.

Donc, si vous êtes tenté d'abandonner, posez-vous la question : « Serait-ce possible si j'avais suffisamment d'argent ? Que pourrais-je faire si je n'avais pas de problèmes financiers ? » Il est étonnant de constater à quel point la personne qui axe sa pensée sur la possibilité réussit toujours à réunir les fonds nécessaires alors que, de l'avis des experts, « c'est impossible » !

Sybil Brand est l'une des femmes les plus remarquables du comté de Los Angeles. Ses bureaux sont remplis de prix mérités. Elle est âgée de plus de 80 ans et est considérée comme un leader dans le monde du bénévolat en Amérique. Elle a été présidente des plus grandes campagnes de levées de fonds en Californie. En fait, Bob Hope a déjà dit de Sybil : « Je ne peux plus m'occuper de levées de fonds : Sybil s'en charge. »

Sybil a commencé sa carrière alors qu'elle n'était âgée que de cinq ans. La sonnerie de la porte retentit un jour, et Sybil ouvrit. Un homme lui demanda : « Mademoiselle, est-ce que votre mère est là ? »

« Oui », répondit la petite Sybil. Elle courut chercher sa mère et lui dit : « Maman, quelqu'un te demande. Il dit qu'il a faim. Peut-on lui donner notre cuisinière ? »

Cette question innocente a marqué le départ d'une œuvre colossale qui lui a valu pus de 2 000 prix. Mais elle est surtout célèbre pour son travail à l'institut Sybil Brand de Californie. L'institut est la prison des femmes du comté, qui abrite plus de 2 000 femmes de plus de 18 ans.

Sybil visitait la prison un jour et elle fut horrifiée par les conditions de surpeuplement qu'elle y constata. Elle décida d'agir et réunit une somme de 8 000 000 $ destinée à la construction d'une prison. Et elle ne s'arrêta pas là. Elle se rend encore à la prison toutes les trois semaines pour y visiter les femmes, et chaque année elle organise une fête de Noël à leur intention. Lors de cette fête, elle remet un cadeau à chacune des détenues.

Les détenues adorent Sybil. Elles l'embrassent et lui font parvenir des lettres de remerciements. Elles l'appellent « madame Abondance. »

Avec les années, j'en suis venu à constater que nul n'a jamais de problèmes d'argent. Il s'agit toujours de problèmes d'idées. Il existe toujours d'innombrables moyens responsables et honnêtes de trouver l'argent dont on a besoin.

C'est peut-être possible...
si je peux penser plus grand !

Nous avons tous besoin de penser plus grand. J'oserais dire que ce sont les limites de nos pensées qui sont responsables de plusieurs de nos problèmes. Donc, plusieurs « impossibilités » peuvent être balayées à condition d'être démasquées et d'être tenues pour ce qu'elles sont vraiment : les limitations de notre pensée.

Chacun de nous peut tirer profit de l'histoire de John et de Greg Rice. Ce sont des jumeaux. Ils sont millionnaires, célèbres, prospères, heureux et comblés. C'est vraiment miraculeux, si l'on tient compte du fait que leur taille n'atteint même pas un mètre et qu'ils ont dû surmonter toutes sortes d'autres obstacles.

John et Greg ont été abandonnés par leurs parents naturels, à l'hôpital, lors de leur naissance. Par la suite, des problèmes de croissance leur furent découverts et il fallut à l'État, neuf mois pour trouver un foyer qui les accepterait tous les deux.

Heureusement, un excellent foyer chrétien les accueillit. Les jumeaux reçurent là ce qui allait les aider à devenir les gens extraordinaires qu'ils sont aujourd'hui.

John et Greg subirent un autre coup dur lorsque leurs parents adoptifs moururent, alors qu'ils étaient étudiants en onzième année. Peu de temps après, ils se lancèrent dans l'immobilier. Puis ils prirent la parole en public. En 1979, ils furent reçus par les responsables de l'émission de télévision « Real People », qui furent impressionnés par ces deux jeunes hommes de moins d'un mètre de hauteur qui disaient à tous de penser grand.

Après « Real People », ils firent partie d'une série télévisée. Ils continuent aujourd'hui d'être extrêmement populaires dans le circuit international des conférenciers.

John me dit un jour : « Docteur Schuller, beaucoup de gens disent que Greg et moi sommes chanceux. Pour nous, le mot « chance » s'épelle T-R-A-V-A-I-L. Plus nous travaillons, plus nous sommes chanceux. Voyez-vous, en un certain sens, tout le monde a un handicap dans un secteur ou l'autre de sa vie.

« Certains, comme Greg et moi, sont de petite taille. D'autres disposent de petits moyens financiers. La plupart d'entre nous manquons d'expérience. Mais je crois que le meilleur exemple de personne de petite taille remonte à quelque 3 000 ans en Israël, quand un adolescent appelé David s'est mesuré à une brute de Philistin nommé Goliath. Bien sûr, vous savez que la Bible précise que David puisa dans son sac une pierre qu'il lança à l'aide de sa fronde, atteignant au front le géant qui s'écroula face contre terre.

« Mais vous savez qu'il existe dans le monde actuel des géants à vaincre, des géants comme les préjugés, la pensée négative, le manque de confiance en soi et l'apitoiement sur soi. L'histoire de David se répète peut-être ; certains d'entre nous ne croient pas être assez armés pour s'attaquer aux géants d'aujourd'hui, mais je crois que chacun doit rassembler son courage, puiser profondément en lui-même, s'emparer de ses pierres et les projeter en direction des géants d'aujourd'hui. Voyez-vous, chacun peut réussir. Il doit simplement consacrer *tout ce qu'il possède* à cette réussite. »

Greg ajouta : « John et moi ne serions peut-être pas là où nous sommes si ce n'avait été des puissantes bases religieuses que nos parents ont pu nous donner. Les gens nous regardent et disent que nous avons réussi. Mais John et moi croyons que le véritable secret de la réussite consiste à être heureux, heureux de faire ce que nous accomplissons.

À mon avis, John et moi sommes probablement les deux personnes les plus heureuses que vous connaîtrez jamais, car nous ne considérons pas notre handicap comme un problème. »

John conclut en disant : « Voyez-vous, beaucoup de gens se trouvent des excuses pour expliquer les situations dans lesquelles ils se trouvent. Il faut toujours tirer le maximum de sa situation. »

John et Greg ont certainement tiré le maximum de leur situation. Ils sont heureux et vivent sans amertume. Ils ont réussi. Pourquoi ? Parce que leur message en est un d'amour, d'humour positif et d'inspiration pour des millions de gens. Est-ce donc si étonnant que l'amour, l'admiration et d'autres bienfaits leurs soient rendus ?

C'est peut-être possible…
si je peux travailler plus fort !

Louis Nizer, l'un des plus grands avocats du vingtième siècle, m'a appris la « magie » d'un autre mot. Il m'a dit : « Chaque année je prononce des conférences à l'intention des étudiants en droit de Yale et de Harvard, et je dis à ces étudiants : « Je vous apprendrai un mot. Ce mot changera l'esprit médiocre en un esprit éveillé. Il changera l'esprit éveillé en un esprit brillant. Il changera la personne brillante en une personne inébranlable. Ce mot vous ouvrira les portes. Grâce à ce mot, des tapis rouges se dérouleront devant vous. Ce mot vous mettra en contact avec certaines des personnes les plus merveilleuses et les plus puissantes au monde. Ce mot permettra à chacun de réussir. Ce mot magique et miraculeux est T-R-A-V-A-I-L ! » Une attitude positive à l'égard du travail fait des merveilles !

Lors d'un de mes voyages à Srinagar je commandai un belvédère. On n'avait jamais entendu parler d'une telle chose dans cette ville isolée située entre la Chine et le Pakistan.

« Impossible ! » me dit-on.

Je m'assis néanmoins et je dessinai un plan.

« Oh, cela nous pouvons le faire ! me répondit-on.

— Combien cela coûtera-t-il ? » demandai-je.

Le prix me sembla raisonnable. « Accepterez-vous un chèque personnel ? »

« Impossible ! » me répondit-on à nouveau.

À ce moment j'aperçus sur le bureau du propriétaire une copie du magazine *Time*. Ce numéro contenait une photo de moi. Je m'emparai du magazine et montrai ma photo à l'homme. « Vous pouvez me faire confiance ; je suis dans ces pages ! » dis-je.

Les yeux écarquillés, l'ébéniste lut le récit du concert donné à Beverly Hills lors de l'ouverture de la Cathédrale. L'article précisait que Frank Sinatra y avait même acheté une place. « Vous connaissez Frank Sinatra ? » Il était abasourdi. « J'accepte votre chèque ! » lança-t-il.

Huit mois plus tard je reçus le belvédère. Parmi les arabesques complexes du bois, on peut lire le nom de l'artisan, son adresse à Srinagar à Cachemire en Inde et sa devise : «*Notre travail est notre vénération.*»

Tout est possible si vous conservez une attitude positive à l'égard du travail. Le travail vous permettra de réaliser votre rêve, et très souvent vous constaterez que votre travail a été agréable ! Que vous l'avez apprécié ! Qu'il ne vous a pas épuisé, mais que vous en avez tiré une énergie nouvelle ! Que vous vous sentez rajeuni ! Et plus important encore, qu'il vous a donné de la satisfaction. Vous êtes fier de ce que vous êtes et de ce que vous avez fait. Vous vous êtes consacré à votre rêve et, par la même occasion, à Dieu !

C'est peut-être possible... si je peux trouver quelqu'un qui m'aidera !

Le docteur Michael DeBakey est l'un des plus grands médecins de notre temps. Il passera certainement à l'histoire comme l'un des médecins les plus innovateurs de notre génération. Il n'existe pas une salle d'opération au pays où l'on n'utilise pas d'instruments portant le nom « DeBakey ». Et pas un hôpital qui ne soit pas dotée d'une unité de soins intensifs.

L'unité de soins intensifs a été conçue par le docteur DeBakey en 1953. À cette époque de nombreuses objections furent soulevées, non seulement par les médecins, mais aussi par les infirmières.

À cause de la période critique qui suit immédiatement une intervention chirurgicale, il devait disposer de personnel très spécialisé en mesure de surveiller étroitement les patients. Ces patients avaient besoin d'une surveillance constante, 24 h par jour. Heureusement, l'administrateur de l'hôpital accéda à la demande du docteur DeBakey, et mit sur pied une unité de soins intensifs destinée uniquement à ses patients.

Les résultats furent tels que les autres médecins se mirent à demander que leurs patients soient admis à cette unité de soins intensifs.

Par conséquent, au cours des années suivantes, l'unité dut subir un agrandissement pour répondre aux besoins de ces autres médecins et de leurs patients. Il est intéressant de noter que tous oublièrent leurs objections. L'unité des soins intensifs devint partie intégrante du département de cardiologie des hôpitaux et s'étendit bientôt à tous les départements des hôpitaux, tant au pays qu'à l'étranger.

« Combien de vies, combien de cœurs humains vous sont passés entre les mains en plus de 10 ans ? » lui ai-je demandé.

« Oh ! Plus de 50 000 ! » m'a-t-il répondu.

Je me dis qu'il exagérait à coup sûr. Cinquante mille cœurs me semblait un chiffre « impossible ». Mais le docteur DeBakey m'invita à assister à l'une de ses opérations. Il me conduisit à une pièce où un dôme surplombait quatre salles d'opération ; je pouvais assister à quatre interventions se déroulant simultanément. Quatre équipes différentes de médecins et d'infirmières procédaient à des interventions chirurgicales. Le docteur DeBakey supervisait ces quatre opérations, passant d'une salle à l'autre. Je me rendis compte que le chiffre de 50 000 n'avait rien d'exagéré. Il était peut-être même insuffisant.

J'exprimai par la suite au médecin mon étonnement et mon admiration pour sa capacité de multiplier ses efforts en recourant à l'aide d'autres personnes. Il me répondit : « Eh bien, il y a une expression que j'utilise souvent en salle d'opération : « Si seulement j'avais une troisième main, je n'aurais pas besoin de vous. » Mais l'une des raisons pour lesquelles nous n'avons pas une troisième main, c'est que Dieu désire que nous restions humbles. »

Je lui demandai quelle impression cela faisait de tenir un cœur humain entre ses mains.

Il me dit : « C'est un miracle de Dieu. Le cœur est l'un des plus beaux organes de l'organisme. Il est d'une telle efficacité. Pensez simplement qu'il bat 60, 70 ou 80 fois à la minute pendant toute votre vie, ne se fatiguant jamais à moins d'être malade. Sain, il bat régulièrement et vous maintient en vie. Il n'est pas étonnant qu'il est considéré parfois comme le siège de l'âme.

« Le fait est que vous ne pouvez vous empêcher de ressentir cette sorte de présence suprême dans la salle d'opération. Je crois que quiconque doute de l'existence de cet Être spirituel devrait venir au bloc opératoire. Vous ne pouvez vous empêcher de ressentir très fortement cette présence. Vous ressentez le caractère sacré de la vie lorsque vous êtes aux prises avec ces situations très critiques en salle d'opération. En ce qui concerne la chirurgie cardiaque, vous sentez vraiment la présence de cette autre force. Et j'ai vécu cette expérience à plusieurs reprises.

« Je me rappelle un patient qui était maintenu en vie grâce à un cœur et à un poumon artificiels ; son cœur ne pouvait prendre la relève. Finalement j'en vins au point où j'étais presque résigné à abandonner. Et tout à coup, pour des raisons qui ne sont pas du tout claires, son cœur se remit à battre. Tout ce que j'arrivai à dire, c'est : « Merci mon Dieu. » Je devais lui accorder tout le mérite. S'il ne m'avait pas aidé, l'homme serait mort. »

Le docteur DeBakey a été en mesure de faire profiter de son expertise à des milliers de gens car il s'est entouré de médecins et d'infirmières capables de l'aider. Il a également puisé à même la Source suprême. Par conséquent, il a aidé plus de gens que la plupart d'entre nous avons jamais rêvé d'aider au cours d'une vie.

Êtes-vous déçu de ne pas progresser ? Avez-vous l'impression d'avoir atteint les limites de vos capacités ? Peut-être alors devriez-vous vous inspirer de l'exemple du docteur Michael DeBakey. Cherchez des gens qui pourront vous aider. *Le succès peut être possible* si vous n'essayez pas de tout faire seul !

C'est peut-être possible... si je me rends compte que je ne peux abandonner !

Il faut être courageux pour aller de l'avant quand nous sommes constamment aux prises avec des échecs ou des difficultés. Il faut de l'audace pour se relever et poursuivre la lutte après avoir été durement plaqué au sol.

Il faut du courage, de l'audace et de l'intégrité. J'ai appris ce qu'est l'intégrité sur la ferme en Iowa. En naissant et en grandissant sur une ferme, vous développez une intégrité instinctive. Vous savez que vous devez traire les vaches si vous ne voulez pas qu'elles se tarissent. Si vous semez du blé, vous savez que vous devrez le récolter.

Si les livres *The Pursuit of Excellence* ou *Passion for Excellence* vous sont familiers, vous connaissez le nom de Stew Leonard. Stew possède le plus grand magasin de produits laitiers au monde. Et en 1986, il a été au nombre des 11 lauréats du prix présidentiel d'excellence en entrepreneurship.

Deux mois après avoir terminé ses études universitaires, Stew perdit son père. À l'âge de 21 ans, Stew se vit forcé de prendre la direction de l'entreprise familiale, et de livrer du lait dans des maisons privées. Puis les clients commencèrent à s'approvisionner dans les supermarchés. Stew se sentait comme un marchand de glace après l'arrivée du réfrigérateur. Son entreprise était en difficulté quand deux ingénieurs de la voirie lui annoncèrent que sa laiterie devrait être expropriée pour y faire passer une nouvelle autoroute.

Stew ne savait que faire, alors il demanda à ses clients quels étaient leurs besoins. Réponse : du lait frais au plus bas prix possible.

Stew eut un rêve. Il rêva de construire un grand magasin doté de sa propre laiterie, où les clients pourraient assister à l'embouteillage de leur lait. Il pourrait leur faire économiser de l'argent et les enfants auraient du plaisir à assister à l'opération à travers de grandes fenêtres.

Les trois quarts du magasin étaient terminés quand les incrédules se présentèrent. Ils dirent à Stew qu'il était fou. Ils prédirent que son projet n'était pas viable, car les gens n'allaient pas venir spécialement du supermarché à son magasin. Ils prédirent sa ruine. Stew me confia par la suite : « Quand les experts persistent à vous le répéter sans cesse, vous finissez par vous décourager un peu. Mon comptable m'apprit que nous devions plus de 100 000 $ et que nous étions sur le point de déclarer faillite. Ce fut une époque difficile.

Le point tournant de ma vie se produisit une nuit où je n'arrivai pas à dormir. Je descendis l'escalier et je réchauffai le café du dîner. Je pris une chaise et je fis deux listes : une liste négative des raisons qui faisaient que je risquais d'échouer, et une liste positive des façons dont je comptais m'en tirer. La liste négative était beaucoup plus longue. Il faisait noir à l'extérieur. Il pleuvait et j'étais déprimé. Je me mis à prier, non pas pour demander à Dieu de résoudre mes problèmes, mais pour me donner du courage et des forces.

Au lever du soleil, mes prières furent exaucées. Ma femme Maryann descendit l'escalier. Elle me demanda : « Stew, qu'est-ce que tu fais ?

— Du souci ! répondis-je.

— À quel sujet ?

— Tout le monde me prédit un échec. Tout le monde me dit que je coure à la ruine.

— N'écoute pas ces gens négatifs, dit-elle. Tu ne seras pas ruiné. » Puis elle ouvrit le tiroir du comptoir de la cuisine, en tira un petit carnet de banque et dit : « Voici les 3 300 $ hérités de ma mère. Je les avais mis de côté pour payer des études aux enfants. Tu pourras rendre la somme quand ta nouvelle laiterie sera un succès. »

« À ce moment, je me sentis très fort. Mes prières avaient été exaucées. Dès ce moment, je décidai de foncer quoi qu'il advienne. Étrangement, les experts avaient tort, et ceux qui pensaient possibilités comme Maryann, avaient raison ! »

Je demandai à cet entrepreneur dynamique : « Stew, à votre avis, quel est le secret de votre réussite ?

— Eh bien, je crois que la réussite consiste à être soi-même et à faire de son mieux. Cela n'a rien à voir avec les autres. Où en êtes-vous par rapport à ce que vous pouvez devenir ? »

Quand je visitai son magasin, je lui demandai : « Stew, où sont les vaches ? J'aimerais en traire une ou deux. » Je crois bien lui avoir servi un petit sermon, car deux mois plus tard il me rendit visite à la Cathédrale de Cristal. Là, en présence des fidèles et devant environ 3 000 000 de téléspectateurs, il me remit un tabouret utilisé pour traire les vaches ! Il y avait inscrit : « Au docteur Schuller, qui m'a dit un jour : « L'abandon n'est jamais une option. On doit traire les vaches, quoi qu'il arrive. »

Quand vous aurez appris ce qu'est l'engagement, quand vous saurez que l'abandon n'est jamais une option, vous pourrez déceler les possibilités !

C'est peut-être possible...
si j'adopte une nouvelle attitude !

Si vous voulez que vos idées donnent de bons résultats, vous devez être amoureux de votre rêve. Vous devez désirer le réaliser avec passion et de tout votre cœur. Quand vous êtes consumé par une passion et que cette passion prend racine dans l'amour de Dieu et des êtres humains, *la passion devient compassion* et vous vous dirigez vers la réussite.

Nul ne comprend mieux ce principe que Marva Collins. Marva a grandi à Atmore en Alabama, près de Pensacola en Floride. Ses parents lui ont donné un fort désir d'apprendre, de s'éduquer et de réussir. Aujourd'hui elle est l'une des éducatrices les plus respectées des États-Unis.

Cela n'est pas une affirmation gratuite, si l'on tient compte des honneurs qu'elle a mérités. En 1981, lui était décerné, en compagnie de Walter Cronkite, du juge de la Cour suprême Potter Stewart et de David Stockman, le prestigieux Jefferson Award pour services rendus au pays. En 1982, elle fut comptée au rang des femmes les plus exceptionnelles au monde avec Beverly Sills, Nancy Kissinger et Barbara Walters.

On a offert à Marva Collins la possibilité d'occuper le poste de présidente de la commission scolaire du comté de Los Angeles. Elle a refusé. Le président des États-Unis lui a offert le poste de secrétaire à l'Éducation. Elle a aussi refusé cette nomination, car elle poursuit inlassablement son propre rêve.

Le rêve de Marva est le suivant : convaincre les enseignants et les enfants de croire en eux-mêmes. « JE NE VOUS LAISSERAI PAS ÉCHOUER », répète-t-elle à ses étudiants.

En 1974, après 14 ans d'enseignement au sein d'une importante commission scolaire municipale, Marva démissionne car elle en a assez de voir des enfants victimes d'un système où ils n'apprennent rien. Disposant des 5 000 $ de son fonds de retraite, elle met sur pied une école qu'elle appelle Westside Preparatory School. Dans cette école, tous les étudiants, qu'ils soient noirs, blancs, en santé ou assistés sociaux, sont considérés égaux. Marva s'efforce d'inspirer à chaque enfant l'estime de soi, la détermination et la fierté.

Elle a réussi à permettre à des enfants considérés attardés, difficiles et insoumis, d'obtenir une réussite éclatante. Comment y arrive-t-elle ? Elle aide d'abord les enfants à acquérir de l'assurance et à croire au travail ardu. Elle est d'avis que chaque enfant porte en lui-même la flamme de l'excellence. Sa technique consiste à attiser cette flamme.

« Impossible » est un mot tabou. Son utilisation est interdite à l'école de Marva. Elle enseigne plutôt à ses élèves à croire qu'ils sont CAPABLES ! Les enfants la croient et ils réussissent… à tous les coups.

J'ai récemment eu la chance de rencontrer cette femme exceptionnelle et d'en apprendre davantage sur sa méthode unique d'enseignement. Elle me dit : « Docteur Schuller, j'ai la possibilité de modeler les enfants et d'en faire des gens d'action. J'ai la capacité de rendre ces enfants plus grands qu'ils auraient jamais cru pouvoir le devenir. Je ne puis vous dire à quel point c'est excitant de voir s'allumer les yeux d'un enfant quand il commence à croire en lui-même. »

« Marva, lui ai-je demandé, comment y arrivez-vous ? Comment apprenez-vous aux enfants à croire en eux-mêmes ?

— Eh bien d'abord, je suis toujours restée à l'écart de la salle des professeurs pour ne pas entendre les plaintes concernant ce que les enfants ne pouvaient faire. Je n'ai jamais vu un enfant avec lequel on ne pouvait communiquer. Je crois que tous les enfants peuvent réussir. La seule chose qui puisse empêcher un enfant de réussir est le fait pour l'enfant de s'entendre dire par ses parents et ses professeurs qu'il ne réussira pas.

— Voulez-vous dire que beaucoup d'enfants sont habitués à croire qu'ils ne peuvent réussir ?

— Malheureusement, c'est souvent le cas. Permettez-moi de vous donner un exemple. Jeudi dernier je me suis rendue à une école publique. J'ai demandé de rencontrer 14 enfants, ceux qui avaient les pires problèmes et qui réussissaient le moins. Il y avait un petit garçon qui se tenait dans un coin. Je lui dis : « Tu es beaucoup trop beau pour te tenir dans le coin et me tourner le dos. Je veux voir ton joli visage. » J'allai le chercher et je le plaçai avec les autres enfants. Puis je dis aux enfants : « Aujourd'hui, chaque fois que je vous réprimanderai et je vous demanderai pourquoi vous ne faites pas quelque chose, vous répondrez : « *Parce que je suis trop brillant.* » Puis je demandai au jeune homme : « Pourquoi suis-je allée te chercher dans le coin ? »

« Il me répondit : « Parce que je suis trop brillant. »

« J'ai passé deux heures en classe avec ces enfants, et quand est venue l'heure de partir, ils m'ont dit avec les larmes aux yeux : « S'il vous plaît ne nous laissez pas. Pouvons-nous aller à votre école avec vous ? »

« Souvent nos éducateurs obligent les enfants à écrire 100 fois *Je me conduirai mieux en classe.* À l'école Westside Preparatory nous demandons à l'enfant de se lever et de parler sur le thème : « Pourquoi suis-je trop brillant pour perdre mon temps en classe. »

« J'enseigne à mes enfants à dire adieu à l'échec et bonjour au succès ! »

Marva Collins a appris le secret du succès. Elle a appris que rien n'est impossible si nous nous habituons à croire que nous pouvons ! Si vous éliminez le mot *impossible* de votre vocabulaire, si vous pouvez vous habituer à entretenir des pensées positives et si vous recherchez les possibilités, vous aussi serez en mesure de dire adieu à l'échec et bonjour au succès !

La bonne attitude ! Elle est fondamentale. Nous cherchons ni plus ni moins à remettre au point, à restructurer la personnalité humaine. Nous sommes un peu comme des entrepreneurs qui prennent un district délabré, détruisent les immeubles infestés de rats, nettoient les terrains et jettent les fondations de merveilleuses tours dotées de fleurs et d'espaces verts.

Alors notre première tâche consiste à nettoyer le site en débarrassant l'esprit de ses modèles de pensée négative et à jeter les fondations sur lesquelles s'appuieront les nouvelles structures mentales. Ces fondations se composent de huit attitudes mentales positives. Prêt ? Allons-y !

Cinquième chapitre

De la pensée dirigée vers l'échec à la pensée tournée vers le succès!

Comment entreprendre le périple du succès ou repartir après un terrible coup dur? (Il s'agit bien d'un coup dur, et non d'un échec)!

Pour répondre à cette question, nous devons poser une autre question: comment nous y prendre pour nous acquitter de notre tâche la plus importante, la plus urgente et la plus difficile, soit de transformer notre pensée négative — ou celle des autres — en pensée axée sur la possibilité? Est-ce seulement possible? Nous connaissons tous des gens négatifs déterminés et entêtés qui résistent à toutes les tentatives, thérapies et suggestions pouvant transformer leur vie et, de négative qu'elle est, la rendre positive. Est-il vraiment possible de faire d'un être négatif un être positif?

Bien sûr, vous pouvez prévoir ma réponse à cette question. L'œuvre de toute ma vie est axée sur la conviction que la nature humaine peut se transformer radicalement et renaître littéralement! Jésus l'enseignait. Je le crois. Mon ministère est fondé sur cette conviction, et les résultats sont suffisamment impressionnants pour me convaincre, après une vie d'efforts soutenus, que les gens peuvent changer! J'en suis certain! Ma théorie de la pensée axée sur la possibilité a été bénéfique à des dizaines de milliers de gens qui se sont prévalus de notre thérapie, par le biais de textes ou d'émissions télévisées. Des gens qui, habitués depuis leur enfance à être négatifs quant à leur potentiel ont vu leur résistance flancher sous la pression positive. C'est possible ! N'en doutez pas !

Votre première tâche consiste à vous assurer que vous axez votre pensée sur la possibilité ! Et ne comptez pas sur des encouragements ! Ne misez pas sur une rencontre de motivation ou sur un livre du genre « comment réussir », que ce soit le mien ou celui d'un autre ! Ces outils pourront, bien sûr, marquer le ton, vous donner des conseils positifs et précis et même vous préparer mentalement, mais pour des résultats solides et durables, une restructuration psychologique de la personnalité doit se produire.

Et pour restructurer une personnalité négative et la rendre positive, vous devez débarrasser le « chantier de construction » des vieilles structures, des vieilles attitudes négatives et jeter de nouvelles fondations qui pourront soutenir de nouveaux gratte-ciel.

Alors jetons un coup d'œil au plan qui correspond à celui qui axe sa pensée sur la possibilité. Considérez cette personnalité positive comme une structure. Quels sont les plans nécessaires ? Quel type de personnalité recherchons-nous ? Quel modèle pourrons-nous utiliser comme norme ? Et sur quelles fondations une philosophie de pensée axée sur la possibilité peut-elle s'ériger ?

Si nous prenons une radiographie du conditionnement mental de celui qui axe sa pensée sur la possibilité, voici ce que nous voyons :

Les huit attitudes mentales positives de celui qui axe sa pensée sur la possibilité

De toute évidence, la personne qui axe sa pensée sur la possibilité affiche des dispositions mentales positives. Mais est-il possible de disséquer cette attitude mentale positive ? Oui, bien sûr. J'ai fait des observations et des analyses pendant plusieurs années, et je sais que la pensée axée sur la possibilité doit reposer sur huit attitudes positives. Passons-les en revue.

I

Êtes-vous prêt à adopter une attitude positive envers le changement ?

Voici ce que vous risquez d'entendre de la part des gens négatifs :

« Ne perds pas ton temps. Ils ne changeront jamais. »

« Je suis désolé ; j'ai toujours été comme cela ; je suis fait ainsi. »

« On n'apprend pas à un singe à faire des grimaces. »

Remarquez qu'il s'agit d'observations absolues, et non pas relatives. Elles sont la marque de la personne qui (a) ne croit pas au changement, ou (b) ne veut pas envisager la possibilité de changements, et ce, pour plusieurs raisons, parfois compréhensibles, parfois à peine tolérables.

Par ailleurs, les gens qui axent leur pensée sur la possibilité ne considèrent pas le changement comme une menace, mais comme une raison d'espérer ! S'il n'y a pas de possibilité de changement, il n'y a pas d'espoir d'amélioration ! Bien sûr, le fait de ne pas adopter d'attitude positive à l'égard du changement est, bien souvent, un mécanisme subconscient de défense manifesté par la personne qui manque d'assurance, qui se voit souvent comme une victime du changement. L'individu qui est sûr de lui-même se perçoit comme l'instigateur de changements futurs qui nécessitent dès maintenant de la planification et de la préparation ! De toutes les attitudes positives, cette attitude à l'égard du progrès est la plus fondamentale.

Une attitude positive à l'égard du changement nécessite aussi une certaine humilité. Seul celui qui a de l'assurance ose opter pour l'humilité, car l'humilité exige d'être prêt à admettre que nous ne possédons pas toutes les réponses et que certaines de ses réponses sont erronées.

Bien sûr, plusieurs des propositions auxquelles nous sommes confrontés seront jugées «absolument impossibles», compte tenu des connaissances disponibles à un moment précis. Mais quiconque axe sa pensée sur la possibilité présume que, si la proposition porte en soi des germes de créativité, elle mérite une attention sincère et un examen honnête. Voyez-vous comment celui qui axe sa pensée sur la possibilité fonde sa pensée sur le relatif plutôt que sur l'absolu ? Voyez-vous cette volonté de changer les conclusions, si nous présumons que le conditionnement des gens peut comporter des erreurs, des faussetés et des imprécisions ?

Nous ne connaîtrons jamais le nombre de personnes qui ont échoué car leur conditionnement comportait des erreurs et qu'ils n'ont jamais remis en question leurs fausses opinions, dont certaines devaient être changées, remises à jour, révisées ou rejetées !

II

Êtes-vous prêt à opter pour une attitude positive envers vous-même ?

Comme vous manifestez une attitude positive à l'égard du changement, il vous est possible, à vous qui axez votre pensée sur la possibilité, d'exprimer une attitude positive envers vous-même.

Vous pouvez regarder vos limites et croire qu'elles peuvent être corrigées ou comblées.

Vous pouvez regarder vos défauts et vos faiblesses et croire que vous pouvez vous améliorer.

Vous pouvez regarder votre manque d'expérience et de formation et croire que vous pouvez acquérir de nouvelles compétences.

Vous pouvez regarder vos craintes et mettre le courage de la foi dans votre vie. Vous pouvez dire : « Dieu et moi formons une majorité. »

Vous pouvez regarder vos imperfections et continuer à vous respecter ; vous pouvez vous dire : « Quand je suis bon, je suis bon ; et quand je ne le suis pas, je suis humain ! »

Lorsque j'ai rédigé mon premier livre sur la pensée positive intitulé *Move Ahead with Possibility Thinking*, j'étais convaincu que les gens pouvaient passer de petites réalisations à de grandes réalisations, mais je me suis rendu compte que mon livre comportait une faiblesse majeure. Je présumais que le lecteur aborderait le sujet avec une image positive de lui-même. Mais j'eus des commentaires de lecteurs qui avaient une telle image négative d'eux-mêmes que je me rendis compte qu'un autre livre était nécessaire. Je publiai donc *S'aimer soi-même, la force dynamique du succès.** J'y observais que la pensée axée sur la possibilité ne peut exister que si l'individu se valorise beaucoup et croit en ce qu'il peut devenir. Le « je suis » est une condition préalable au « je peux ». Si nous voulons établir le profil de personnalité de celui qui axe sa pensée sur la possibilité, celui-ci doit inclure une image positive de soi.

Mais il n'est pas facile de garder une image positive de soi, car la société n'a pas tendance à se montrer flatteuse à notre endroit. Et malheureusement, il en est de même de la famille. On met l'accent sur les défauts. Les fautes et les péchés sont soulignés ! La critique et la condamnation suivent immédiatement et instinctivement, alors que les félicitations se font rares. Même l'éducation ne suffit pas à la tâche. La religion n'est pas non

---

* Publié aux éditions Un monde différent ltée.

plus sans failles à ce sujet. Dieu seul sait combien de gens ont été habitués dès leur enfance à être négatifs à propos de leurs talents et de leurs habiletés.

Quant à nous, nous avons tendance à être notre pire ennemi. Nous sommes réticents à accepter les compliments. Les louanges tendent à nous embarrasser. Les accolades sont appréciées, mais nous ne savons pas vraiment comment les accepter. Alors nous résistons au conditionnement qui fortifierait notre fierté saine et positive.

Nous avons aussi tendance, naturellement et normalement, à exagérer nos faiblesses. Dans notre subconscient, que nous pouvons avec justesse comparer à un super-ordinateur, un vaste conditionnement négatif s'oppose à notre assurance naissante. Une re-programmation massive est nécessaire. C'est pourquoi, dans mon ministère, nous nous sommes toujours fermement engagés à présenter une image positive du christianisme.

« Pourquoi ne dénoncez-vous pas le caractère de pécheur des gens ? » me demande-t-on souvent.

La réponse est évidente. Les gens n'ont aucun mal à croire qu'ils sont pécheurs. C'est facile. Le plus difficile, c'est de les aider à croire à quel point ils peuvent être beaux s'ils permettent à l'amour du Christ de pénétrer dans leur vie ! Une approche positive constante est nécessaire. Les gens ont besoin de se dire quotidiennement : « Je suis l'idée de Dieu, alors je dois être quelqu'un de bien. »

Ceux qui axent leur pensée sur la possibilité sont des gens qui adoptent intuitivement une image positive d'eux-mêmes et qui croient qu'ils peuvent.

Nous avons déjà dit que, compte tenu de la forme de son corps et de la petite taille de ses ailes, le bourdon est une impossibilité aérodynamique, mais je crois qu'il vole car il ne sait pas qu'il ne le peut pas !

Walter Anderson, éditeur du magazine *Parade*, probablement l'hebdomadaire le plus lu aux États-Unis avec ses 60 000 000 de lecteurs, me confiait qu'il avait toujours eu le mérite des « A » à l'université car, me disait-il, « une bourse m'avait été offerte et je croyais à tort qu'à moins de n'obtenir que des « A » j'allais perdre cette bourse. Je travaillais donc très fort et je ne récoltais que des « A » ! »

Qu'est-ce que cela indique en regard du potentiel humain ? Nul n'a jamais dit à Walter Anderson qu'il n'était pas possible de n'obtenir que des « A » ! Alors il l'a fait. Il se sentait obligé de l'accomplir !

L'un des titres les plus longs que j'aie jamais donnés à un sermon a été : « Je n'ai été conscient du poids de mes bagages qu'au moment où j'ai cessé de les transporter. » Dans ce message je mentionnais avoir toujours insisté pour transporter mes propres valises dans les aéroports. Je me serais senti faible, vieux et handicapé si j'avais accepté les offres d'aide de mes hôtes. Un jour j'acceptai une telle offre. Les deux mains entièrement libres, je pouvais gesticuler en marchant et en parlant. Je pouvais même serrer les mains d'amis rencontrés à l'aéroport, signer des autographes ou embrasser des gens ! Soudain je constatai à quel point mes bagages étaient lourds.

Quel poids de bagages d'attitudes négatives envers nous-mêmes transportons-nous ? Laissons aller tout ça ! Laissons tomber nos bagages ! Abandonnons ces opinions culpabilisantes et dévalorisantes !

L'échec n'est pas la fin pour celui qui garde une saine opinion de lui-même. Le succès n'a pas de fin pour celui qui persiste à croire et à se dire : « J'ai beaucoup à offrir et j'ai encore beaucoup à donner. La prochaine fois je réussirai. »

III

Êtes-vous prêt à adopter une attitude positive à l'égard du leadership ?

Celui qui axe sa pensée sur la possibilité manifeste une attitude extraordinairement positive à l'égard du leadership. Il valorise son intelligence, ses habiletés et ses qualifications instinctives et intuitives, et il est désormais profondément conscient de pouvoir apporter des changements à sa vie et à celle des gens qui l'entourent ! Cette conscience marque la naissance du leadership, car le leadership est la conscience merveilleuse qui fait dire à chacun :

- Je peux dénombrer les options, passer en revue les possibilités, effectuer un choix !

- Je déciderai quelle option, quelle possibilité pourra constituer mon objectif.

- J'ai la responsabilité de prendre des décisions !

- Je serai responsable de mon propre destin !

- Je suis une personne, et non une marionnette ! Je suis beaucoup plus qu'un super-ordinateur ! Je suis une créature morale. Je possède une volonté. Je peux porter des jugements. Voilà ce que c'est d'être un être humain ! Et aussitôt que j'aurai le sentiment que tout cela constitue le leadership, je me formerai mes propres opinions !

- Je changerai ce qui, dans mon conditionnement mental et émotionnel, doit être changé.

- Je n'abandonnerai pas mon leadership à d'autres gens ou à d'autres forces.

- Je n'abandonnerai pas ma prise de décisions à des pensées négatives. Je choisirai plutôt d'en confier le commandement à mes pensées positives !

• J'irai jusqu'au sommet ! Je serai le leader de ma propre vie ! Je ne craindrai ni ne fuirai cette fantastique situation de puissance !

• Je conserverai la direction de mon âme ! Je ne laisserai pas les autres prendre la roue et assumer le leadership de mon corps, de mon esprit et de mon âme éternelle !

Celui qui axe sa pensée sur la possibilité demande : « Où serai-je dans 5, 10 ou 20 ans ? » et répond : « Cela dépend des décisions que je prendrai aujourd'hui et des objectifs que je choisirai comme leader de mon propre destin. »

IV
Êtes-vous prêt à adopter une attitude positive à l'égard des problèmes ?

Vous pouvez déjà la voir émerger, n'est-ce pas, la structure de la personne qui réussit ? Bien sûr cette personne manifeste une attitude positive à l'égard du changement et peut corriger sa situation quand des difficultés surviennent. L'avenir peut être transformé pour que le soleil brille. Celui qui axe sa pensée sur la possibilité manifeste une attitude positive envers lui-même, ce qui entraîne une attitude positive à l'égard du leadership. L'individu qui s'oriente vers le succès peut assumer le leadership de son propre destin et n'a pas à abandonner à personne ses responsabilités d'être humain.

Le résultat est une personnalité qui manifeste *une attitude mentale positive à l'égard des problèmes*. À moins de posséder cette qualité, la personne ne se fixera jamais d'objectifs car elle craindra intuitivement que ces objectifs ne créent des problèmes. Et c'est vrai ! Et si la personne n'a pas une opinion positive d'elle-même, elle n'aura pas la confiance pour résoudre les problèmes ou les gérer de manière créatrice.

Indiquez-moi une personne manifestant une attitude positive à l'égard des problèmes, et nous serons en bonne voie de façonner la personnalité axée sur la possibilité qui conduira à la réussite. Aucun doute à ce sujet !

Sans une attitude positive à l'égard des problèmes, l'individu ne pourra jamais transformer sa personnalité négative en une personnalité axée sur la possibilité.

Voici de bonnes nouvelles ! Ce changement d'attitude, qui est si essentiel et si fondamental, peut s'acquérir ! On peut apprendre à manifester une attitude positive à l'égard des problèmes ! Et à cette étape, nous assistons souvent à l'amorce d'une transformation de la personnalité négative en une personnalité positive ! Voyons ce qui se produit quand nous manifestons une attitude positive à l'égard des problèmes.

Comment ceux qui axent leur pensée sur la possibilité perçoivent les problèmes.

1. D'abord, les problèmes ne constituent rien de terrible. Ce ne sont pas des péchés. Nous n'avons pas à en rougir. L'estime de soi ne nécessite pas d'être battue en brèche ou ternie simplement car nous sommes confrontés à des problèmes. Les problèmes sont naturels ; en fait, ils sont inévitables si nous progressons !

Toute croissance entraîne des problèmes. Quand j'ai commencé mon ministère je jouais souvent le rôle de conseiller matrimonial. Les couples me confiaient leurs conflits et étaient souvent embarrassés comme s'ils se croyaient anormaux ! Au moment de leur mariage, tout était beau ; tout allait comme sur des roulettes. Cependant, des difficultés survenaient, même sans savoir toujours pourquoi.

Ma première intervention consistait toujours à dire : « Ça va ; ne soyez pas honteux ou gênés. C'est très naturel. N'oubliez pas que, si les rapports interpersonnels peuvent être exceptionnellement harmonieux et heureux, chacun des membres du couple croît à son propre rythme. Alors ne soyez pas surpris s'il se produit des frictions quand l'un des deux conjoints a une croissance plus rapide que l'autre. » Il m'arrivait souvent de retirer ma montre, de la leur montrer et de dire : « Cette montre est dotée d'un mécanisme de haute précision. Chacun de ses engrenages correspond exactement à ceux avec lesquels il entre en contact. Chacune des pièces mobiles est soigneusement conçue et fabriquée pour s'inscrire parfaitement dans le fonctionnement harmonieux de la montre. Assemblez le tout. Remontez le mécanisme. Vous pouvez vous attendre à un fonctionnement impeccable pendant très longtemps. Mais supposez que chacun des engrenages est un organisme vivant, indépendant, tout en étant lié aux autres. Supposez aussi que chacune des pièces mobiles de cette montre croît à un rythme différent des pièces qui l'entourent. Pendant combien de temps cette montre fonctionnerait-elle avant de s'arrêter, victime d'une panne majeure, voire irréparable ?

« Réjouissez-vous ! Les rapports entre les gens ont constamment besoin d'ajustements. Alors détendez-vous. Ne vous sentez pas humiliés. Réveillez-vous et réintégrez le genre humain. Les problèmes ne sont pas dramatiques. Ils prouvent simplement que vous vivez, que vous croissez et que vous êtes humains. »

Tenez d'abord compte de ce concept logique ; vous n'aurez pas honte et vous serez libre d'évoluer dans l'univers où votre estime personnelle demeurera intacte. Et grâce à cet appui, vous pourrez continuer et trouver des solutions créatrices à ces problèmes naturels.

2. Les gens qui axent leur pensée sur la possibilité se rendent compte qu'ils ont eux-mêmes créé leurs propres problèmes. Maintenant que votre fierté est intacte, vous devez vous protéger d'une tendance naturelle et normale à vous apitoyer sur votre sort en comprenant que *vous avez créé vos propres problèmes.*

Nous éprouvons des difficultés conjugales ? Nous nous sommes créé des problèmes en nous mariant ! Des problèmes reliés au monde des affaires ? Eh bien, si nous n'avions pas choisi de nous lancer en affaires, nous n'aurions pas de problèmes, n'est-ce pas ? Quand nous, qui axons nos pensées sur la possibilité, analysons nos problèmes, nous comprenons que nous avons créé ces problèmes lors de nos choix d'objectifs, lors de nos prises de décisions et quand nous avons pris de nobles engagements. Une fois ce fait accepté, nous adoptons une attitude positive plutôt que négative à l'égard de notre situation. Celui qui axe sa pensée sur l'impossibilité a instinctivement, intuitivement, impétueusement et impulsivement tendance à rejeter le blâme sur les autres. Il est facilement atteint de « victimite. »

« La vie n'est pas juste. »

« Je suis victime du mauvais sort. »

« Personne ne comprend ce que je peux endurer. »

Et ainsi, cette attitude négative à l'égard des problèmes ne fait qu'accentuer ces problèmes !

Lorsque je me suis rendu au chevet de ma fille après l'amputation de sa jambe, je lui ai dit : « Carol, ton plus gros problème consistera sans doute à éviter de t'apitoyer sur ton sort. » Elle rétorqua : « Ne t'en fais pas avec cela, papa, j'ai trop de problèmes pour choisir celui-là ! » Elle avait créé son propre problème au moment où elle avait pris la décision d'accepter l'invitation de son cousin de monter derrière sa moto pour une promenade.

Comprenez-vous ? La personne qui est confrontée à des problèmes n'a plus tendance à être sur la défensive, ce qui aggraverait à coup sûr la situation ! La personne négative est sur la défensive et refuse d'entendre les avis constructifs et les conseils utiles qui lui sont offerts. Par ailleurs, celui qui accepte la responsabilité de ses problèmes personnels peut apporter des correctifs et se tirer de sa situation délicate avec plus de sagesse, d'intelligence et de force qu'avant, pour aller de succès en succès.

N'oubliez jamais que les «échecs» ne sont que des problèmes qui attendent leur solution!

3. Un problème ne vient jamais seul. Tout problème est en fait constitué de deux ou de plusieurs problèmes. Vous êtes sans emploi? Ce problème amalgame un ensemble de problèmes. Peut-être n'avez-vous pas la formation et les compétences nécessaires pour les postes convoités. Votre situation financière ne vous permet peut-être pas de vous offrir les cours spécialisés que nécessite le marché actuel de l'emploi, ce qui revient sans doute à dire que vous n'avez pas les relations pour vous permettre d'obtenir des bourses d'étude. Peut-être ne savez-vous pas non plus à quel endroit une telle formation est dispensée, sans doute à meilleur prix que vous ne l'imaginez.

Vous devez aborder soigneusement chaque problème avec une attitude positive et en supposant que chacun d'eux comporte de nombreuses complexités. Fractionnez le problème. Attaquez-vous à chacune de ses parties séparément, en commençant par les plus faciles. Vous souvenez-vous de vos examens au collège ou à l'université? Vous commenciez par répondre aux questions faciles. Vous étiez alors confiant de réussir l'examen, n'est-ce pas? Les gens qui axent leur pensée sur la possibilité peuvent résoudre leur problème de chômage en fractionnant ainsi la difficulté: «Je dois déménager... Je dois améliorer ma formation... Je dois rencontrer les personnes qui pourront m'aider.»

Diviser pour conquérir. C'est la stratégie classique permettant de remporter toutes les batailles!

4. Tout problème a sa solution quelque part! Il existe un miracle correspondant à chaque difficulté, si importante soit-elle. Je ne sais peut-être pas comment résoudre mon problème, mais quelqu'un le sait. «Quelqu'un, quelque part, peut m'aider à comprendre mon problème, et peut me montrer comment y faire face; donc je n'ai aucune raison de me décourager», se dit instinctivement celui dont la pensée est axée sur la possibilité.

Il n'est pas étonnant que le succès n'ait pas de limites et que les échecs ne soient que passagers !

5. *Tout problème est intrinsèquement porteur de possibilités.* L'attitude de celui qui axe sa pensée sur la possibilité est la suivante : « *Il n'y a pas de problème qui soit sans valeur positive.* » J'écris ces lignes quelques jours seulement après mon retour d'une tournée de conférences dans les îles japonaises. J'ai été particulièrement impressionné par le président d'une entreprise frappée par la récession. La part du marché international détenue par sa compagnie avait diminué de façon notable. Son attitude ? C'est merveilleux ! Il résuma en ces mots la situation à ses cadres supérieurs : « Nous sommes confrontés à des problèmes plus sérieux que jamais, et c'est merveilleux. Car les problèmes sont à l'entreprise ce que la douleur est à l'organisme. C'est la manière que la nature utilise de nous servir un merveilleux avertissement et de nous dire que nous devons apporter des changements. »

Ainsi un problème est considéré comme une possibilité. L'obstacle est perçu comme une occasion potentielle. La cicatrice peut être transformée en une bonne étoile. Nous sommes ainsi en mesure de tirer profit de nos difficultés, de transformer ces déceptions en de fructueuses expériences. Le problème ? Il est l'occasion de mettre le doigt sur une faiblesse du système. Il constitue une information importante et de grande valeur !

Les pressions du marché changent, les besoins des gens se modifient et le problème nous conduit vers la sagesse, aussi sûrement que s'il était sorti d'un laboratoire de recherche et de développement ! Nous découvrirons maintenant des besoins nouveaux et vitaux et nous corrigerons nos objectifs de manière à y répondre. Nous regarderons en arrière et bénirons le problème qui nous aura orienté vers une stratégie plus valable. Et ainsi notre succès n'aura pas de limites ! Vive les problèmes !

6. *Tout problème est désormais perçu comme pouvant être (a) résolu, (b) réglé ou (c) exploité.* Nous échappons au déses-

poir. Nous sommes imperméables au pessimisme, et notre perspective optimiste demeure saine. Le problème sera disséqué et nous y ferons face de manière constructive, ce qui veut dire que nous le résoudrons ! Si nous n'y trouvons pas de solution, nous allons au moins faire en sorte d'en limiter l'impact négatif. Et si nous en limitons les dommages potentiels pour nous ou notre entreprise, il nous fournira l'occasion de pratiquer une gestion d'urgence. Ce sera une nouvelle corde à notre arc ! N'importe qui peut naviguer en eaux calmes. Mais la victoire sera plus probante si la bataille est difficile.

Alors j'ai le choix : je laisserai le problème me contrôler, ou bien je contrôlerai le problème. Si je choisis de ne pas m'abandonner au découragement, à la dépression ou au désespoir, je prouverai que je suis plus fort que mon obstacle ! Et il y a un facteur dont je peux être absolument certain pour trouver une solution à mon problème : « Je peux choisir ma façon de réagir à ce qui m'arrive. » Par conséquent, je me respecterai et m'estimerai énormément ! Je mériterai le respect de gens respectables !

Pendant que je rédigeais ce chapitre, j'ai vu l'un des grands leaders américains déclarer une faillite personnelle et professionnelle. John Conally, ex-gouverneur du Texas, dont la fortune a déjà frôlé le chiffre de 500 000 000 $, a vu son entreprise s'écrouler avec la chute des prix du pétrole. Interviewé dans le cadre d'une émission matinale diffusée à l'échelle nationale à propos de sa faillite, il regarda droit dans l'objectif de la caméra et dit : « Les prix du pétrole ont chuté. Nous n'avons rien pu y faire. Nous avions spéculé sur les taux. Nous avons vu notre actif perdre rapidement de la valeur jusqu'à ce que celui-ci soit inférieur à nos dettes. Nous sommes allés à Hong Kong et sur le marché mondial pour refinancer nos opérations, confiants qu'avec le temps les prix remonteraient pour nous rendre à nouveau solvables. Mais nous avons échoué. Nous avons finalement dû recourir à la protection de la cour par le biais de la faillite. »

Je vis l'ex-gouverneur du Texas expliquer sa situation avec intégrité et je fus profondément impressionné ! Je n'ai vu aucun signe de « victimite. » Il ne s'est pas apitoyé sur son sort. Il s'agissait du compte rendu honnête d'un homme d'affaires qui avait vu l'économie plonger et s'était retrouvé privé de la fortune qui avait été la sienne quelques années auparavant.

« Nous allons mettre notre argenterie en vente. Bien sûr, nous avons vendu nos chevaux. Nous liquiderons nos biens personnels pour tenter de payer le plus possible nos créanciers », expliqua-t-il calmement. Son calme en dépit de ce problème lui valut un immense respect de ma part.

Quand tous les autres éléments d'un problème sont indépendants de votre volonté, rappelez-vous que vous pouvez encore choisir votre réaction !

En optant pour une réaction positive à votre problème insoluble, vous contrôlez votre problème.

7. Tout problème est temporaire. Les gens qui axent leur pensée sur la possibilité savent que les difficultés ne survivent pas aux gens persistants. Chaque problème a son point culminant, puis perd graduellement de l'importance. Toute vallée a son point le plus bas. Atteignez ce point, et vous ne pourrez que remonter. Les problèmes ne sont pas éternels ; ils sont temporaires. Avec cette attitude positive à l'égard de la nature transitoire de chaque difficulté humaine, il est possible de conserver une attitude positive sensée dans les moments difficiles !

Il était si déprimé qu'il menaçait de se suicider. « Le suicide est une réaction vraiment stupide ! » lui rappelai-je. « Car le suicide est une solution permanente à un problème temporaire ! »

L'orage disparaît toujours devant le soleil. Le jour succède toujours à la nuit. L'hiver fait toujours place à l'été.

8. Celui qui axe sa pensée sur la possibilité se dit : « Les problèmes sont des distorsions de la réalité comme je la perçois aujourd'hui. » J'exagère l'énormité du problème et probablement la gravité de l'impact négatif du problème sur moi car je souffre de stress. Conformément aux réactions humaines prévisibles, je réagis avec excès aux effets négatifs de ce problème sur ma vie actuelle et mon avenir. Par conséquent, je me méfierai de la façon dont je perçois l'importance de mes propres problèmes, et je me rappellerai que la situation n'est pas aussi grave que je le crois.

Le pire qui puisse survenir est déjà arrivé à d'autres qui ont beaucoup moins de ressources émotionnelles, spirituelles et humaines que je puis en posséder. Ils ont survécu. Je survivrai aussi ! Et l'épreuve me rendra meilleur et plus sage.

9. *La plupart des problèmes ne sont pas vraiment des problèmes.* C'est la première distorsion que j'ai clarifiée. Je les appelais problèmes, mais ce n'était que des décisions à prendre. Et aussitôt que j'ai constaté ce fait, j'ai retrouvé mon attitude positive envers moi-même et à l'égard de mes habiletés de leader et du changement. Alors désormais je dispose de la préparation et du calme pour prendre des décisions difficiles et même doulou-reuses. Mais quand je les aurai prises, mes « problèmes » s'estom-peront !

10. *En fin de compte, il n'existe pas vraiment de problème impossible à résoudre.* Il s'agit du dernier élément conceptuel de l'attitude positive manifestée par celui qui axe sa pensée sur la possibilité à l'égard des problèmes. Aux prises avec un problème que les autres qualifient de totalement impossible à résoudre, celui qui axe sa pensée sur la possibilité affirme avec sagesse : « Il n'existe pas vraiment de problème complètement insurmontable. » Il y a toujours quelque chose que je peux faire concernant un aspect ou un autre du problème. J'en appellerai à Dieu afin qu'Il me donne la sagesse de voir quelle est la partie du problème dont je peux me charger, et je m'en chargerai. Bien souvent je découvrirai avec étonnement que le fait de m'être chargé d'un aspect apparemment peu important du pro-

blème a transformé la situation. Une éclaircie m'attendait. De nouvelles forces, de nouvelles sources «tombées du ciel» m'ont aidé, car même si je ne croyais pas pouvoir sauver le navire tout entier, je savais pouvoir sauver une vie ou deux. Maintenant vous voyez comment une attitude positive à l'égard d'un problème prouve le bien-fondé de la phrase : «Le succès n'a pas de fin, l'échec n'est pas la fin ! »

V

Êtes-vous prêt à opter pour une attitude positive à l'égard des gens ?

J'ai demandé à d'innombrables leaders éminents : «Quel est le secret de votre réussite ? »

Leur réponse est toujours la même : « Les gens compétents qui travaillent pour moi. »

J'ai également interviewé des douzaines de personnes qui dirigeaient des institutions en difficulté, et je leur ai posé la question : « Que s'est-il passé ? Quel a été votre plus gros problème ? »

Là aussi la réponse est la même : « Les employés inefficaces ! »

Quelle leçon tirer de cela ? Les gens qui réussissent manifestent une attitude positive à l'égard des gens ! Ils attendent ce qu'il y a de mieux des autres et ils en tirent le meilleur ! Bien sûr, ils n'ont pas une moyenne de mille au bâton. Mais celui qui manifeste une attitude négative à l'égard des gens n'osera pas recourir à la délégation de tâches. «Je ne crois pas qu'ils feront un travail satisfaisant ; » ou «Ils en retireront tout le mérite, et je devrai prendre le risque et faire tout le travail ; » ou encore : « Ils me prendront tout ce qu'ils pourront et me laisseront tomber. Je préfère le faire moi-même ! Je m'en tirerai seul. Je le ferai à ma manière et ce sera bien fait. »

Dans l'ouvrage *The Be-Happy Attitudes*, je faisais remarquer que l'attitude principale conduisant au bonheur est tirée des paroles de Jésus : « Heureux les pauvres en esprit, car le Royaume des Cieux est à eux. » (Matthieu 5,3) Qu'est-ce que cela signifie ? Que nous devons manifester l'attitude de celui qui dit : « Je suis pauvre si je crois que je dois tout faire seul dans la vie. J'ai besoin d'aide. Je ne peux tout faire seul. » Voilà ce que veut dire cette attitude. Et c'est le point de départ du succès véritable ! Car « les gens qui ont besoin des gens sont en fait les personnes les plus chanceuses au monde ! »

« Je puis tout, grâce au Christ qui me fortifie. » Et comment le Christ nous fortifie-t-il ? Vient-il sur terre en chair et en os pour demeurer à nos côtés ? Oui. Car son esprit imprègne les êtres humains dont Il contrôle la vie de façon positive. Donc, quand je suis les conseils de gens plus avisés que moi, le Christ me fortifie. Quand j'accepte l'aide de gens qui peuvent faire du meilleur travail que moi, le Christ me fortifie. Je recherche les conseils d'experts dans les domaines du droit, de la finance, de l'impôt et du marketing. Ce sont des personnes compétentes, intelligentes et persévérantes, par le biais desquelles le Christ me fortifie !

Cela veut dire que je ne dois pas être sur la défensive lorsqu'on me livre des critiques constructives dans le but de me conseiller. Il peut s'agir du Christ qui s'efforce de me corriger ! Je me dirai que certaines personnes sont plus avisées que moi ; qu'elles savent des choses que je ne sais pas ; je me dirai qu'il existe des personnes plus compétentes, plus douées et plus créatives que moi. Ainsi je me montrerai ouvert à leur endroit, plutôt que de fermer mon esprit et ma vie aux contributions qu'ils m'offrent.

Ce qui se produit ici est que j'empêche mes problèmes d'ego de me priver de rapports sains et constructifs avec des gens compétents, ce qui pourraient faire toute la différence entre un échec désastreux ou un immense succès de mes entreprises !

Celui qui manifeste une telle attitude positive à l'égard des gens les inspire à donner le meilleur d'eux-mêmes. En d'autres mots, ceux qui font confiance aux autres sont généralement abondamment récompensés !

Avez-vous déjà souhaité que les autres aient confiance en vous ? Croient en vos idées ? Acceptent la sagesse et les conseils, que vous pourriez contribuer à leur savoir limité ? Et une fois votre aide acceptée, ne vous êtes-vous pas montré généreux et enthousiaste ? Bien sûr ! Pas étonnant que ceux qui axent leur pensée sur la possibilité réussissent ! Le succès ou l'échec est déterminé par les gens que l'on attire autour de soi. Nous attirerons des gens qui nous conduiront à la réussite si nous leur faisons confiance, si nous croyons en eux et si nous les écoutons ! C'est aussi simple que cela. Et si vous n'y croyez pas, examinez les autres options. Pensez à l'approche négative, et vous verrez un homme seul qui connaît tout et qui se dirige vers un échec certain. Si par hasard il réussit seul, il se retrouvera seul. Qui aime prendre le lunch seul ? Le succès sans reconnaissance sociale constitue peut-être l'échec le plus probant et le plus triste !

Les funérailles les plus tristes que j'aie jamais officiées ont été celles d'un homme fortuné auxquelles ni un parent ni un ami n'a assisté ! Ses trois fils adultes vivaient à proximité, mais ne sont pas venus. Jamais je n'avais vécu une telle expérience, et je ne l'ai jamais revécue depuis. Seul l'entrepreneur de pompes funèbres et moi étions présents ! Lorsque je demandai une explication, mon compagnon me dit : « Tout ce qu'il désirait, c'était gagner de l'argent pour s'offrir ses caprices égoïstes. Il n'avait pas de temps à consacrer à ses enfants, à sa femme. Il n'avait ni temps ni argent à offrir à l'église ou aux œuvres de charité. Il a eu de la chance à la Bourse ! Mais il est mort extrêmement malade et seul. En fait, les médecins croient que sa solitude a précipité son décès ! »

Voilà un exemple d'échec !

VI
Êtes-vous prêt à opter pour une attitude positive à l'égard du bien-être émotionnel?

Celui qui axe sa pensée sur la possibilité manifeste une attitude positive à l'égard des sautes d'humeur qu'il ressent au cours de son existence. Il comprend que son enthousiasme exige parfois des périodes de repos. Il ne peut être constamment « emballé »! Celui qui axe sa pensée sur la possibilité reconnaît ce fait et n'est pas effrayé par ses moments de calme émotionnel. Il se dit plutôt : « J'entre dans une période de retraite émotionnelle. C'est une sorte de « plein » émotionne! J'attendrai que le Seigneur fortifie mon cœur. Je ne serai ni craintif ni trop anxieux concernant ces humeurs, car cela me serait désagréable. »

En fait, les émotions négatives ne sont pas toutes destructrices. Il y a par exemple :

Le chagrin des adieux.

La nostalgie du « bon vieux temps. »

Les larmes versées lors de funérailles.

La colère manifestée en présence d'une injustice flagrante.

La « peur constructive », au moment où nous nous débarrassons d'une mauvaise habitude comme le tabagisme.

La culpabilité ressentie quand nous avons besoin de revenir dans le droit chemin.

Les émotions négatives sont parfois constructives.

Ce qui importe, c'est que je contrôle mes humeurs afin de devenir meilleur. Suis-je momentanément découragé? Eh bien, je ne vais pas m'abandonner à cette humeur. Ça va passer.

« J'ai vraiment beaucoup de mal, mais je vais me relever » : voilà une autre attitude positive mentionnée dans mon livre *The Be-Happy Attitudes*. Pas étonnant que ceux qui axent leur pensée sur la possibilité réussissent. Ils se rendent compte que les moments d'abattement sont compréhensibles, souvent inévitables et parfois même utiles. Ce qui importe, c'est notre façon d'y réagir.

Il importe de ne jamais prendre de décisions négatives irréversibles dans les moments d'abattement ! Dans de pareils moments, la décision de ne pas prendre de décisions constitue une décision positive, car cela prouve que nous maîtrisons toujours nos humeurs.

Étrangement, l'humeur se transforme. Les sentiments positifs reviennent toujours ! Ils viennent remettre du soleil dans la vie ! Comme individu axant sa pensée sur la possibilité, vous êtes conscient du fait que vous avez eu beaucoup de jours heureux depuis votre naissance. Vous avez peut-être quelques souvenirs négatifs ou plusieurs, mais vous envisagez la vie de manière positive et vous savez qu'il y a eu d'innombrables moments heureux. Et ces moments de bonheur vous reviendront de multiples fois à la mémoire sous la forme de sensations inattendues de joie et de fraîcheur ! Une musique de fond ravivera le souvenir d'un moment heureux et vous vous remettrez à siffler.

Nous pouvons voir le rôle important que joue cette attitude positive à l'égard des humeurs dans le processus de la réussite ! Sans une telle attitude, l'individu s'abandonne à ses pensées déprimantes et se dirige vers un écrasement pur et simple ! Au contraire, celui qui fait montre d'une attitude positive se borne à attendre et à réfléchir, puis à réfléchir encore.

Dans notre monde affairé, nous ne prenons pas assez le temps de réfléchir. Un pilote de ligne expérimenté voyageait un jour à mes côtés sur un vol transcontinental. « Avez-vous déjà été confronté à des problèmes ou à des situations graves ? Et comment avez-vous réagi ? lui ai-je demandé.

— Oh oui, dit-il, quelques fois. Mais quand j'étais pilote dans l'aviation militaire, on m'a dit : « Dans une situation potentiellement catastrophique, ne faites rien ! Réfléchissez ! Ne touchez pas une seule commande ! *Mais réfléchissez !* »

Il poursuivit en disant : « Je faisais partie du groupe qui devait bombarder la baie de Tokyo lors de la Seconde Guerre mondiale. Je plongeai, me préparant à lâcher mon chargement de bombes, et je fus touché par l'ennemi. Pendant un moment, je crus que j'étais fini. Mais je ne fis rien ! Je ne peux vous expliquer à quel point c'était difficile de ne pas m'agripper aux commandes ! Je me bornai à réfléchir, et je me dis : « *Tout va bien. Je vais m'en tirer.* Et effectivement, les commandes étaient placées de façon à faire remonter mon appareil, et c'est ce qui se produisit. Si j'avais posé quelque geste que ce soit, c'en était fini de moi ! »

Alors lorsque votre humeur amorce une plongée, ne faites rien. Réfléchissez ! Et attendez ! Et bien sûr, occupez votre esprit en faisant appel à la prière et à la pensée positive. Vous maîtriserez vos humeurs, et cela fera toute la différence entre la réussite et l'échec. Croyez-moi !

Oh, qu'il est difficile de résister à la tentation de se plonger dans l'action lorsqu'un désastre vient de se produire. Pourtant, la première mesure de survie est : NE FAITES RIEN !

Fred Markwell, un marin australien, donne ce conseil dans un manuel de survie qu'il a rédigé. Et Markwell est sans conteste une autorité en la matière, car il a survécu à un orage au large des côtes australiennes, avec des vagues entre 5 et 10 m tout cela pendant 7 h.

Markwell était capitaine d'un luxueux bateau, le *Nocturne*, qui transportait alors quatre passagers. La météo prévoyait une mer calme, mais soudain une tempête se leva. Markwell savait que, compte tenu de l'intensité de la tempête, ils étaient en grand danger. Ses quatre passagers et lui revêtirent des vestes d'une vive couleur orange pour se rendre visibles aux yeux des secouristes, le cas échéant. Il approvisionna également le canot gonflable en fusées éclairantes.

Lorsque le *Nocturne* commença à se briser, Markwell et ses passagers montèrent dans le canot pneumatique, mais celui-ci fut immédiatement emporté par une forte vague et tout le monde tomba à la mer. Des débris du *Nocturne* flottaient autour de Markwell. Il avisa un morceau de pin de 15 x 60 cm seulement. Il s'appuya la tête sur ce morceau de bois et se dit : « N'utilise pas ton énergie. Tu en as besoin. Ne fais rien qui ne soit absolument nécessaire ! »

C'est alors qu'il aperçut la structure d'un lit qui flottait non loin, à environ 37 m de lui. Il fut tenté de nager de toutes ses forces et de s'y agripper, mais il se dissuada de tenter une telle folie. Il décida plutôt d'attendre une vague et se laissa porter par elle, se servant du morceau de bois pour garder la tête hors de l'eau. Une seconde vague l'amena à quelques mètres de la structure, et la tentation de nager fut presque intolérable. Mais il se contraignit à attendre et continua à tenter de se maintenir hors de l'eau jusqu'à ce que la structure de bois soit à sa portée.

Une fois étendu sur la structure, Fred Markwell se força à se reposer. Il ferma les yeux, ne dormit pas, mais le repos lui donna la force de survivre pendant les heures difficiles ou il dut attendre l'aide des secouristes.

Sept heures après le naufragè du *Nocturne*, Fred Markwell et deux passagers qui s'étaient agrippés au canot pneumatique furent secourus par un hélicoptère de recherche. Deux des passagers s'étaient noyés.

Markwell est d'avis que la survie lors d'une tempête en mer est possible, à condition de se maîtriser. « *Une seule pensée constructive vaut mieux qu'une heure d'efforts futiles** », a-t-il déclaré.

Ainsi, une attitude positive à l'égard du bien-être émotionnel rend un individu conscient des différences entre les sentiments

---

* *Los Angeles Times*, 23 novembre 1979.

négatifs et les sentiments positifs. Celui qui axe sa pensée sur la possibilité acquiert graduellement la capacité de reconnaître et de rejeter les sentiments négatifs, puis de ressentir, intuitivement et consciemment, les sentiments positifs, et de s'y soumettre ! Toutes les formes d'apports émotionnels — rapports avec les autres, livres, magazines, enseignements religieux, conférences — influent sur notre bien-être émotionnel pour le meilleur ou pour le pire. Nous nous mettons à ressentir la joie, l'espoir, l'assurance, le courage ou l'amour que nous causent nos pensées et nos expériences. Si ces émotions positives sont stimulées, nous nous accordons la liberté de demeurer dans cette voie. Mais si des idées, des individus, des institutions, des activités ou des expériences tendent à provoquer des sentiments négatifs (découragement, dépression, colère, culpabilité, honte), nous apportons immédiatement les correctifs nécessaires pour nous en sortir, ou, si cela ne convient pas, nous nous créons des écrans pour nous protéger des impacts négatifs. Mes écrans protecteurs à moi sont la prière et les versets de la Bible.

Il est des périodes où les conditions climatiques estivales semblent multiplier les insectes de notre jardin. Quand la nuit est belle, je demande à ma femme de venir marcher avec moi dans le jardin. Il lui est arrivé de me dire : « Je ne vais pas sortir pour me faire dévorer par les moustiques.

— Mais tu vas rater la bonne odeur du jasmin le soir », lui disais-je.

Je me rends compte parfois qu'il me faut supporter des vibrations négatives. L'anxiété, la crainte, l'inquiétude, les déceptions, la colère ? Ces sentiments négatifs sont malvenus et peu appréciés, mais il leur arrive de m'accompagner brièvement au cours de mon cheminement sur cette terre. Cependant, je n'arrête pas de vivre pour cela. Je poursuis ma route après m'être doté d'un écran émotionnel me permettant de neutraliser ce qui est négatif. Ainsi, je ne laisse pas les sentiments négatifs pénétrer au cœur de ma personnalité !

Il est aussi des moments où nous devons travailler avec des gens négatifs qu'il est très difficile d'aimer. Comment faire face à ces expériences ? Encore une fois, nous n'avons qu'à nous doter d'écrans protecteurs pour les périodes de stress. Pour moi, cela revient à réciter constamment des prières positives. Je demande au Saint-Esprit de laisser la puissance de son amour me donner la patience et le pouvoir de m'élever au-dessus des expériences négatives, de la même façon qu'un avion de ligne échappe aux tempêtes en prenant de l'altitude.

Une attitude positive à l'égard du bien-être émotionnel cultive dans l'esprit de celui qui axe sa pensée sur la possibilité une sensibilité accrue à la valeur émotionnelle des mots. Nous devons écouter et entendre, afin de savoir si les mots génèrent des sentiments positifs ou négatifs. Des mots comme « jamais » sont louches pour ceux qui manifestent une attitude positive. Ceux-ci savent que le mot « impossible » épuisera les émotions négatives et attirera les sentiments négatifs.

Le docteur Smiley Blanton a déjà guéri une personne déprimée en prescrivant à son patient d'éliminer de son vocabulaire l'expression « si seulement » et de la remplacer par les mots « la prochaine fois ». Cette thérapie toute simple a fait des miracles !

Quant à moi, j'ai déjà dit à des gens d'éliminer le mot « juste » de leur vocabulaire quand ils parlent d'eux-mêmes. « Juste » une épouse. « Juste » une ménagère. « Juste » un travailleur non spécialisé. « Juste » un étudiant. « Juste » un camionneur. « Juste » un représentant. « Juste » un employé. Dans tous ces cas le mot « juste » prive les gens de la fierté qu'ils devraient ressentir.

Je n'oublierai jamais la fois où Doris Day m'a admonesté pour avoir utilisé le terme « perdu » en parlant de son mari défunt. Elle me fit constater l'aspect négatif du terme. Un tel terme peut frapper le subconscient, dénué de jugement, pour générer davantage au niveau des émotions négatives.

Dans le même ordre d'idées, le docteur Daniel K. Poling m'a dit quand je lui ai écrit une lettre de condoléances à la suite du décès de sa femme : « Elle n'est pas disparue ; je sais où je puis la trouver. » Voilà une perception fantastique du poids émotionnel et de la valeur des mots justes !

En conservant une attitude positive à l'égard de mon bien-être émotionnel, je libère mes pensées pour me doter d'un état d'esprit créatif, réceptif à des idées créatrices. La mauvaise humeur génère des tensions, ce qui s'oppose à la pensée créatrice. Donc, une attitude positive à l'égard de mon bien-être émotionnel libère immédiatement mon esprit, lui permettant ainsi d'accueillir des idées axées sur la création, la rédemption et le succès !

VII

Êtes-vous prêt à opter pour une attitude positive à l'égard des idées créatrices ?

Celui qui axe sa pensée sur la possibilité a un grand respect pour ses propres pensées. Il est très conscient des faits suivants :

Nul n'a de problème d'argent ; il s'agit toujours d'un problème d'idées. La bonne idée génère toujours l'argent nécessaire.

Nul n'a de problème de gestion de temps ; il s'agit d'abord et avant tout d'un problème de gestion d'idées !

Par ailleurs, celui qui axe sa pensée sur l'impossibilité permet négligemment et frivolement à toutes sortes d'idées d'aller et venir dans son esprit. Une attitude nonchalante et cavalière à l'égard des idées : voilà une caractéristique de l'individu négatif. Il n'a pas acquis d'attitude positive à l'égard du pouvoir des idées positives.

Au contraire, celui qui axe sa pensée sur la possibilité sait qu'une idée peut donner naissance à toute une industrie. Une seule pensée, simple en apparence, peut conduire à l'invention d'un produit qui influencera le mode de vie de millions de personnes. Les idées disposent d'une valeur égale aux semences d'un fermier.

Nous ne devons jamais rejeter les bonnes idées en leur opposant les prétextes qu'utilisent depuis toujours les individus négatifs. Au cours des 20 dernières années, j'ai compilé la liste des excuses les plus utilisées par les gens qui axent leur pensée sur l'impossibilité pour rejeter des idées porteuses de possibilités.

1. « C'est impossible. »

2. « C'est hors de question. »

3. « Nous n'avons pas les moyens nécessaires. »

4. « C'est trop risqué. »

5. « Je n'aime simplement pas ça! »

6. « Nous avons du retard ; quelqu'un d'autre est déjà en train de le faire. »

7. « Mais personne ne fait cela. Je n'ai pas envie de passer pour un original! »

8. « Nous avons déjà suffisamment de problèmes. »

9. « La situation est très bien ainsi. »

10. « Mais les prévisions nous portent à croire… »

Combien d'autres excuses avance-t-on stupidement et frivolement pour faire avorter des idées au potentiel positif?

Quant à ceux qui axent leurs pensées sur la possibilité, ils font face aux mêmes « excuses » et les transforment en occasions de réussite. Cela ne veut pas dire qu'ils plongent aveuglément, de manière irresponsable et sans aucune recherche ou préparation. Non. Ils posent des questions afin d'établir la valeur de l'idée naissante comme :

1. « Existe-t-il un besoin ? » Ils savent que la clé de la réussite consiste à trouver un besoin et à le combler.

2. « Si nul ne fait rien à ce propos, pourquoi pas nous ? Et si quelqu'un s'en charge, pourrions-nous faire mieux à moindre coût ? »

3. « Cela suscitera-t-il l'intérêt du public ? En se lançant dans ce projet, pourrions-nous attirer l'attention ? » Ils savent très bien que, quelle que soit la valeur d'un produit, les gens doivent en entendre parler. Et s'il s'agit d'un produit nouveau ou amélioré, il pourra faire l'objet de publicité gratuite en faisant parler de lui !

4. « Cette idée correspond-elle à l'image de notre compagnie ? Sinon, devrions-nous mettre sur pied une nouvelle entreprise qui s'en chargera ? »

5. « Si nous ne pouvons nous permettre d'acheter cette idée, pouvons-nous la louer ? »

6. « Pouvons-nous simplement prendre une option sur cette idée, afin d'avoir le temps de nous organiser et de faire des études de marché avant d'investir ? »

7. « L'idée plaira-t-elle vraiment aux gens ? » Oui, si nous en disons énormément de bien. Oui, si elle est excellente. Oui, si elle inspire et édifie les gens.

Oui, une attitude positive à l'égard des idées est fondamentale pour l'élaboration et la réussite de celui qui axe sa pensée sur la possibilité !

VIII

Êtes-vous prêt à opter pour une attitude positive à l'égard de la prise de décisions ?

Beaucoup d'attitudes positives peuvent être éliminées si nous décidons d'être négatif plutôt que positif. Donc, une attitude positive à l'égard de la prise de décisions est fondamentale et essentielle.

A. *Quiconque axe sa pensée sur la possibilité reconnaît que toute décision comporte des risques.* Aucune décision n'est tout à fait sûre. Donnez-moi un exemple de décision ne comportant pas de risques, et je vous dirai qu'il s'agit d'une simple conclusion prévisible, et non d'une décision ! Si nous décidons, nous choisissons et il y a des options bonnes ou mauvaises. Mais très souvent le risque peut consister à choisir entre deux bonnes options et à opter pour la moins bonne des deux. Comme pasteur, il m'est souvent arrivé de dire aux gens que la plupart de nos péchés résultent du fait que nous optons pour la moins bonne de deux options, alors que la meilleure mériterait un engagement total de notre part !

B. *Quiconque axe sa pensée sur la possibilité sait que même l'indécision est une décision.* Il est parfois sage de progresser lentement. Par ailleurs, ce comportement n'est parfois rien d'autre que de la coûteuse et pitoyable procrastination. Ne rien faire ne veut pas dire que nous n'avons pas décidé. Si le résultat est la paresse, l'indifférence ou l'apathie, vous avez pris la décision d'abandonner le leadership de votre vie plutôt que de continuer à contrôler vos pensées et vos sentiments. Le fait de ne pas vous fixer d'objectifs et de ne pas contrôler vos pensées équivaut à décider d'être irresponsable ! En effet, le sens des responsabilités de l'individu se mesure à sa capacité de prendre des décisions sans délais inutiles et sans distractions.

Une attitude positive à l'égard de la prise de décisions permet à celui qui axe sa pensée sur la possibilité (1) de ne pas avoir peur de prendre des risques et (2) d'analyser courageusement et soigneusement, sans se mentir, tous les risques possibles ! Vous n'axez pas votre pensée sur l'impossibilité quand vous demandez aux gens de vous indiquer les failles d'une idée, ses aspects négatifs ou ses inconvénients. Ceux qui affichent une attitude positive à l'égard de la prise de décisions évitent les mauvaises surprises. Nous voulons prévoir toute possibilité négative afin de prendre de l'assurance, d'établir des zones-tampons ou de nous doter d'écrans protecteurs visibles ou invisibles en prévision d'une catastrophe. Notre attitude positive à l'égard du risque nous donne une attitude positive pour limiter les dégâts potentiels en cas d'avortement du projet. Nous croyons à la chance, mais nous préférons être préparés !

La préparation et les efforts soutenus deviennent les qualités naturelles de ceux qui axent leur pensée sur la possibilité et qui manifestent une attitude positive à l'égard de la prise de décisions. Nous mettons des idées à l'épreuve. La dernière chose que nous voulons faire est de rejeter une idée ayant du potentiel. Nous comprenons que toute bonne idée comporte des inconvénients. Toute proposition positive recèle certains aspects négatifs. Mais nous présumons que le processus de la prise de décisions peut nous permettre d'éliminer ces éléments négatifs ou de limiter l'impact négatif des mêmes éléments, pour en exploiter les éléments positifs.

Alors nous concentrons nos énergies sur la recherche et le développement.

Nous nous efforçons de réduire les risques et de les contrôler.

Nous mettons l'accent sur la préparation, et nous réunissons toutes les données possibles.

Nous croyons qu'il faut vérifier, revérifier et vérifier encore.

Nous choisissons le moment propice, ce qui peut être crucial.

Nous soignons l'aspect des communications. Qui fera part de la décision, et à qui ?

Ce qui est plus important encore, nous nous assurons que nos décisions se fondent sur des problèmes qui nécessitent des solutions, et non sur les besoins de notre propre ego.

Il n'y a rien d'étonnant à ce que ceux qui axent leur pensée sur la possibilité prennent généralement de bonnes décisions ! Nous sommes avisés. Nous sommes bons. Nous sommes tenaces ! Nous réussissons.

Applaudissez-vous ! Vous êtes sur le point de devenir quelqu'un de grand ! Votre pensée passe de l'impossibilité à la possibilité. C'est merveilleux, miraculeux ! Votre personnalité se restructure en vue de la réussite !

Lorsque vous avez fini de changer...
... Vous avez réussi !

Sixième chapitre

Dotez votre vie du pouvoir de la pensée axée sur la possibilité!

Prêt ? Mettons en pratique la pensée axée sur la possibilité. Offrons-nous le plaisir d'observer la transformation d'un individu négatif en une personne positive.

Si vous avez accepté les attitudes positives fondamentales, je suis prêt à faire de vous une personne dynamique, orientée vers la réussite et axée sur la possibilité! N'oubliez pas que, comme la réussite, la pensée axée sur la possibilité est un processus. Alors apprenons à pratiquer, à exercer et à mettre en pratique la pensée axée sur la possibilité en rapport avec notre activité mentale. Procédons à des changements :

Du rêve à l'action.

De la pensée négative à la pensée positive.

De l'échec à la réussite.

De la réussite à la réussite constante et croissante.

Une ancienne légende raconte l'histoire d'un vieil ermite sage qui vivait dans une cabane sise très haut dans la montagne. Il avait la réputation de connaître les réponses à toutes les questions qui lui étaient posées. Un jour, deux garçons décidèrent, pour s'amuser, de jouer un tour au vieillard : ils allaient lui poser une question à laquelle il ne pourrait répondre !

Après s'être dissimulés, un soir, dans une grange obscure, ils projetèrent une lumière aveuglante dans les yeux d'une hirondelle. Ils s'emparèrent aussitôt de l'oiseau ébloui et se mirent en route vers la cabane du vieillard. L'un des deux jeunes hommes pouvait sentir dans sa main les battements de cœur de l'oiseau effrayé. Ils prévoyaient se présenter devant le vieillard les mains derrière le dos et lui jouer un tour. Ils lui diraient : « Que tenons-nous dans nos mains ? Il répondrait peut-être qu'il s'agissait d'un oiseau, et dans ce cas, ils lui diraient : « Quelle sorte d'oiseau ? » Il n'aurait qu'à nommer l'hirondelle, et c'est alors qu'ils le piégeraient ! Ils lui poseraient la question-piège : « Dis-nous, sage homme, est-il mort ou vivant ? » S'il affirmait qu'il est vivant, ils l'écraseraient alors dans leurs mains pour prouver qu'il a tort. Dirait-il qu'il est mort, ils laisseraient alors l'oiseau s'envoler !

Ils prirent le sentier de la montagne, arrivèrent à la cabane et frappèrent à la porte. Ils attendirent nerveusement, leurs mains tremblantes derrière leur dos. La lourde porte s'ouvrit lentement avec force grincements. Un homme immense apparut ; il portait de longs cheveux et une barbe blanche qui lui allait presque jusqu'à la taille. Il les regarda de ses petits yeux et dit : « Que puis-je faire pour vous, les gars ? »

Excités, ils répondirent : « Vieux sage, dis-nous si tu le peux ce que nous tenons dans nos mains. »

Son regard les transperça. Il fit une pause, puis il dit : « Un oiseau. »

Ils dirent : « Quel genre d'oiseau ? »

« Une hirondelle. »

Ils se poussèrent du coude. « Dis-nous, vieillard, si l'oiseau est mort ou vivant. »

Il les regarda longuement et il réfléchit. Et finalement il dit : « Cela dépend de vous, mes enfants ! »

Qu'avez-vous entre les mains présentement ? Votre destin ! Votre avenir ! Est-il mort ou vivant ? Vos rêves ! Sont-ils morts ou vivants ? La réponse ? Cela dépend de vous, mes amis !

Trêve de philosophie. Mettons-nous au travail et remodelons vos processus mentaux ; raffinons et outillons de nouveau votre mode de pensée en fonction de la réussite ! Suivez-moi attentivement. Je connais bien le sentier. Je l'ai parcouru à plusieurs reprises. J'ai guidé des milliers de personnes. Faites-moi confiance. Votre bien-être me préoccupe vraiment !

Stérilisez votre attitude !

Dans le dernier chapitre, nous avons passé en revue les attitudes positives qui composent les fondations de la pensée axée sur la possibilité. Ne vous y trompez pas. Il y a toujours des pensées négatives résiduelles qui demeurent ou qui, facilement, naturellement et rapidement, reviennent pour causer leurs dommages. Rappelez-vous que les problèmes ne sont pas là pour vous arrêter. Ils sont là pour être résolus ! Réglons dès maintenant le problème le plus répandu et le plus courant, soit la tendance à retomber dans le vieux moule de la pensée négative.

Il est choquant de voir comment les pensées négatives s'infiltrent secrètement et furtivement dans notre esprit vulnérable où ils assaillent et violent nos rêves de jeunesse.

Avez-vous jamais vu des gens parcourir une plage munis de détecteurs de métaux ? Ces détecteurs permettent de trouver de l'argent, des montres, des bijoux ou même des rebuts enfouis dans le sable. Il s'agit d'un passe-temps intéressant qui permet de garder les plages propres.

Pensez maintenant à ces portes qu'il faut franchir lors des vérifications de sécurité dans les aéroports. Feu vert ! Passez !

Oh ? Des feux rouges clignotent ? Des signaux sonores se font entendre ? « Veuillez repasser, monsieur », ordonne l'agent de sécurité. Vous obéissez, et l'alarme se déclenche à nouveau. « Videz vos poches, monsieur. »

« Oh oui, mon coupe-ongles ! »

Nous avons tous besoin d'un détecteur semblable dans notre vie ; non pas un détecteur de métaux, mais un détecteur mental capable de détecter les attitudes positives et les attitudes négatives, de manière à ce que nous puissions garder notre esprit aussi libre de négativisme que possible. »

Permettez-moi de vous parler de ce qui déclenchera « l'alarme de la pensée négative. »

Premièrement il y a les suppositions négatives dont nous nous rendons tous coupables. À moins d'être détectées et exposées, ces suppositions silencieuses causeront des dommages.

Exemple : « Je ne crois pas à la religion. »

Traduction : Vous présumez alors que, pour devenir un bon chrétien, vous devez être dévot, parfait et ennuyeux. Faux ! Il s'agit d'une supposition tout à fait erronée !

Exemple : « Je dois être riche ou connaître des gens influents pour me lancer dans un grand projet. »

Traduction : Vous présumez alors que comme votre famille est pauvre et vos moyens très limités, vous devez éviter de rêver au succès ! Faux ! Faux ! Faux !

Exemple : « Je sais ce que je fais. Je sais où je vais ! Je vais m'y prendre à ma façon ! »

Traduction : Vous présumez alors que toutes vos réponses sont justes, et que personne n'est plus avisé ou plus sage que vous ! Et que vous pouvez caresser des rêves, vous fixer des buts et aller de l'avant en vous passant des meilleurs conseils qui soient ! C'est malheureux !

Il n'est pas étonnant que les suppositions qui nous nuisent ou freinent nos progrès soient le résultat d'une programmation négative. Par exemple, nous avons des réticences à remettre en question ce qui nous est enseigné dans nos universités. Nous présumons que nos professeurs ont toujours raison! Mais les experts découvrent constamment de nouvelles vérités. Ce que nous tenons pour la vérité absolue devient constamment dépassé! Mais nous laissons ces présumés absolus limiter notre pensée et nuire à notre progrès.

Une autre sonnerie d'alarme mentale devrait se déclencher quand nous nous surprenons à nous dire : «Je n'ai jamais fait cela!» Ne laissez pas le manque d'expérience devenir une excuse pour ne pas essayer! Ne vous laissez pas intimider par cela! Les gens qui axent leur pensée sur la possibilité franchissent la barrière de l'inexpérience en commençant simplement. Rembrandt a déjà été un débutant! Einstein a commencé par l'étude des mathématiques fondamentales. Toute super-vedette des grandes ligues a déjà été une recrue.

Réfléchissez au gaspillage colossal de possibilités, d'énergie, de croissance et de créativité qui se produit lorsque nous permettons au manque d'expérience de nous empêcher d'aller de l'avant. Pour progresser, nous devons croire que le manque d'expérience ne nous empêchera pas d'avancer. Ne soyez jamais convaincu que le manque d'expérience vous empêchera de réaliser vos rêves, car le courage et une attitude positive sont beaucoup plus importants.

Je me rappelle l'histoire du petit garçon qui, se promenant dans la cour arrière chez lui avec une balle et un bâton, se disait fièrement : «Je suis le plus grand joueur de base-ball du monde.» Puis il lança la balle dans les airs, s'élança et la rata. Invaincu, il la reprit, la relança et dit à nouveau : «Je suis le plus grand joueur de base-ball de tous les temps!» Il s'élança pour la frapper et la rata à nouveau.

Il fit une courte pause pour examiner soigneusement son bâton et sa balle. Puis encore une fois il lança la balle en disant : « Je suis le plus grand joueur de base-ball de tous les temps ! » Il s'élança de toutes ses forces et rata à nouveau la balle. « Troisième prise ! » s'écria-t-il. Puis il ajouta : « Wow ! quel lanceur ! »

Il n'y a rien de tel qu'une attitude positive ! Cela nous donne le courage de tout tenter ! Manquez-vous d'expérience ? C'est merveilleux ! Une nouvelle aventure vous attend !

*Ne vous faites pas de souci pour moi, car je suis sur le point d'entreprendre une nouvelle aventure. Je suis impatient de commencer. Avec mon cœur de pionnier. »**

Stérilisez votre attitude comme un médecin qui éviterait de transmettre ou d'attraper des infections. Opposez-vous aux attitudes négatives qui risquent d'être des distorsions découlant de suppositions négatives, des distorsions du genre : « La loi ne le permettra jamais. » Nous supposons alors que la loi ne peut être changée). « Nous ne pouvons nous l'offrir. » (Nous croyons que nous pouvons économiser, gagner, emprunter de l'argent ou en acquérir en vendant des biens).

Opposez-vous à toute attitude d'impossibilité ou de négation qui peut vous venir à l'esprit. Décelez, démasquez chacune d'entre elles. Découvrez les suppositions cachées qui conduisent à des distorsions de la pensée ! Débarrassez-vous-en ! Notion biaisée ? Ignorance ? Distorsion ? Débarrassez-vous-en ! Procédez à un nettoyage !

Je précise qu'il s'agit d'une mesure constante faisant partie du processus de la pensée axée sur la réussite !

---

* Anonyme

Analysez vos possibilités !

Si vous avez débarrassé votre attitude des bactéries mentales de la pensée négative, votre esprit accueille désormais ce qui autrefois aurait été perçu comme ridicule et impossible ! Ces suggestions sont dorénavant des possibilités, des occasions de réussite !

Allez-y ! Ouvrez toutes grandes les fenêtres de votre imagination et laissez entrer les incroyables possibilités ! À quoi rêveriez-vous si vous étiez convaincu de pouvoir réussir ?

Deviendriez-vous médecin, même si vous avez plus de 50 ans ? Cory SerVaas l'a fait ! Et vous pouvez lire sa chronique régulière dans le *Saturday Evening Post* !

Carol, ma propre fille, après l'amputation de sa jambe gauche, a rêvé de devenir skieuse de compétition. Et elle a remporté des médailles d'or !

Je n'oublierai jamais une séance de signature d'autographes à Brooklyn. Des centaines de personnes faisaient la file pour que je dédicace le livre qu'ils venaient d'acheter. La première personne était un jeune homme de belle apparence, bien habillé et de toute évidence prospère. «Docteur Schuller, j'ai 28 ans. J'ai commencé à regarder votre émission il y a 14 ans dans l'appartement modeste et surpeuplé de ma famille. Vous disiez que je pouvais tout réussir à condition d'axer ma pensée sur la possibilité !

«J'ai acheté vos livres. Je suis devenu chrétien ! Je me disais : « Si j'étais convaincu de pouvoir réussir, je deviendrais avocat ! » Vous disiez que j'étais libre de choisir n'importe quel rêve, de me fixer n'importe quel objectif ! J'étais libre de réussir à condition d'être prêt à en payer le prix !

«Eh bien docteur Schuller, aujourd'hui je suis membre du barreau de New York ! et mon objectif est de pratiquer le droit à la Cour suprême ! Je sais que je vais y arriver ! Je n'ai pas besoin de votre dédicace ! Je fais la file depuis deux heures pour quelque chose dont j'ai vraiment besoin : vous remercier pour m'avoir convaincu d'axer ma pensée sur la possibilité ! »

Soyez conscient de votre situation !

Il est important de préciser que les gens qui axent leur pensée sur la possibilité n'agissent pas à l'aveuglette, sans tenir compte de la réalité. Avant de vous lancer à l'assaut d'une possibilité, soyez conscient de votre situation. Tenez compte de ce qu'en marketing, on appelle le « principe du positionnement ». Peu importent les possibilités visées ou les rêves poursuivis, vous devrez être un bon vendeur. D'une manière ou d'une autre, votre produit ou service devra être mis en marché afin que les gens qui peuvent bénéficier de votre créativité sachent que votre contribution leur est disponible.

Ne tentez pas de lancer un missile à partir d'un canoë !

L'individu positif et avisé verra quelle position il peut occuper sur le marché. Il commencera par évaluer la concurrence. Il examinera ensuite les besoins à combler. Existe-t-il un créneau que personne n'occupe ?

Un cadre supérieur de la compagnie Ford me disait un jour : « Nous avons échoué dans notre tentative de renforcer notre position sur le marché de l'automobile de luxe. Nous n'avons pas réussi à déloger Mercedes. Ils occupent fermement leur position. C'est difficile. »

Notre ministère a notamment réussi car notre église offrait un christianisme positif sans dogmatisme. Nous nous sommes implantés avec succès à la télévision religieuse nationale car notre position sur le marché des idées religieuses est clairement définie. Et nous avons peu de concurrence. Aux États-Unis d'Amérique, des millions de gens désirent une présentation positive, pratique, intelligente et classique du christianisme. C'est ce que nous offrons, du mieux que nous le pouvons, à notre émission « Hour of Power ».

Le fait de foncer à toute vitesse pour satisfaire les besoins de votre ego ou de votre enthousiasme, sans tenir compte de la concurrence ou des dures réalités du principe de positionnement, risque de s'avérer désastreux. Nous devons être prêts à changer de cap conformément aux besoins à combler des êtres humains.

On raconte cette histoire survenue à bord du yacht de Sa Majesté la reine d'Angleterre, alors qu'il effectuait une croisière en mer avec le prince Charles et la princesse Di à son bord. Après un délicieux dîner en compagnie du couple princier, le capitaine s'excusa afin de retourner sur le pont surveiller la manœuvre.

En mettant le pied sur le pont, il aperçut clairement des lumières qui venaient directement vers lui. Une collision risquait de se produire. Il aboya un ordre à l'officier des communications. « Dites-leur de changer de cap. »

Le signal fut envoyé. « Changez de cap. »

La réponse arriva aussitôt. « C'est à vous de changer de cap. »

Le capitaine perçut cela comme un affront. « Nous avons signalé les premiers. Vous devez changer de cap. »

Encore une fois, la réponse ne se fit pas attendre : « Ne pouvons obtempérer. Vous devez changer de cap. »

Indigné, le capitaine dit à son officier : « Dites-leur qui nous sommes et qui est à bord ! »

L'officier envoya le message suivant : « Ici le capitaine John Smith, commandant le yacht privé de Sa Majesté la reine. Nous avons à bord le prince Charles et la princesse Diana. Ceci est un ordre royal : *Changez de cap !* »

Pendant quelques secondes, l'obscurité fut totale. Puis le capitaine reçut un message qui disait : « Ici Fred Smith. Je suis responsable de ce phare depuis 20 ans ! »

Même si quelqu'un occupe déjà la position que vous recherchez n'abandonnez pas votre rêve tout de suite. Peut-être pourrez-vous vous tailler une part du marché détenu par le concurrent. Mais demandez-vous d'abord : « Serai-je satisfait d'un petit pourcentage du marché au début ? » Beaucoup de petites entreprises réussissent de nos jours grâce à leurs coûts d'opération et leurs attentes plus modestes que ceux de la concurrence. D'autres réussissent car leurs concurrents offrent un piètre service.

Mais nombre d'entreprises ont du succès car elles ont été les premières à occuper leur position. Les coureurs automobiles connaissent l'importance d'une bonne position. La personne qui est la première avec le meilleur produit occupe à coup sûr une position enviable ! Peut-être s'agit-il d'une possibilité pour vous ! Ce peut être le cas si vous changez de position en changeant de cap.

Examinez vos valeurs !

Vous êtes maintenant prêt à franchir cette étape de première importance du processus du succès : conservez vos valeurs quoi qu'il advienne ! Sans la retenue que constituent des valeurs saines, la pensée axée sur la possibilité risque de vous conduire en enfer ! Par exemple, voulez-vous devenir immensément riche ? Eh bien, sans les valeurs éprouvées que constituent les dix commandements, sans le respect de la loi et de l'ordre, vous pourriez devenir un criminel ! Le succès à tout prix est une folie dangereuse ! « Que sert donc à l'homme de gagner le monde entier s'il ruine sa propre vie ? » (Marc 8,36), demandait le Christ.

Donc vous avez des rêves ! Tant mieux ! Confrontez-les au plus grand système de valeurs qui soit. Je ne connais aucun ouvrage de déontologie ou de valeurs humaines qui surpasse la Bible. Achetez-en un exemplaire. Lisez-la. Évaluez vos possibilités à la lumière de cet ouvrage classique de références !

« Je voulais tellement être une vedette de Hollywood que j'ai laissé de côté les enseignements moraux dont j'avais bénéficié à l'école du dimanche. J'ai « couché » avec mon imprésario. Il m'a promis de bons rôles. Je les ai eus ! J'ai aussi attrapé l'herpès ! » L'actrice pleurait en me racontant son histoire. Elle se repentait ! J'ai pleuré !

Prenant la parole devant l'*American Bankers Association*, à San Francisco, j'ai demandé aux membres de mon auditoire de se poser trois questions : (1) Pourquoi sommes-nous en affaires ? (2) Si nous continuons sur notre lancée, obtiendrons-nous ce que nous recherchons ? (3) Si nous réalisons nos objectifs, serons-nous satisfaits, et fiers de la façon dont nous y serons parvenus ? J'ai conclu mon allocution en disant : « Rappelez-vous qu'en fin de compte, dans votre secteur d'activités, il n'y a pas de chiffres ! Il n'y a que des gens ! »

Pour ne pas perdre de vue vos valeurs, vous devez vous dire qu'une fois votre but atteint, vous aurez de la fierté derrière vous, de l'amour tout autour de vous et de l'espoir devant vous. Le succès sera alors la voie conduisant au paradis.

Le docteur Charles S. Judd Jr est décédé à Honolulu alors que j'écrivais ces lignes. Bob Kross, chroniqueur au *Honolulu Advertiser*, a écrit :

« Un arc-en-ciel est apparu dans le ciel au-dessus de la Central Union Church, comme un hommage divin à la mémoire du docteur Judd. Qui était le docteur Charles Sheldon Judd Jr ? Mary, sa femme, l'appelait souvent « le docteur aucuns frais. » Elle travaillait dans le cabinet et percevait les honoraires.

« Quand un patient n'avait pas les moyens de payer, Charlie écrivait « aucuns frais » sur un bout de papier », dit-elle. « J'ai déjà eu une pleine boîte de ces bouts de papier. »

… Je ne me souviens pas avoir jamais vu autant de monde à des funérailles à Honolulu. Le stationnement de l'église était plein. À l'intérieur, se profilaient des gens le long des murs et dans les entrées…

L'hommage le plus impressionnant a été rendu par les habitants des Samoa occidentales. Ils ont présenté à Mary, au nom de leur chef d'État, Tanu Masili Malietoa, une belle natte et un tapa.

Les Samoans présentent souvent des nattes et des tapas.

Mais le révérend Sualauvi Tuimalealiifono a expliqué que cette présentation, venant des plus hauts niveaux, était spéciale. « Elle est réservée habituellement aux chefs samoans et à la royauté », a-t-il dit.

Un seul étranger en avait déjà fait l'objet : Robert Louis Stevenson, au siècle dernier. « C'est la première fois que cela se produit à l'extérieur des Samoa occidentales », a précisé Tuimalealiifono.

Les Samoans exprimaient leur gratitude pour le travail que Charlie avait fait dans leur pays, alors qu'il avait été médecin du gouvernement de 1965 à 1969.

Mary et Charlie travaillaient jusqu'à ce qu'il n'y ait plus un seul patient attendant sur la pelouse. Mary était venue par autocar de l'autre extrémité de l'île.

On l'appelait « le sauveur ». Les gens l'arrêtaient sur la rue principale d'Apia pour lui montrer les cicatrices des opérations qu'il avait pratiquées.

Pendant les funérailles, les orateurs parlèrent de la douceur de Charlie. C'était presque un saint. Mais le père Damien et saint François d'Assise n'ont pas accompli ce qu'ils ont accompli simplement à force de douceur.

Comme eux, Charlie était fort. Il avait de la volonté ! Pendant une journée moyenne à la clinique médicale sans frais de Kalihi, il voyait 27 patients en deux heures, et ce, après qu'une urgence l'eut tenu éveillé la moitié de la nuit.

Il combinait la douceur et la force. Je crois que c'est la raison pour laquelle un arc-en-ciel est apparu au-dessus de la Central Union Church après la cérémonie. »

Énumérez vos atouts !

Si vos espoirs vous semblent fantaisistes et vos rêves ressemblent à des impossibilités, tenez bon ! Le temps est venu de vérifier, revérifier et revérifier encore vos atouts. Qu'avez-vous qui puisse vous aider ? La liberté d'essayer ? Si vous vivez en Amérique, c'est sans doute le cas ! N'oubliez pas que le manque de liberté est le véritable obstacle à la réussite, et que vous avez déjà résolu ce problème ! Vous êtes libre d'étudier, de multiplier vos efforts, de travailler, d'économiser, de commencer à réussir dans l'entreprise de votre choix ! Posez-vous la question : « Qu'est-ce que je fais de la liberté dont je dispose ? »

Continuez. Allez de l'avant. Dressez la liste exhaustive de vos atouts financiers. Vous n'êtes pas aussi pauvre que vous le pensez ! Bien sûr, il y a les biens qui sautent aux yeux : argent comptant, immobilier, vêtements, bijoux. Mais il y a aussi les atouts cachés : connaissance, expérience, liberté, amis, foi.

N'oubliez pas votre potentiel caché, inutilisé ! « Je ne me doutais pas que tu avais ces capacités », disait un jour une mère à son fils qui avait réussi.

« Je ne le savais pas non plus, maman ! C'est un peu comme recevoir un héritage inattendu ! »

Tout individu possède des biens oubliés ou cachés. Nous avons tous un potentiel de grandeur. Le problème consiste à reconnaître, à découvrir, à utiliser et à développer au maximum ce potentiel.

Mon petit-fils de quatre ans, Jason, se plaignait un jour : « Je ne sais pas ce que je veux faire quand je serai grand. Je ne peux être policier car mes chaussures ne sont pas assez rapides pour attraper les criminels. Je ne peux être pompier car je vais brûler. Je ne peux conduire une ambulance car je ne suis pas assez fort pour soulever le lit. »

Sa mère lui répondit : « Jason, peut-être pourrais-tu être prédicateur comme ton grand-père.

— Oh non, c'est impossible !

— Pourquoi ?

— Je ne saurais pas quoi dire ! »

Les jeunes ne sont pas les seuls à avoir de la difficulté à reconnaître leurs atouts. Je me rappelle avoir visité une église quand j'étudiais au séminaire. J'y ai rencontré une dame à qui j'ai demandé : « Quel est votre rôle ici ?

— Oh, dit-elle, je n'ai aucun talent.

— Que voulez-vous dire, lui demandai-je.

— Eh bien je ne peux pas chanter. Et je ne peux prendre la parole en public. Je n'ai aucun talent, mais les gens me disent constamment que j'ai un beau sourire, et je sais qu'il est très important que l'église soit un endroit accueillant, alors j'ai décidé de me placer à l'entrée et de sourire aux gens lorsqu'ils entrent et sortent. C'est tout. »

C'était son don à elle. « Ne néglige pas le don spirituel qui est en toi. » (Timothée 4,14). Tout le monde possède un talent, un don divin.

Venita Van Caspel est la financière la plus connue d'Amérique. Plusieurs de ses livres ont fait partie de la liste des best-sellers du *New York Times*.

Venita est une personne qui a appris à dresser la liste de ses biens et à les développer. Elle a été élevée au sein d'une famille de chrétiens pauvres, ce qui, précise-t-elle, lui a appris à respecter l'argent. Alors elle a décidé que, si jamais elle avait de l'argent, elle ferait mieux de savoir quoi en faire. Elle a étudié l'économie et la finance. Quand elle était à l'université, elle s'est mariée et a laissé ses connaissances en veilleuse pendant plusieurs années.

Puis son mari est mort dans un accident d'avion. Elle a reçu une petite somme de la compagnie d'assurance et a décidé d'en tirer le meilleur parti possible. Elle ne pouvait se permettre de faire une erreur! Alors elle est retournée à l'université et a étudié les investissements, a appris quoi faire de son propre argent et est devenue très intéressée à aider les autres à investir.

Pendant qu'elle étudiait, elle a pris connaissance d'une très étonnante statistique. À l'âge de 65 ans, seuls 2 % des gens sont financièrement indépendants. Pour elle c'était une tragédie, alors elle a décidé d'aider les autres à devenir financièrement indépendants. Cela devint sa mission, sa vocation de chrétienne, car elle désirait utiliser au mieux les talents que Dieu lui avait donnés.

Venita allait devenir la première femme à siéger au conseil d'administration de la Bourse de la côte du Pacifique. Plusieurs des personnes les plus importantes au pays sont ses clients et lui demandent quotidiennement des conseils. Elle a transformé son éducation, un bien qui dormait, en un bien palpable, une profession profitable et satisfaisante.

Nous avons tous de ces biens que nous pouvons développer. Il peut s'agir de pinceaux et de peinture que nous n'avons pas touchés depuis longtemps, d'un violon dans son étui depuis des années. Peut-être ne vous êtes-vous pas assis à un piano ou n'avez-vous pas ouvert un livre de musique depuis belle lurette. Êtes-vous écrivain? Quand vous êtes-vous assis à votre machine à écrire pour la dernière fois?

Dressez la liste de vos atouts ! Ne soyez pas négatif à votre endroit simplement parce que les gens ne reconnaissent pas vos capacités ; et même si l'on vous dit que vous n'êtes pas particulièrement talentueux ou intelligent, ou que vos tableaux ne sont pas très bons, que votre musique est médiocre ou que vous ne dansez pas très bien.

Savez-vous qu'au-dessus de l'âtre de la résidence du regretté Fred Astaire à Beverly Hills on pouvait lire une note de service très intéressante ? Elle avait été rédigée par le directeur de la distribution du spectacle que l'on produisait lors de la première audition de Fred Astaire. On pouvait y lire :

Nom : Fred Astaire.

Remarques : Ne peut jouer, légèrement chauve, peut danser un peu.

Dressez la liste de vos atouts ; passez-les soigneusement en revue. Peut-être êtes-vous plus fort, plus riche, plus en mesure de développer vos possibilités que vous ne l'avez jamais imaginé !

Capitalisez sur vos expériences !

Nous savons tous que le capital est ce que nous pouvons investir pour accroître notre productivité, et que si nous désirons mettre sur pied une nouvelle entreprise, l'un des problèmes majeurs consiste à trouver le capital nécessaire.

Voici une bonne nouvelle : vous pouvez même transformer vos échecs en un investissement qui vous permettra d'accroître votre productivité ! C'est vrai ! Avez-vous échoué ? Beaucoup voudront savoir pourquoi. Capitalisez sur leur curiosité ! Vous pouvez devenir expert-conseil !

Quant j'ai reçu la demande de mettre sur pied une nouvelle église dans le sud de la Californie voilà 37 ans, j'ai dû dresser la liste de ce que je possédais. Elle était courte : il y avait ma femme Arvella qui savait jouer de l'orgue, 500 $ et moi. C'était tout mon capital.

Il me fallait trouver une manière créatrice de transformer tout cela en une église. La première étape consistait à trouver un endroit où tenir les cérémonies. L'Église adventiste du septième jour, le club Elks et la résidence funéraire étaient réservés. J'avais l'impression d'avoir échoué avant de commencer !

Mais un jour, comme je feuilletais le journal, je m'arrêtai au cahier cinéma. Un film à l'affiche au cinéma en plein air y était annoncé. Soudain, l'idée me vint. J'allai rencontrer le directeur du cinéma. Il accepta de me laisser utiliser les lieux pour y tenir des cérémonies religieuses. Les blagues fusèrent. À la vérité, tout le reste avait été essayé en vain, et il ne me restait que cette possibilité : une église dans un cinéma en plein air. Mais je tombai amoureux de l'idée de pouvoir prier sous le ciel, le soleil et les nuages ! Vingt ans plus tard, cette idée allait servir d'inspiration à la conception d'une église entièrement faite de verre où je pourrais à nouveau voir le ciel ! La Cathédrale de Cristal était le résultat de mon incapacité à trouver une « salle » pour lancer une nouvelle église !

Donc, si vous avez échoué, ne vous découragez pas. Ce pourrait être ce qui vous est arrivé de mieux. À cause de votre échec vous êtes peut-être libre de procéder au changement dont vous rêvez depuis longtemps, sans avoir le courage d'y faire face.

Je ne puis vous dire combien d'hommes et de femmes sont venus me voir au cours des années pour me dire : « Quand j'ai perdu mon emploi, j'ai cru que c'était la fin du monde. Mais quelque chose d'encore meilleur s'est présenté. » Une personne a mis sur pied sa propre entreprise ; une autre a pu accepter un emploi qui lui offrait plus de liberté, plus de créativité et un meilleur salaire.

Déterminez la priorité de vos objectifs !

Il est certain que vous ne pouvez réussir sans d'abord vous fixer un objectif. Et chaque fois que vous vous fixez un nouvel objectif vous devez revoir vos priorités. Ce n'est pas facile. C'est souvent difficile. Mais rappelez-vous que votre plus grave problème est dans votre tête. Peut-être devrez-vous abandonner pendant un certain temps un projet que vous aimez bien. Peut-être même devrez-vous abandonner d'autres objectifs pour vous consacrer à votre nouveau but. Vous devrez peut-être confier à d'autres certains projets ou les mettre en veilleuse pour exploiter une occasion qui ne peut attendre. Cela m'est arrivé à plusieurs reprises au cours de mes 30 ans de ministère.

Dressez la liste de toutes vos (a) obligations, (b) de vos passe-temps, (c) de vos engagements extérieurs, (d) de vos idées attrayantes. Et soyez prêt à déterminer la valeur de ce qui est exigé de vous. Ayez la force de faire ce qu'il faut. Rappelez-vous qu'*il faut de l'audace pour se sortir de l'ornière.* Examinez soigneusement les pensées d'impossibilité qui assaillent votre esprit dans l'espoir de détruire votre rêve important.

Peut-être pouvez-vous embaucher des gens pour faire le travail que vous faites aujourd'hui. J'ai été capable de mettre sur pied une église, d'écrire des livres et d'animer une émission religieuse à la télévision car *je ne fais rien que je ne puisse confier à d'autres. Cela me laisse peu de choses que moi seul peux et dois faire. De cette manière, je puis établir mes priorités.* Le dimanche je prêche à la Cathédrale de Cristal. Le lundi soir, je passe un moment avec ma femme. Durant la saison estivale, je voyage à l'étranger pour prêcher et étudier, ou je me retire pour écrire mes livres.

Mettez de l'ordre dans vos priorités et vous emprunterez la voie du succès.

Réorganisez votre calendrier !

Et maintenant préparez votre calendrier. Il est incroyablement simple et facile de maîtriser ses buts si nous apprenons à les noter sur le calendrier. Après avoir mis de l'ordre dans vos priorités, vous devrez réorganiser votre calendrier ! Vous avez peut-être décidé que le moment était venu de consacrer un peu plus de temps à la famille, aux amis ou aux associés. Si tel est le cas, vous devez réserver du temps à la sociabilité. Soulignez sur le calendrier des dates où vous comptez rattraper le temps perdu avec les gens que vous aimez et que vous avez peut-être négligés.

Votre priorité majeure est désormais de penser à votre prochaine étape et de planifier à long terme. Réservez-vous du temps de réflexion. Je connais une personne très prospère qui se réserve une heure de réflexion par jour ! Cela inclut la prière, la lecture de la Bible et la méditation. Mais pendant cette heure il s'isole et se protège des interruptions malvenues. Seuls les messages urgents de sa famille permettront à sa secrétaire d'oser interrompre cette importante activité.

Votre priorité suivante consiste peut-être à vous livrer à des recherches et à des tests pour voir si votre projet est réalisable. Alors vous réorganiserez votre calendrier pour réserver du temps à des rencontres avec des experts avisés.

Avez-vous remarqué que vous avez changé au cours de la dernière ou des deux dernières années ? Avez-vous connu de nouvelles frictions, frustrations ou une nouvelle fatigue que vous ne connaissiez pas ? Vous devrez probablement vous réserver du temps, sur votre calendrier, pour le plaisir et le repos. J'ai toujours eu pour but de tirer le maximum de mon succès personnel et professionnel, tout en demeurant sain d'esprit et de corps et en maintenant l'harmonie de mon mariage et de ma famille. Pour cette raison, je tiens périodiquement une « rencontre-calendrier » avec ma femme et mes employés les plus importants. Nous prévoyons, un an à l'avance, du temps de repos, du temps d'étude et du temps de voyage.

Soyez conscient de ceci : contrôlez votre calendrier, sinon il vous contrôlera !

Visualisez vos objectifs !

Vous êtes maintenant prêt à commencer à vous faire une bonne image de l'avenir ou à rédiger la liste de ce que vous devez effectuer (Assurez-vous que votre calendrier comporte des dates) ! Le cerveau est un outil fascinant, mystérieux et merveilleux. Un article révélateur a été publié dans le numéro de mai 1985 de la revue *Psychology Today* ; il était intitulé « In the Mind's Eye. » Je le recommande pour une étude approfondie. Il traite surtout de visualisation. La visualisation n'est pas la vision physique, mais une vision intérieure, qui fait appel au pouvoir de l'imagination. La Bible traite aussi d'un concept similaire : « Faute de vision, le peuple vit sans frein. » (Proverbes 29,18).

J'ai découvert qu'en transformant mes rêves en images, je fais un pas de géant vers leur réalisation. Par exemple, j'ai commencé en sollicitant les services d'un architecte. Nous avons parlé du projet. Nous nous sommes demandés s'il pouvait combler un besoin véritable. Finalement, l'artiste a exécuté une aquarelle. À ce moment, mon projet a pris une apparence de réalité. Je l'ai photographié mentalement et l'ai classé dans ma mémoire. Il est devenu partie intégrante de mon subconscient. J'ai découvert que je dois visualiser un objectif avant de pouvoir puiser l'énergie pour le mener à terme malgré les obstacles.

Quand il est question de visualiser les objectifs, il est très important de concentrer ses efforts. Le docteur David Burns, auteur du livre *Feeling Good : The New Mood Therapy*, est l'un des leaders d'une thérapie psychologique appelée thérapie cognitive. Il se sert de l'exemple de jumelles : « Si vous ne possédez pas une vision de votre vie, souligne-t-il, vous ne vous concentrez probablement sur rien. »*

Emparez-vous de vos jumelles mentales et concentrez-vous sur l'objectif précis que vous souhaitez réaliser. Avec votre imagination comme source directive, concentrez votre attention jusqu'à ce qu'elle soit précisément dirigée vers un objectif mesurable et atteignable. Voyez-le. Soyez frappé émotivement, et vous en serez saisi !

Tout en vous concentrant sur votre vision intérieure et votre désir le plus profond, servez-vous d'un filtre. Vous pouvez garder en tête plusieurs images contradictoires. Toute ambiguïté concernant cette vision interne risque d'atténuer votre enthousiasme et de dissiper vos énergies et la puissance qui vous permet de foncer. Pour plusieurs, il s'agit d'un problème constant. Ils sont comme des voyageurs à bord d'un autocar ; ils voient défiler les paysages, mais ne conservent jamais une impression durable de tout ce qui leur passe trop vite devant les yeux.

Fait intéressant, j'ai beaucoup tiré, en termes de psychologie et de théologie, de mes années d'étroite association avec des architectes de renom. Quand le moment fut venu de construire notre premier sanctuaire avec services à l'auto (qui allait vite devenir trop petit), j'ai communiqué avec l'un des grands architectes du vingtième siècle, le regretté Richard Neutra. Comme nous discutions du design, il me disait : « Bob, nous devons construire quelque chose qui vous aidera dans votre travail.

---

* David Burns, *Feeling Good : The New Mood Therapy* (New York : William Morrow, 1980)

Avant de dessiner quoi que ce soit, nous devons retourner à la base. Vous voulez un immeuble qui favorisera les vibrations positives et qui, dans la mesure du possible, empêchera la circulation des pensées négatives. »

Inutile de dire que j'étais intrigué. En vérité, j'avais déjà en tête le type d'église que je désirais. Ce qui est très important et intéressant est qu'à ce stade de la pensée axée sur la possibilité, celui de la visualisation de l'objectif, nous pouvons encore apporter des ajustements qui influeront sur le succès ou l'échec final du projet.

« Que voulez-vous dire, monsieur Neutra ? demandai-je.

— Eh bien, examinons simplement les symboles générateurs de pensées négatives dans le subconscient. Concevons ensuite une structure qui chassera les impulsions négatives du cerveau pour se concentrer sur les sources et les centres d'émotions positives. »

Mon incompréhension était visible. Il simplifia sa théorie.

« Par exemple », dit-il en pointant un doigt long et maigre en direction d'un poteau qui soutenait des fils électriques, voilà un poteau. Quand le subconscient reçoit l'image de ce poteau, une tension se produit au niveau de la personnalité. Le subconscient sait que si nous touchons ces fils électriques, nous risquons l'électrocution. Alors chaque fois qu'un objet matériel produit une émotion négative, nous devons construire un mur pour le dissimuler ! Par ailleurs, là où quelque chose de beau peut apporter la tranquillité de l'esprit, nous mettrons des fenêtres afin de nous concentrer sur cet aspect positif ! Nous ne construirions jamais un mur qui empêcherait une émotion positive de se manifester par le biais du ciel, de l'océan ou des jardins. Les images que nous dessinerons seront déterminées par l'effet que nous voulons produire sur les personnalités. »

Eh bien vous pouvez être certain que le concept de monsieur Neutra a radicalement transformé ma vision de ce qu'est une église ! Auparavant j'envisageais une structure conventionnelle avec un toit opaque, des fenêtres alignées comme des soldats de chaque côté et un mur plein derrière le chœur. Après avoir visualisé nos objectifs, nous avons clarifié nos concepts et apporté d'importantes modifications qui nous ont confirmé à ce point de nos propres visions qu'une incroyable énergie en a résulté. Pas étonnant que nous n'ayons pas échoué !

Les gens me disent souvent qu'ils ont un rêve et qu'ils veulent venir m'en parler. Je leur fais habituellement cette réponse : « Je ne prendrai pas le temps d'écouter à moins que vous me disiez que vous avez approfondi votre rêve. » Je leur donne ensuite ce conseil : « Faites-moi un dessin. Décrivez-le par des mots, si vous n'êtes pas un artiste. Essayez de condenser votre projet en une seule page. À moins d'être capable de le clarifier, vous n'êtes probablement pas prêt à l'entreprendre. »

Alors vous le visualisez ? L'image est nette ? Les pensées négatives et les erreurs qui pourraient le faire échouer ont été filtrées ? Vous êtes concentré sur ce que vous souhaitez accomplir ? Très bien ! Nous pouvons continuer.

Mais attendez un peu. Êtes-vous certain que votre vision ait les bonnes proportions ? Vous voyez, mais le format est-il le bon ? Ce n'est que par la prière que vous pouvez voir si la dimension de votre rêve est proportionnelle à votre personne et à votre situation. Certains voient trop grand et échouent. Commencez petit ! Obtenez un peu de succès. Établissez une base solide, et allez plus loin.

D'autres ne pensent pas assez grand. Si vous pouvez réaliser le rêve sans l'aide de Dieu, il est trop modeste. Faites en sorte que vos rêves soient assez importants pour que Dieu ait sa place, car les rêves de Dieu sont toujours si importants que son aide est nécessaire pour les réaliser. C'est le système de défense dont Dieu nous gratifie pour que nous restions humbles. Ainsi, quand nous atteindrons à la réussite, il ne faudra pas oublier d'en accorder le mérite à celui qui en est digne !

Si vous voyez clairement votre projet et le saisissez bien, alors foncez ! Affermissez votre but et ajoutez-y de la détermination. Soyez déterminé à l'atteindre. Même s'il vous semble impossible, allez de l'avant. Voulez-vous que votre rêve se réalise ? Voyez-le ! Évaluez-en l'importance ! Emparez-vous-en ! Sentez-le ! Et faites-en une réussite !

Mobilisez vos ressources !

Le moment est maintenant venu de tout donner à votre projet ! La plupart des gens échouent, non pas par manque de talent, de formation ou d'occasions de réussir, mais car leur projet ne monopolise pas toute leur attention ! En tant que personne axant sa pensée sur la possibilité, je me suis consacré de tout mon cœur et avec passion à tous les projets que j'ai entrepris. Chaque fois je voyais clairement dans mon esprit à quoi ressemblerait le produit fini : un immeuble, un livre, une émission télévisée, une famille, un foyer. Ensuite j'étais prêt à tout consacrer à la réalisation de mon objectif. Les ressources étaient mises en commun pour que tout soit mis en œuvre pour atteindre mon but immédiat.

Cette étape est le moment de faire tous les efforts possibles. C'est la réaction de l'Amérique à Pearl Harbor. C'est l'invasion de la Normandie. Centralisez le pouvoir. Mobilisez les ressources. Le moment est venu de moins dormir et de travailler davantage. Mettez-y toutes vos énergies. Risquez tout, si nécessaire, pour la réussite du projet. Faites de petits gains, et accrochez-vous à la moindre parcelle de terrain gagnée. Soyez semblable à « une barre de fer plantée dans un sol gelé, inébranlable », pour utiliser les paroles de Winston Churchill à l'endroit de l'un de ses plus grands généraux !

Consacrez vos prières les plus ardentes à ce projet. Faites appel aux gens les plus avisés et les plus courageux que vous connaissez. Communiquez avec un expert de renom dans le domaine, et persuadez-le de travailler avec vous à cet emballant projet ! Peut-être devrez-vous vérifier les liens qui vous unissent à cette source ultime de puissance qu'est Jésus-Christ. « Je peux tout grâce au Christ qui me fortifie. »

Il est certain que vous aurez besoin de toutes les ressources spirituelles, financières, intellectuelles et professionnelles que vous pourrez trouver, et de toute l'énergie dont vous disposerez ! Ceux qui réussissent très bien, les champions, les gens super-productifs doivent avoir l'énergie physique leur permettant de beaucoup travailler, et à un rythme accéléré.

Énergisez votre pensée !

Après avoir 1) stérilisé vos attitudes, 2) analysé les possibi-lités, 3) évalué votre situation, 4) examiné vos valeurs, 5) dressé la liste de vos atouts, 6) capitalisé sur vos expériences, 7) établi vos priorités, 8) réorganisé votre calendrier, 9) visualisé vos objectifs et 10) mobilisé vos ressources, vous êtes maintenant prêt à 11) énergiser votre pensée avec une injection massive d'enthousiasme. L'enthousiasme est de l'énergie !

Qu'est-ce que l'enthousiasme ? C'est ce mystérieux élément qui transforme une personne moyenne en un individu exception-nel. Il redonne la jeunesse aux vieillards, et sans lui une jeune personne vieillit. Il est la source secrète d'une énergie inépui-sable. Il est cette force merveilleuse qui nous conduit de la médiocrité à l'excellence. Il éclaire intensément le visage blasé jusqu'à ce que les yeux pétillent et que la personnalité resplen-disse de joie. Il est l'aimant spirituel qui fait des gens serviables et heureux des amis précieux. Il est la joyeuse fontaine qui bouillonne, qui attire à nos côtés des gens qui s'abreuvent à la joie de notre cœur. Il est la chanson heureuse d'une personne positive qui porte au monde ce précieux message : « Je le peux ! C'est possible ! Nous réussirons ! »

L'enthousiasme est cette fontaine si recherchée de la vie éternelle. Des vieillards s'arrêtent pour boire de son élixir et de nouveaux rêves leur viennent. Une force merveilleuse, mystérieuse et miraculeuse anime leurs vieux os. Le découragement se dissipe comme la brume du matin dans le soleil. Nous nous surprenons soudain à siffler, à regarder voler les oiseaux, à remarquer les merveilleuses formes des nuages blancs dans le ciel bleu. Des chants montent du plus profond de soi. Nous turlutons. Nous chantons. Nous revivons !

Mais qu'est-ce que l'enthousiasme ? Comment expliquer cette puissance qui peut déplacer des montagnes ? Comment l'obtenir ? Le mot provient de deux termes grecs : « en » et « theos ». Littéralement, ils signifient « en Dieu ». On parle alors de personnes inspirées. Remplissez votre vie de l'esprit, et tous les pouvoirs vous seront donnés.

Nul ne fera quoi que ce soit dans la vie si sa pensée n'est pas énergique. Et maintenant munissez-vous d'un crayon et de papier dans l'exercice enthousiaste de la pensée axée sur la possibilité. Notez avec enthousiasme vos pensées énergiques et dressez la liste de tous les buts que vous désirez atteindre.

Toute ménagère connaît l'importance des listes. Avez-vous déjà remarqué le nombre des jeunes ménagères qui poussent leur chariot dans les allées en consultant leur liste d'épicerie ? Ces simples listes permettent d'épargner du temps et de l'argent et d'éviter les oublis. Les produits sont étalés partout de façon à attirer l'attention et à distraire, mais les listes permettent de se concentrer sur ses besoins et de ne pas se laisser tenter par des biscuits au chocolat par exemple.

J'adore l'histoire du couple âgé qui décida un soir de se procurer de la crème glacée. La femme dit à son mari : « Pourquoi n'irais-tu pas nous chercher de la crème glacée ? »

L'homme accepta, et la femme lui dit : « Assure-toi qu'elle est à la vanille, et non au chocolat, et note-le sinon tu vas l'oublier. »

« Je n'oublierai pas », dit-il en protestant.

Alors qu'il sortait, elle dit : « N'oublie pas la sauce au chocolat. Pas aux fraises, mais au chocolat. »

« Aucun problème ; je n'oublierai pas ! »

« Alors qu'il montait dans sa voiture, elle ouvrit la fenêtre et cria : « Et demande aussi des arachides ! »

« Oui, chérie. » Il partit. Il était rempli de bonnes intentions, mais en arrivant au magasin il ne put se rappeler de ce qu'il devait acheter. Il fit les cent pas dans les allées, essayant de se rappeler.

Lorsqu'il rentra à la maison, sa femme s'aperçut avec horreur qu'il avait rapporté une douzaine d'œufs.

Elle dit : « Quoi ? Une douzaine d'œufs ? Je savais que tu oublierais ! Tu as oublié le bacon ! »

Nous avons tous besoin de listes ! Quand nous n'avons pas de projets, de causes, de sujets, de préoccupations, ou de rêves, nous devenons blasés, ce qui constitue l'état précédant la dépression. Il nous faut une liste de ce que nous aimerions faire, de ce que nous souhaitons ; une liste des choses qui seraient fantastiques pour nous. Consultez chaque jour la liste de vos possibilités, et chaque jour vous aurez de l'enthousiasme.

**Si vous ne faites pas de liste,
vous risquez de vous retrouver au bas de la liste !**

À l'occasion d'un séminaire auquel j'assistais voilà quelque temps, j'entendis quelqu'un demander à un médecin : « Pourquoi certaines personnes ont-elles plus d'énergie que d'autres ? »

Il répondit : « C'est généralement une question de glandes. Certaines personnes possèdent des gènes énergétiques. » Il poursuivit en précisant que les glandes endocrines produisent les poussées d'adrénaline dans le sang.

Mais je n'étais pas satisfait. Je demandai : « Qu'est-ce qui déclenche cette production d'adrénaline par les glandes ? »

Le médecin répondit : « La différence est que les glandes de certaines personnes sont stimulées et produisent de l'énergie, alors que d'autres ne sont pas stimulées et ne produisent pas d'énergie. »

Je demandai : « Quelle est cette stimulation qui amène la glande à sécréter des substances chimiques génératrices d'énergie ? »

Il répondit : « La pensée axée sur la possibilité. Vous le savez, docteur Schuller. »

Les émotions négatives comme le doute, la crainte, l'inquiétude, la colère, l'hostilité, l'apitoiement sur soi et la jalousie vous enlèveront votre énergie. Il en est de même de l'indécision. Au contraire, le fait de prendre des engagements entraîne des pouvoirs fantastiques, tant physiques et émotionnels que spirituels. Si vous possédez la foi, Dieu possède le pouvoir. Il veut donner des sommes énormes d'énergie à la personne qui a la foi et qui va de l'avant. En vous consacrant à construire, à aider et à poursuivre de grandes causes, vous devenez extrêmement enthousiaste. Vous ne brûlez pas d'énergie ; vous refaites le plein d'énergie !

Alors osez rêver, entretenez une vision, dressez la liste de ce que vous pourriez faire pour aider ceux qui souffrent. Dans un monde où tant de gens connaissent la douleur, nous pourrions dresser plusieurs listes. Avec toute la douleur émotionnelle et physique, avec la faim, la famine, il n'y a pas d'excuse pour ne pas avoir une vision enthousiaste de ce que vous pouvez faire et devenir !

Organisez votre réseau !

Une analyse approfondie de tout individu ou institution prospère révélera la présence d'un réseau, visible ou secret, expliquant le succès obtenu. Pensez au réseau des vaisseaux sanguins qui parcourent le corps humain, des grosses artères partant du cœur aux tout petits capillaires qui nourrissent chaque cellule vivante. Le cœur, tout important et puissant qu'il soit, ne pourrait s'acquitter de sa tâche sans ce réseau ! De la même façon, un réseau de nerfs parcourt le cerveau et le relie aux moindres tissus pour recevoir et émettre des messages. Et le tout puissant cerveau ne pourrait réussir à effectuer sa gestion sans cet incroyable réseau.

Notre ministère télévisé est diffusé sur près de 200 chaînes de télévision, et parvient à près de 90 % de tous les citoyens des États-Unis. Nous appelons ces 200 chaînes de télévision notre réseau.

Le temps d'antenne à la télévision est coûteux. Nous avons lentement, sûrement et solidement, recruté et organisé un réseau de 20 000 bienfaiteurs qui nous versent entre 500 et 1 000 $ par année pour contribuer à payer notre temps d'antenne. Ces gens constituent notre club des aigles, notre réseau financier de base sans lequel nous ne pourrions réussir.

Près de 2 000 membres volontaires ont été recrutés, formés et dirigés pour faire le travail de notre église locale. Ils préparent des boîtes de Noël destinées à la prison de l'État ; ils assurent le fonctionnement continu du plus vieux service téléphonique de prévention du suicide, et ce, 24 h par jour ; ils reçoivent et conseillent des centaines de milliers de visiteurs qui chaque année visitent notre campus. Ils constituent notre réseau de travailleurs, sans lequel nous ne pourrions réussir !

De quel genre de réseau d'amis, de camarades de travail ou de vendeurs avez-vous besoin ? Réfléchissez-y ! Rappelez-vous l'attitude positive que vous devez manifester à l'égard du leader-

173

ship. Et rappelez-vous l'attitude positive dont vous devez faire preuve à l'égard des gens. Et érigez votre organisation en partant de ces solides fondations !

Commencez de façon modeste. Testez votre système et réglez les problèmes dès le commencement et exercez un contrôle personnel. À mesure que votre organisation s'améliore, étendez votre réseau. Car il est temps de vous établir un réseau si vous voulez connaître le succès.

Optez pour l'harmonie !

Examinez les individus et les institutions très prospères, et vous verrez invariablement ressortir un élément : une harmonie réelle. Le moral est excellent, ce qui génère une formidable énergie et suscite une activité intense, une grande productivité ! L'enthousiasme règne. La production est au maximum, et l'excellence des produits et du service est notoire. Les problèmes de fabrication, les délais de production et le piètre service sont rares.

Vous êtes prêt à saisir l'importance que revêt cet exercice dans la pensée axée sur la possibilité : la recherche d'harmonie.

Commencez par régler vos conflits intérieurs, ces batailles que vous vous livrez quand vos valeurs affichent certaines contradictions. Vous voulez aller de l'avant, mais vous savez que vous devrez blesser certaines personnes. Assurez-vous par tous les moyens d'entretenir des principes moraux et déontologiques clairs, fiables et inébranlables, puis foncez comme prévu ! Progressez !

Il est impératif que vous optiez pour l'harmonie intérieure et que vous assumiez vos contradictions inévitables. Sinon, vous n'aurez pas l'enthousiasme et l'énergie que nécessite la réussite. Vous exercerez alors un leadership vacillant, indécis, qui équivaudra à un échec imminent. Il est absolument essentiel de prier de façon positive et de demander à Dieu de vous guider ! Soyez dur pour vous-même. Vous ne pouvez courir avec les lièvres et chasser avec les chiens.

Votre fibre morale est étroitement liée à votre style de leadership. Acceptez ce qui est bien, refusez ce qui est mal, et vous trouverez la paix ! Aussi, vous serez assez fort pour vous attaquer aux conflits extérieurs !

Ne vous y trompez pas : il est irréaliste de vouloir réussir sans conflits. Chaque fois que vous ferez quelque chose de valable, quelque chose vous sera reproché. Après tout, vous n'êtes pas parfait. Il n'existe pas de projets sans aspects négatifs. Vous pouvez vous attendre à générer de nouvelles tensions chaque fois que vous vous fixez un nouveau but. Et toute bonne idée comporte des inconvénients. Attendez-vous à des conflits.

Ne tardez pas à résoudre les conflits. Essayez de prévoir le lieu et la source des conflits ou des désaccords qui risquent de survenir. Avant de poser un geste, je réunis mes conseillers et mes coéquipiers les plus sages et les plus fiables. Ensemble, nous voyons comment nous pouvons prévenir les conflits ! Il est préférable de prévenir que de résoudre les conflits.

Neutralisez votre opposition !

Quand les conflits ne peuvent être prévenus, il peut être nécessaire de les résoudre. Commencez par vous faire des amis de vos ennemis. Traitez l'opposition avec dignité. Les gens qui méprisent leurs semblables sont méprisables... et réalisent peu de choses !

Aussi loin que je me souvienne, j'ai toujours mené mes assemblées du conseil en m'efforçant d'obtenir l'unanimité. Comme président du conseil je respecte les opinions qui sont contraires aux miennes. Je m'efforce de faire parler la personne fermée dont le silence suggère un désaccord. «John, dirai-je respectueusement, j'ai l'impression que vous avez certaines réserves. Peut-être pensez-vous à quelque chose que nous avons oublié ?» Une discussion ouverte nous conduit vers une décision. «John, est-ce que nous avons tenu compte de vos préoccupations. Êtes-vous prêt à voter comme nous à ce sujet ? Sinon, attendons à la prochaine réunion, et nous pourrons peut-être trouver un compromis. Nous avons besoin de l'enthousiasme de tous concernant ce nouveau projet ! »

Rappelez-vous que,

La personne *exigeante* fait face à de la résistance.

La personne *découragée* fait face à de l'indifférence.

La personne *dévouée* obtient de l'aide !*

Efforcez-vous d'accorder à l'opposition le mérite qui lui revient ! Elle a peut-être tort, mais même dans ce cas, elle a en partie raison. Écoutez et apprenez. Réglez les questions avec clarté et profondeur, et en privé, plutôt que d'ignorer les sujets de tension et d'en payer le prix ultérieurement.

Peut-on neutraliser toute opposition ? Oui, la majorité du temps. Alors essayez ! Mais lorsque l'opposition est déterminée à déprimer, à saboter et à détruire votre rêve, prenez vos distances. Peut-être même devrez-vous prendre les devants en ce sens. Faites face au conflit de manière aimable, juste, franche et ferme. Vous sentirez une sorte de soupir de soulagement au sein de l'organisation plus la source des forces d'obstruction sera écartée sans accrocs.

Limitez vos risques !

Après avoir résolu les conflits intérieurs et extérieurs et avoir surmonté de façon constructive les oppositions, vous n'êtes pas au bout de vos peines. Il peut se trouver d'autres risques à considérer. Devenez expert à réduire les risques, les éliminer, les neutraliser, et vous serez en bonne voie de devenir un expert en gestion des risques.

---

* Schuller, *Devenez la personne que vous rêvez d'être*, aux éditions Un monde différent ltée.

Cela mettra à l'épreuve votre capacité d'axer votre pensée sur la possibilité ! N'oubliez pas que vous êtes réaliste ; il y aura toujours un élément de risque. Mais laissez les récompenses de la réussite, et non le risque d'échec, assumer le rôle de leader dans votre vie personnelle et professionnelle. Les risques sont des défis à relever, et non des prétextes pour reculer et abandonner !

Cependant, je ne penserais jamais à rouler en automobile, pas même autour de chez moi, sans pneu de rechange. Je suis pour les parachutes, pour les sorties de secours. Tous les navires à bord desquels je suis monté étaient équipés de vestes et de canots de sauvetage. Suis-je négatif ? Pas tu tout. Je m'assure de pouvoir survivre si le pire survient, afin de tenter ma chance à nouveau ! Armé d'une telle attitude, je m'assure que, si un échec survient, il ne sera pas définitif !

Quand nous avons pensé à construire la Cathédrale de Cristal, elle devait coûter 10 000 000 $. Une inflation de 30 % en trois ans a gonflé ce coût de 3 000 000 $ par année, pour le porter à un coût final de près de 20 000 000 $! La construction a commencé sans que l'immeuble ne soit entièrement financé. Il nous fallait réunir des fonds, sous peine de devoir stopper les travaux. Les banques refusaient de nous accorder des prêts pour la construction. Soudain (miraculeusement, disaient les membres du conseil de l'église), une importante banque californienne nous a accordé un prêt de 10 000 000 $, assorti de conditions de paiement inespérées ! J'étais à l'extérieur quand le conseil se réunit et accepta l'offre.

Quand j'appris la nouvelle par téléphone, je demandai : « Quel est le taux d'intérêt du prêt ? »

« Deux points de plus que le taux préférentiel », me répondit mon contrôleur. Aujourd'hui, ce taux est de 9 %, alors le nôtre est de 11 %.

Je calculai rapidement, cela allait constituer un fardeau de 1 000 000 $ par année en intérêts seulement ! et le taux risquait de monter! L'acceptation de ce prêt équivalait à augmenter nos risques au maximum! «Je ne l'accepte pas», dis-je. «Si nécessaire, je suis prêt à exercer mon droit de veto comme président. Nous ne pouvons courir ce risque! Il nous faudra simplement amasser plus de dons, inspirer plus de gens!»

La décision s'avéra profitable. Dieu merci! Les membres du conseil durent amasser plus de fonds et payer comptant! Ce fut une bonne chose, car deux ans plus tard le taux préférentiel atteignit 21 %! Nos intérêts auraient été de 2 300 000 $ par année. Cela aurait entraîné la faillite de la Cathédrale de Cristal!

Vous êtes brillant! Faites appel à la pensée axée sur la possibilité et vous pourrez prévoir et réduire les risques! Après tout, vous ne voulez pas simplement avoir raison ; vous voulez réussir!

Rendez vos habitudes positives!

Vous voulez vraiment réussir de tout votre cœur, n'est-ce pas? Vous désirez ardemment réaliser votre rêve? Votre projet doit être une réussite! Votre détermination est «volcanique», explosive, sur le point d'entrer en éruption avec une énergie décuplée. Vous avez plus que les ressources nécessaires pour déplacer votre montagne!

Écoutez bien ceci: surveillez vos mauvaises habitudes. C'est exact: vos mauvaises habitudes personnelles. Nous en avons tous. L'être humain est une créature d'habitudes. C'est normal. En fait, cette réalité peut-être mise à profit et contribuer énormément à nous permettre d'acquérir un comportement positif.

La question est la suivante: vos habitudes sont-elles positives ou négatives? «Les deux», dites-vous. Bien sûr! Alors procédons au nettoyage! Surveillez vos habitudes liées à l'alimentation, à l'exercice, aux relations sexuelles, à la lecture, à la relaxation. Je n'ai pas besoin de vous faire un sermon, n'est-ce pas ? Je respecte trop votre intelligence pour vous insulter en vous disant ce qui est bien et ce qui est mal. Mon travail est de vous indiquer les possibilités positives des habitudes positives !

Si je n'avais pas été convaincu de me débarrasser de l'habitude négative du tabagisme, j'aurais pu mourir d'un cancer du poumon. J'ai célébré un jour le mariage de Glenn Ford dans sa maison de Beverly Hills. Jimmy Stewart, Frank Sinatra, John Wayne, Bill Holden, le valet et moi tenions une conversation détendue. Sinatra alluma une cigarette. « Quand vas-tu arrêter de fumer, Francis ? » demanda Wayne.

« Et quand as-tu arrêté, Duke ? » répondit Frank.

« Quand j'ai décidé de vivre plutôt que de fumer ! »

J'étais au milieu de la quarantaine lorsqu'un membre de l'église appuya doucement le bout de son doigt sur mon ventre proéminent et me dit : « Révérend Schuller, vous êtes encore assez jeune pour corriger un problème qui risque de devenir fatal ! » Et il décida sur-le-champ de devenir mon entraîneur. Après 15 ans de jogging, je constate que j'ai développé une accoutumance positive. Je ne peux plus m'en passer ! J'en ai besoin ! Je ne sais plus combien de fois mon esprit s'est trouvé libéré alors que je courais, libéré pour faire place aux idées créatrices qui ont fait mon succès !

Formez-vous des habitudes positives, car les habitudes négatives risquent de vous détruire ; les exemples ne manquent pas à cet égard.

Il était en bonne voie d'accéder au sommet. Il était déterminé, préparé, et disposait de tous les contacts nécessaires. Quel réseau il avait ! Puis vint un temps où il devint libéral, puis cavalier, et enfin totalement négligent pour la satisfaction de ses besoins sexuels. La rumeur en faisait un « tombeur », ce qui n'est pas nécessairement l'image idéale d'une personne méritant d'occuper les plus hautes fonctions. Il nia les allégations.

Puis le scandale éclata. Sa carrière prit fin du jour au lendemain. C'était un mauvais marché, une bien piètre transaction !

Il y a aussi l'histoire de ce jeune homme qui accumulait les succès et qui mourut trop jeune. Dans le journal on parla de pneumonie. Quelques-uns d'entre nous, qui le connaissions (et qui n'avions pas réussi à l'aider à se défaire de ses mauvaises habitudes) savons qu'il est mort du SIDA.

Je ne dirai jamais trop à quel point ma réussite dépend de mon mariage heureux. Toute notre vie nous avons fait preuve de prudence en matière sexuelle (ce qui veut aussi dire que nous avons attendu d'être mariés). N'abandonnez jamais votre fidélité pour une aventure sentimentale, ne serait-ce qu'une seule aventure. Vous éviterez alors les maladies et les distractions au travail, de même que le chantage et l'extorsion ! Le résultat ? Des habitudes sexuelles positives qui contribueront infiniment à un formidable succès ! Vieux jeu ? Je peux donc qualifier mes valeurs de classiques ; elles ne sont pas « à la mode », et celles qui passent le test du temps doivent être bonnes en fin de compte.

D'accord, c'est votre tour. Faites appel à la pensée axée sur la possibilité pour déceler et chasser les habitudes négatives qui risquent de vous conduire à l'impasse !

Formez-vous ensuite des habitudes positives. (1) Semez une prière et récoltez une idée. (2) Semez l'idée et récoltez une action. (3) Semez l'action et récoltez une habitude. (4) Semez l'habitude et récoltez une réputation. (5) Semez la réputation et récoltez votre destin !

Mettez la dernière main à vos projets !

Dans le cadre du processus du succès, vous êtes maintenant sur le point de terminer la phase de la préparation et d'entreprendre la phase du lancement. Vous êtes le pilote. L'avion est sur la piste, attendant l'autorisation de la tour de contrôle. Revoyez votre liste de vérifications.

1. Avez-vous un plan de vol ? Savez-vous où vous désirez aller ?

2. Savez-vous comment atteindre votre destination ?

3. Êtes-vous en assez bonne forme pour décoller ? Vous avez les idées claires ? Vous êtes bien reposé ?

4. Êtes-vous prêt à faire face aux problèmes ? Avez-vous des idées sur la façon de les affronter ?

5. Avez-vous pris note des prévisions atmosphériques ? Le temps qu'il fait vous permet-il de décoller ? Feriez-vous preuve de sagesse en remettant le décollage à plus tard ?

6. Passez de nouveau en revue votre plan de vol. Rappelez-vous de (a) vérifier, (b) revérifier, (c) vérifier à nouveau. Rappelez-vous la vieille maxime du tailleur russe : « Mesure trois fois mais ne coupe qu'une fois ! »

7. Bon. Prêt ? Allons-y ! « Ne remettez pas la chose à plus tard ; allez-y ! » comme dirait mon fils, Robert Anthony Schuller, qui axe lui aussi sa pensée sur la possibilité.

Formulez vos attentes !

Le moment est venu de faire le grand saut. Vos attentes ont été clarifiées. Beaucoup d'échecs sont le résultat d'attentes confuses. Vous visualisez clairement votre rêve. Votre objectif est la première de vos priorités. Vous avez rattrapé énormément de temps perdu. Le temps est maintenant venu de passer de la pensée axée sur la possibilité à la parole axée sur la possibilité !

Envoyez votre communiqué de presse. Tenez une conférence de presse. Placez une annonce dans le journal. Sortez votre rêve du placard et étalez-le sur la place publique. C'est le moment pour lequel vous avez prié, dont vous avez rêvé, que vous avez étudié et pour lequel vous vous êtes préparé ! Vous occupez la scène. Votre tour est venu de parler. Ce moment a un nom : l'engagement ! Vous vous engagez à vous marier.

Vous signez un bail pour la location du magasin. Vous remplissez votre demande et vous déposez un chèque non remboursable sur la table. C'est le point de non retour. Cela fait peur ? Non ! C'est EXCITANT ! Demain on parlera de vous !

Puis vient la surprise : des cartes, des appels, des souhaits provenant de gens dont vous n'auriez jamais espéré l'appui ! De la force et des encouragements vous parviennent de sources inattendues. Des gens vous arrivent, venus de nulle part ! Êtes-vous surpris ? Les gens attendaient l'émergence d'un leader qui leur offrirait un produit, un service, un rêve à la hauteur de leurs attentes ! Vous ne savez jamais combien il y a d'oiseaux dans le quartier jusqu'à ce que vous installiez les mangeoires. Vous ne savez jamais combien d'amis vous avez jusqu'à ce que vous laissiez votre rêve prendre son envol !

Félicitations ! Je suis fier de vous. Qu'arrivera-t-il maintenant ? Eh bien vous avez donné votre parole publiquement ! L'intégrité prend la relève. Il vous faudra faire le grand saut ! Un engagement génère et libère une somme étonnante d'énergie !

Concrétisez vos rêves !

Maintenant vous êtes lancé ! Le succès vous attend ! Il attend de voir si vous persisterez, si vous tiendrez le coup, si vous paierez le prix en terme de sacrifices personnels pour concrétiser votre rêve. À compter de maintenant vous seul pouvez tuer votre rêve. Votre rêve a désormais une vie qui lui est propre. Vous seul pouvez l'avorter. D'autres personnes peuvent vous nuire ; vous devez vous y attendre. Des gens envieux et peu ambitieux risquent de vous mettre des bâtons dans les roues. Mais une seule personne est autorisée à signer le certificat de décès de votre rêve d'inspiration divine, et cette personne, c'est vous ! Mais vous avez trop investi, surtout de votre crédibilité et de votre intégrité. Vous ne pouvez faire marche arrière.

« J'ai un rêve. » Vous vous souvenez ? Le docteur Martin Luther King Jr a rendu ces paroles célèbres. Coretta Scott King me disait un jour dans la Cathédrale de Cristal : « Martin lui-même était conscient de la route dangereuse sur laquelle il cheminait, mais il croyait que son engagement envers son Seigneur et son prochain était la voie du Christ. Il savait que les gens qui ont emprunté cette voie ont presque tous été sacrifiés. »

Il a donc été tué. Mais cela n'a pas mis fin au mouvement !

Le succès n'a jamais de fin !

Quel était le secret de son succès ? Un engagement total à réaliser ce rêve à tout prix. « Je crois, disait Coretta, qu'à travers le dévouement personnel et un engagement total, vous inspirez beaucoup de gens et vous pouvez provoquer des changements dans la vie des autres ».

J'ai reçu peu d'invitations à prêcher ou à prendre la parole en public qui m'aient autant honoré qu'au moment où la veuve du docteur King m'a demandé de prononcer un sermon à l'église baptiste Ebenezer à Atlanta à l'occasion de l'anniversaire de son mari au mois de janvier 1987. » Nous pouvons dire de Martin Luther King Jr qu'il axait sa pensée sur la possibilité et qu'il savait comment réaliser son rêve », dis-je. « Comment concrétise-t-on ses rêves ? » demandai-je à ma prestigieuse assemblée.

« Je suis ! »

« Je peux ! »

« Je veux ! »

« Voilà comment ! » dis-je.

« Je suis. Je suis quelqu'un. Je suis un enfant de Dieu. Je suis un ami de Jésus-Christ. Je suis peut-être illettré ou peu instruit, mais je suis quelqu'un ! Dieu peut me confier la réalisation de ses rêves, et je crois qu'il l'a fait ! Je suis la chance que Dieu s'est donné de réaliser sa merveilleuse volonté ! Ne me demandez pas pourquoi Dieu choisit si souvent des inconnus, des êtres modestes, pour faire l'impossible ! Une paysanne de Nazareth a porté Jésus en son sein. Une paysanne de Yougoslavie est devenue Mère Teresa. La liste est interminable. »

« Où avez-vous trouvé votre rêve ? » ai-je demandé à Coretta King.

Elle m'a répondu : « C'est à l'époque où je fréquentais le Antioch College, fondé par Horace Mann, que j'ai entendu la citation qui m'a profondément motivée. Horace Mann avait dit à ses premiers diplômés à Antioch à la fin des années 50 : « Ayez honte de mourir à moins que vous n'ayez remporté une victoire pour l'humanité. »

Alors personne n'est exceptionnel : les êtres soi-disant exceptionnels n'ont fait que caresser un rêve pour lequel ils ont vécu et pour lequel, bien souvent, ils sont morts !

« Je peux ! »

« Si je suis la chance de Dieu de concrétiser ce rêve, alors je peux ! Car il est plus intéressé que je ne le suis par la réussite de cette possibilité divine ! Et Dieu, qui a commencé son œuvre en moi, la terminera ! Ainsi je puis réussir grâce au Christ qui me fortifie.

« Je veux ! »

« Je suis ! Je peux ! Je vais concrétiser mon rêve. »

« Je vais aller de l'avant. »

« Je vais m'y mettre et persister. »

« Je vais résoudre les problèmes. »

« Je vais payer le prix. »

« Je ne m'écarterai de mon rêve que si je le vois s'écarter de moi, bien vivant, victorieux ! »

Maximisez vos résultats !

Vous rappelez-vous de la dixième étape d'un rêve ? C'est ici que vous en êtes, à la phase dangereuse. « Ce qui est ne doit jamais rattraper ce qui doit être », disait sagement le docteur Victor Frankl. J'ai déjà écrit tout un livre sur ce sujet. Je l'ai intitulé *The Peek-to-Peak Principle.* Une fois que vous avez atteint le sommet, ne vous arrêtez pas ! Ne mettez pas un terme à vos efforts tant que des gens sont affamés, tant que d'autres pleurent, tant que les gens déprimés n'ont pas l'occasion de sourire à nouveau, tant que les découragements ne sont pas surmontés, tant que les gens léthargiques ne sont pas motivés.

« À qui on aura donné beaucoup il sera beaucoup demandé, » enseignait Jésus (Luc 12, 48). Le succès comporte une merveilleuse et importante responsabilité d'utiliser ce nouveau pouvoir comme un levier pour rapprocher le monde de Dieu ! Le moment est venu, non pas de s'adonner au luxe, de végéter ou de tout remettre au lendemain, mais de vous dévouer !

Colonisez votre succès !

Alors où allez-vous maintenant que vous êtes au sommet ? Vous n'avez qu'à utiliser votre base comme plate-forme de lancement ! Lorsque notre émission religieuse télévisée a été une réussite en 1970 et 1971, nous avons décidé de viser la télévision de New York, de Chicago et de Philadelphie. Cinq ans plus tard nous avons ajouté des colonies additionnelles dans une douzaine d'autres villes. Nous avons simplement progressé à mesure que les « colonies » pouvaient s'auto-suffire. Nous n'avons jamais cédé à la tentation d'emprunter de l'argent pour nous attaquer à la télévision nationale ! Aujourd'hui nous diffusons dans près de 200 endroits.

Si vous avez réussi, colonisez votre succès. Si vous vous arrêtez là où vous êtes, si vous cessez de croître, vous commencerez à mourir.

Colonisez votre réussite ! Si vous avez réussi, servez-vous de votre réussite pour aller plus loin ! Utilisez votre réussite pour étendre prudemment vos tentacules ! Ni trop vite, ni trop lentement !

Le secteur des affaires et Wall Street ont été surpris de la croissance d'une compagnie appelée Wal-Mart. Wal-Mart est un magasin à escomptes qui a ouvert ses portes en Arkansas en 1962. Lorsque la compagnie a été cotée en bourse en 1970, un bloc de 100 actions se vendait environ 1 650 $. Aujourd'hui, le même bloc vaut plus de 700 000 $!

Sam Walton, fondateur et président de la compagnie, a capitalisé à un point tel sur sa réussite que dans le numéro de mai 1987 du magazine *Time*, on l'a qualifié « d'homme le plus riche des États-Unis. »

Pourtant Sam Walton vit modestement, roule en camionnette Ford et livre des beignets sur les quais ou aide à l'occasion un commis à approuver un chèque personnel.

Le premier magasin Wal-Mart a ouvert ses portes en 1962. Sam Walton a capitalisé sur les principes qui ont fait de ce magasin une réussite et les a appliqués à d'autres magasins, pour finalement se retrouver avec une chaîne d'envergure nationale, faisant de sa compagnie la quatrième entreprise de vente au détail des États-Unis.

Il a réussi en donnant au public ce qu'il voulait : des bas prix. Et il a noué des liens étroits avec ses 151 000 employés avec qui il partage ses idées et ses profits. Certaines des meilleures idées sont venues de la base. Et grâce à une politique d'ouverture, les magasins ont subi des milliers de petits changements qui, en fin de compte, font toute la différence.

Alors vous avez réussi ? Poursuivez votre succès. Semez le fruit de votre travail. Réinvestissez vos profits en favorisant votre expansion. Les possibilités sont fantastiques !

Revitalisez votre imagination !

Mon ami, qui axez votre pensée sur la possibilité, vous êtes désormais prêt à puiser à même la source ultime de pouvoir qui continuera à vous stimuler et qui soutiendra votre succès.

« C'est-à-dire ? » demandez-vous. Je vous répondrai par une question à facettes multiples.

Quel est, dans le monde, le pouvoir

- *Qui voyage* plus vite que la vitesse de la lumière ?

- *Qui franchit* toutes les barrières, qu'elles soient d'acier ou de granit ?

- *Qui transcende* le temps, tant passé que futur, permettant à une personne de retourner des siècles en arrière ou de se projeter dans l'avenir ?

- *Qui transporte* instantanément la conscience humaine à travers les continents et les cultures pour lui permettre d'entendre des sons, de voir des lumières et de respirer des parfums exotiques ?

- *Qui donne* un bref aperçu d'éternité et d'immortalité, soulevant la possibilité que la vie réelle puisse exclure de devoir supporter une enveloppe de chair et de sang ?

- *Qui fournit* aux êtres humains une source de créativité : la peinture pour créer un chef-d'œuvre, le mélange de notes, de sonorités et de mélodies jusqu'à l'émergence d'une grande composition, la conception de rêves dans l'esprit de personnes de tous les âges jusqu'à ce que des personnes ordinaires se retrouvent profondément plongées et fortement concernées par des projets emballants et captivants ?

- *Qui programme* des données dans le subconscient, qui élabore à son tour des solutions à des problèmes qui semblaient insolubles et à des obstacles qui semblaient insurmontables ?

- *Qui transforme* le climat mental en un élément social de manière à transformer un état de tension et de gêne en un milieu détendu, facile à vivre et agréable ?

- *Qui concentre* l'attention avec une grande précision pour permettre à un ballon de pénétrer dans un panier, à une balle de marquer une incroyable courbe au-dessus du marbre ou à un botté parfait de franchir les poteaux des buts ?

- *Qui combine* de façon créatrice les contradictions intérieures pour transformer des conflits insolubles grâce à des compromis constructifs ?

Quelle est cette force ? Quel est cet incroyable pouvoir ? Ce pouvoir qui attise des flammes créatrices dans le cœur des gens qui axent leur pensée sur la possibilité s'appelle IMAGINATION.

Et est-il disponible pour tout être humain, sans égard pour sa situation économique ou sociale ? La réponse est oui ! Je pourrais vous parler de membres analphabètes et illettrés des tribus les plus reculées de la Nouvelle-Guinée, dans le sud du Pacifique, et du cœur de l'Afrique qui se sont prévalu de ce pouvoir immense et absolument démesuré !

Faites vôtre ce don remarquable et miraculeux, et vous pourrez voir certaines choses avant qu'elles ne se produisent. Il s'agit d'une qualité divine ! C'est sans doute la preuve la plus éclatante de la réalité de la présence constructive et créatrice de Dieu dans la vie des êtres humains ! Il pourrait s'agir de la preuve de l'enseignement biblique selon lequel « l'homme a été créé à l'image de Dieu. »

« Imagededieuensoi » : voilà comment j'écris le mot « imagination ». Oui, l'imagination est « l'image de Dieu en soi » ! Comme une fenêtre elle peut donner une image claire et nette de l'horizon. Elle peut aussi se couvrir d'une mince pellicule, des sédiments s'y accumulant ensuite de plus en plus jusqu'à ce que la propriété réfléchissante de ce miroir de l'âme, qui présente l'image de Dieu, devienne noircie et ternie. La fatigue, les déceptions, les échecs et les craintes souillent cette fenêtre à travers laquelle Dieu désire projeter une image claire de sa programmation de votre vie !

Alors revitalisez votre imagination ! Votre esprit obscurci s'allumera alors en technicolor ! Action ! Son ! Énergie ! Enthousiasme ! Dynamisme ! Détermination ! Zèle ! Entrain ! Vitalité !

Voyons maintenant ce qu'il advient de la personne dont l'imagination est revitalisée ! La vitre est lavée. Elle est claire et la projection devient très nette. Soudain les craintes sont dissipées. L'obscurité disparaît. La vision éclatante apparaît sur l'écran de l'esprit. Une inexplicable détermination de lutter et de réussir suscite à nouveau la motivation. Vous êtes obsédé par un objectif heureux ! Nul ne peut plus vous arrêter. Vous voyez clairement la vision. Vous recevez une image indubitable du rêve que Dieu vous destine. Vous êtes à nouveau un adolescent qui danse. Vous êtes un aspirant olympique. « Gare à toi, monde, j'arrive. »

Le succès ? Il n'existe pas sans une vivacité totale que seule peut générer une imagination revitalisée. L'entrepreneur en construction imagine les structures qui s'élèvent, avec des fontaines, de l'acier, du verre, des escaliers mécaniques et des ascenseurs !

L'étudiant imagine le jour de sa graduation : coiffe, toge et diplôme en mains.

Le père et la mère imagine un foyer bien à eux. Ils découpent des illustrations dans les magazines. Ils admirent des images de mobilier. Ils regardent les mobiliers de bébés, les vêtements d'enfants et imaginent leur famille !

Le représentant imagine le visage de ses clients éclairé par l'emballement suscité par son produit ou son service, qui répond précisément à leurs besoins.

Le communicateur imagine son auditoire suspendu à ses lèvres, buvant ses moindres paroles et applaudissant.

Le chirurgien imagine l'incision précise et experte. Quel talent, quelle assurance !

L'enseignant imagine ses étudiants devenus des adultes apportant leur précieuse contribution à une société prospère !

L'auteur imagine son article imprimé. Il voit son livre avec sa photo sur la jaquette ! Il est impatient de se mettre au travail.

Le gérant imagine des travailleurs réticents qui se transforment pour devenir réceptifs, accueillants et obéissants à son endroit.

Le financier imagine un modeste investissement devenant de plus en plus important puis, croissant de plus en plus vite, se multipliant pour constituer une véritable fortune ! Il est désormais en mesure de s'adonner joyeusement à la philanthropie !

L'athlète imagine son corps réagissant aux exercices jusqu'à ce que le miroir lui renvoie une image de fantastique condition physique ! Elle se voit maintenant courant rapidement, comme une gazelle, un lévrier, un renard. Elle se voit sauter par-dessus le mur, de plus en plus haut, franchir la barre, surpassant la limite ! Des cloches sonnent. Les applaudissements sont assourdissants. Elle a réussi. Elle a vraiment réussi !

Le succès n'a pas de fin et l'échec n'est pas la fin pour celui qui sait comment revitaliser et renouveler les pouvoirs divins de l'imagination créatrice.

Comment revitalise-t-on son imagination ? Par plusieurs moyens. Étudiez la sagesse de la Bible. Lisez des récits édifiants dans les magazines et dans les pages sportives et financières des journaux. Observez et vivez ce qui vous entoure, et vous verrez d'innombrables exemples vivants de grandes et merveilleuses réalisations appartenant à des gens qui vous ressemblent ! Laissez ces réalisations inspirer votre imagination !

Maintenant, rapprochez-vous des gens qui réussissent et sachez que s'ils le peuvent, vous le pouvez aussi !

Comment revitaliser votre imagination ? J'ai posé cette question à un ami pour qui la créativité n'a pas de secrets. Voici sa réponse : « Mon imagination est revitalisée et renouvelée lorsque je m'entoure de gens qui me respectent et qui m'encouragent. » Alors revitalisez votre imagination en revitalisant vos relations humaines. Rapprochez-vous de gens qui axent leur pensée sur la possibilité, qui perçoivent votre potentiel et sont conscients de votre valeur. En acceptant et en respectant leurs compliments, vous vous mettrez aussi à croire en vous-même !

Alors commencez par revitaliser vos rapports avec celui qui vous encourage constamment et ne vous déprécie jamais. Son nom est Jésus-Christ. Priez. Fermez simplement les yeux. Parlez-lui. Soyez silencieux et laissez-lui la chance de vous parler. Posez-lui des questions simples et sincères. Taisez-vous et attendez ses réponses. Donnez-lui la chance d'implanter dans votre imagination une illustration des choses merveilleuses, saintes et positives qu'il veut vous suggérer. Acceptez sa vision ! Réjouissez-vous de votre imagination inspirée et sanctifiée. Accueillez cette inspiration de Dieu qui deviendra réalité. La puissance du Christ se manifeste par le biais de votre imagination ! Nul ne peut dire jusqu'où vous pourrez aller désormais !

*Je ne crois pas à
la chance !*

*Je crois au
courage !*

*P.S. : Ajouté à la prière
et à la planification !*

Deuxième partie

... l'échec n'est pas la fin!

Septième chapitre

Comment se relever?

C'était en 1985. J'étais en présence des jeunes femmes les plus talentueuses, les plus douées et les plus brillantes du pays. Nous étions réunis à Mobile, en Alabama, pour le concours Miss Junior. Il m'avait été demandé de prendre la parole à l'occasion de la compétition finale. Ces jeunes filles venaient de tous les États et représentaient les meilleures candidates au pays.

Je parcourus des yeux cette mer de jolis et jeunes visages et je me demandai qui serait élue « Miss Junior d'Amérique ». Le lendemain, les journaux et la télévision parleraient de la lauréate dans le pays tout entier. La nation se souviendrait d'elle, mais qu'adviendrait-il des perdantes? Elles s'étaient rendues jusque-là, mais une seule d'entre elles pénétrerait dans le cercle des vainqueurs. Toutes les autres essuieraient un échec!

Toutes me préoccupaient, celles qui allaient perdre et celle qui gagnerait. Celles qui ne recevraient pas la couronne penseraient peut-être avoir échoué! Et la lauréate porterait sa couronne pendant un an, puis la remettrait à une autre. Elle aussi se sentirait rejetée! Où ces séduisantes, douées et ambitieuses jeunes femmes iraient-elles par la suite? Seraient-elles amères? Seraient-elles désillusionnées? Seraient-elles intimidées au point de ne plus jamais tenter leur chance?

J'étais d'avis que le plus beau cadeau que je pouvais faire à ces jeunes filles était de leur donner une image claire de ce qu'elles étaient et de ce qu'elles avaient accompli. Je voulais les rassurer et leur dire qu'elles étaient toutes spéciales !

Je commençai en disant : « Demain soir, une seule jeune fille sera choisie pour devenir Miss Junior de l'Amérique. Une seule d'entre vous partira d'ici avec le titre. Une seule revêtira la couronne. Alors ce soir j'ai une question à laquelle je veux que vous réfléchissiez attentivement. La question est la suivante : *« Où irez-vous à partir d'ici ? »*

« Beaucoup de gens ont le sentiment de ne pas être dans le coup. On ne leur demande pas de se joindre aux clubs. Ils ne sont pas invités aux parties. On ne leur accorde pas de promotions ni de prix. Certains vivent dans les quartiers huppés, d'autres pas. Certains sont riches et d'autres sont pauvres. Certains ont de la facilité et d'autres pas. Tout le monde se retrouve en dehors de quelque chose. Demain soir, une personne sera dans le cercle des vainqueurs et les autres se retrouveront à l'extérieur. Et si vous êtes de celles qui sont à l'extérieur, joignez-vous au genre humain !

« Dans les Écritures, on peut lire : « Oui, vous partirez avec joie et serez ramenés en sécurité. » (Isaïe 55, 12).

Je poursuivis en disant : « Si vous ne gagnez pas, vous pourrez retourner chez vous dans la joie et dans la paix à condition que vous sachiez que vous êtes toutes gagnantes ! Vous avez toutes réussi ! La vérité est que même les gens qui essaient et qui échouent sont gagnants.

« Les perdants sont ceux qui n'ont jamais osé essayer car ils craignaient de ne pas réussir. La plupart des gens échouent pour cette raison. Et ils n'essaient pas parce qu'ils ne veulent pas courir le risque de la déception. Ceux qui essaient ont déjà réussi à un égard très important, car ils ont surmonté la crainte de l'échec. Aussitôt que vous vous engagez, soyez décidées à foncer et à tenter votre chance. Vous êtes des gagneuses ! Vous n'avez pas permis à la menace de la déception de vous empêcher de tenter quelque chose de grand.

« Depuis des années, ces mots sont inscrits sur le mur de mon bureau : *« Je préfère tenter quelque chose de grand et échouer, plutôt que de ne rien tenter et de réussir. »*

« Parmi les gens qui ont jamais tenté quelque chose, nul n'est vraiment perdant ! Peut-être avez-vous le sentiment de ne pas être dans le coup ou d'avoir échoué. Peut-être avez-vous été amèrement déçu et désillusionné. Mais ce sont là des distorsions de la réalité. La réalité, c'est que vous appartenez au cercle des vainqueurs. Vous faites partie de l'élite qui a tenté quelque chose !

« La personne qui remporte la première place sera surprise de constater à quelle vitesse les gens oublieront son succès à moins qu'elle ne le leur rappelle. La renommée est éphémère. Des fortunes peuvent être dissipées du jour au lendemain.

« Cela signifie que nous devons tous apprendre à faire notre sortie en beauté. Nous pouvons tous bénéficier de la leçon que m'a donnée ma mère quand j'étais petit. Avant un récital de piano, elle me disait : « Répète à nouveau l'ouverture. Maintenant, répète la fin. » Lorsque je protestais, elle disait : « Écoute, Bob : fais une entrée magistrale, et une sortie glorieuse. Ainsi, ton auditoire oubliera les erreurs survenues au milieu ! » Apprenez à vivre de manière à faire une belle sortie. »

Terminez en beauté

Chaque année, à l'époque du Premier de l'an, les magazines et les journaux du pays dressent des listes de ce qui est « in » et de ce qui est « out ». Ces listes indiquent les aliments, les modes, les artistes de la scène et les politiciens qui sont « in » et ceux qui sont « out ».

Comme les participants aux concours de beauté, les dessinateurs de mode, les artistes de la scène et les politiciens, nous devrons tous un jour ou l'autre faire une sortie. Nous nous retrouverons « out » de manière soudaine et imprévisible !

- Vous croyiez que votre carrière allait bien, que vous alliez être nommé président de la compagnie. Combien d'années avez-vous consacré à la corporation ? Soudain, on a pris la décision de faire appel à quelqu'un de l'extérieur et de vous écarter. Vous êtes « out ». *Que faites-vous maintenant ?*

- Vous croyiez si bien connaître le marché. Vous avez effectué une énorme commande. L'entrepôt était plein. Soudain les styles ont changé, la mode a passé et les commandes ont cessé de rentrer. Le produit était « out ». *Que faites-vous maintenant ?*

- Vous aviez un grand succès et une solide renommée. Tout à coup vous ne pouvez plus décrocher un contrat décent, un engagement ferme, un scénario qui ait du sens ou une bonne chanson. Les promoteurs ne veulent plus de vous. Vous êtes « out ». *Que faites-vous maintenant ?*

- Votre conjoint n'est plus là, à cause d'un décès ou d'un divorce. Vous êtes « out ». *Que faites-vous maintenant ?*

- Votre avenir était assuré. Tout se passait comme prévu. Tout allait très bien. Puis s'est déclarée cette douleur inattendue, et les visites chez le médecin. Vous avez un cancer. *Que faites-vous maintenant ?*

Nous avons tous des problèmes de ce genre à un moment ou un autre de notre vie. La question n'est pas de savoir si nous nous en sortirons, mais plutôt comment ?

Quand vous aurez un coup dur, que vous passerez du succès à l'échec, de l'échec au succès, de la santé à la maladie, du travail à la retraite, du mariage au célibat, de la vie à la mort, quelle sera votre attitude ? L'esprit dans lequel vous ferez votre sortie a une importance capitale, car il influera sur votre réputation et sur l'aspect agréable ou désagréable du reste de votre vie.

Certains se laissent gagner par l'amertume, la colère, la douleur et l'abattement. Ils jalousent ceux qui sont en meilleure posture qu'eux. Ils laissent une mauvaise impression car ils se retrouvent dans une situation de faiblesse méritée.

Par contre, certains font leur sortie dans la joie ! Ces gens transforment leurs problèmes en occasions de réussite. Ils sont en position de force, simplement parce qu'ils ont adopté une attitude positive à l'égard de leur « échec » ou de leur sortie.

Comme pasteur et conseiller, ma profession m'a amené à étudier les gens. J'ai vu des gens vaincus par la tragédie, alors que chez d'autres, une attitude positive permet de vaincre la tragédie. Ces derniers ont transformé leur situation. J'ai été consulté par des superstars qui voyaient leur carrière amorcer un déclin. « Ils me disent que je n'ai plus ce qui plaît au public. » Certains acceptent de bonne grâce la situation. D'autres... eh bien plusieurs boivent trop.

J'ai été consulté par des fermiers de mon État natal qui avaient perdu la ferme familiale. La vente aux enchères leur avait causé une douleur terrible. La terre et les bâtiments leur venaient d'un ancêtre venu des « vieux pays ». Et maintenant ils n'avaient plus rien ! La terre appartenait à un étranger. Ils avaient été chassés.

OUT ! Congédié ? Divorcé ? Séparé ? OUT ! Un décès ? Une faillite ? On ne renouvelle pas votre bail ? Le marché est à la baisse ? Il y a bien des sortes de difficultés en ce bas monde !

Rappelez-vous que *le succès n'a pas de fin et l'échec n'est pas la fin* ! Pour régler le problème, deux étapes à respecter : la première consiste à limiter les dégâts, la deuxième est le renouvellement et le rétablissement.

Première étape : limiter les dégâts

Vous êtes « out » ! Vous n'auriez jamais cru que ça vous arriverait à vous. Si vous y survivez, ce sera déjà bien. Si nous vous avions dit un jour que ça vous arriverait, vous ne l'auriez jamais cru. Et si nous vous avions dit que vous y survivriez, vous ne l'auriez pas cru non plus !

Mais vous souffrez comme jamais vous n'avez souffert.

Profitez des leçons de vétérans expérimentés dans l'art de supporter et de tolérer la douleur. Voici comment ils corrigent la situation. Pour mettre fin à l'hémorragie de leur vie, ils font appel à une thérapie choc pour limiter les dégâts : « Ramenons le pauvre homme vivant à la maison. Il s'en remettra. Pour le moment, limitons les pertes et empêchons simplement le mal de s'étendre. »

Alors écoutez et tirez profit des expériences des soldats blessés. Comment sont-ils passés à travers ? Quels conseils ont-ils à donner ?

1. *Gardez le sens de l'humour*. Ce n'est pas un sacrilège de rire à l'occasion de funérailles ! Cela permet d'évacuer beaucoup de tension. Les entrepreneurs de pompes funèbres, médecins, pasteurs et soldats ont tous appris à rire quand le chagrin risquait d'avoir raison d'eux ! Les blagues ont leur importance. Ne les fuyez pas !

2. *Acceptez le réconfort qui vous est manifesté*. Résistez à la tentation de refuser les condoléances et les encouragements que vous offrent les gens bien intentionnés. Vous en avez besoin. Acceptez-les.

3. *Rapprochez-vous, plutôt que de vous éloigner, de votre famille et de vos amis proches*. Ils vont vous aider. Montrez-vous coopératif. Vos proches vous aiment vraiment. Rappelez-vous que *l'espoir n'est pas l'absence de souffrance ; il consiste plutôt à vivre en présence d'amour !*

4. *Efforcez-vous de sauver le reste de votre vie.* Soyez prudent. Le chagrin risque de détruire le reste de votre vie ! J'ai vu un jeune couple perdre un enfant et laisser cette tragédie détruire leur mariage. J'ai rencontré un cadre supérieur victime d'un congédiement lors d'un remaniement corporatif. On a arraché quelque chose à sa vie. Il a adopté une attitude négative : « Je m'en f... ! » En colère, il négligea le reste de sa vie. Sa femme ! Sa famille ! Sa santé ! Sa religion ! « Attendez un peu ! » lui ai-je dit en vain. « Vous avez besoin de tout ce qu'il vous reste ! Il vous reste suffisamment de pouvoir pour poursuivre votre route jusqu'au prochain garage. Pour l'instant, limitons les dégâts. Faisons attention à ce qu'il vous reste ! »

Si le découragement vous assaille sans crier gare, vous aurez besoin de votre sens de l'HUMOUR.

Si vous voyez une certaine lumière et une certaine drôlerie dans votre situation, vous pouvez perdre avec grâce.

Ma femme Arvella a subi l'ablation d'un sein à la suite d'un cancer, et ma fille Carol a perdu sa jambe lors d'un accident de moto, elles faisaient des blagues plutôt drôles à propos de leur situation. Enfin, un jour Arvella et Carol blaguaient concernant leur drôle de journée d'emplettes. Il est plutôt courant de voir une mère et sa fille faire des emplettes ensemble. Mais peu de mères et de filles se rendent au même magasin chercher leurs pièces de rechange. Arvella et Carol avaient passé leur journée à essayer, non pas des robes, mais des prothèses ! Elles firent plusieurs blagues à ce sujet, et cela leur fit beaucoup de bien. Ne sous-estimez jamais le pouvoir du rire et de l'humour.

Henry Viscardi sait à quel point l'amour et le rire peuvent faire du bien dans les moments difficiles. Henry est né en 1912 à New York de parents immigrants. Il est venu au monde sans jambes. Il a passé la majorité de sa jeunesse dans un hôpital. Il n'a reçu ses prothèses qui lui permettent de marcher aujourd'hui, qu'à l'âge de 27 ans. Mais quelle vie il a vécue !

Il est devenu l'une des personnes les plus respectées dans le secteur de la réhabilitation et de l'éducation. Toute sa vie, il s'est assuré que les grands handicapés aient toutes les occasions possibles de réaliser leurs possibilités, et il a toujours cru que l'exemple était ce qu'il existait de plus persuasif.

En 1952, Henry a fondé le Human Resources Center à Elbertson, à Long Island, un centre de renommée internationale, et grâce aux instituts de recherche et de formation du centre Abilities Inc. et Human Resources School, il a démontré au monde que les handicapés peuvent s'intégrer pleinement à tous les aspects de la vie américaine.

Henry a été consulté par tous les présidents, de Franklin Roosevelt à Ronald Reagan. Les honneurs et récompenses qu'il a reçus sont innombrables. Il fait l'objet de beaucoup de respect et d'admiration partout au pays, et son attitude et son merveilleux sens de l'humour sont bien connus.

Quand je l'ai interviewé à la Cathédrale de Cristal un matin de printemps, il a jeté un coup d'œil à l'auditoire de plus de 3 000 personnes et a dit : « Plusieurs d'entre vous seront peut-être impressionnés par le fait que je me tiens debout sur deux jambes artificielles. Mais en fin de compte, ce n'est pas un handicap. Ce n'est qu'un inconvénient. Vous rendez-vous compte que nous sommes presque à la veille de Pâques et que je n'ai pas changé de chaussettes depuis le 4 juillet ? J'espère que vous avez changé les vôtres ! »

Je lui ai demandé : « Henry, d'où vous vient une attitude aussi positive envers la vie ? » Je n'oublierai jamais sa réponse.

« Je suppose qu'elle me vient de mes parents. Je me rappelle avoir demandé à ma mère quand j'étais petit : « Pourquoi suis-je né ainsi, et pas les autres ? » Et avec sa simple sagesse de paysanne, ma mère m'a répondu : « Quand le moment est venu pour un autre petit garçon handicapé de venir au monde, le Seigneur et ses conseillers ont tenu une réunion pour décider à quel endroit cela se passerait, et le Seigneur a dit : « *Je crois que les Viscardi seraient une bonne famille pour un petit garçon infirme.* »

« Alors je me sens très reconnaissant aujourd'hui, pour les États-Unis, ce grand pays dans lequel nous vivons, qui m'a donné l'occasion de me cultiver et de réaliser des choses difficiles. Dans tout autre pays, j'aurais sans doute eu de la chance de pouvoir vendre les billets de loterie au coin d'une rue ou de compter des barils de pétrole sur un quai. Que Dieu bénisse les États-Unis pour ce qu'ils m'ont donné ! »

Cette attitude positive et ce sens de l'humour ont soutenu Henry Viscardi dans les moments difficiles. Aujourd'hui il se sert de ce même humour pour aider des enfants handicapés considérés irrécupérables. Il a construit une école à l'intention des handicapés et il les éduque car, comme il le dit : « Quel que soit le handicap d'un enfant à la naissance, s'il en est avisé, son handicap n'existe plus. »

Aujourd'hui, dans son école de ressources humaines, 150 étudiants, âgés de six mois et plus sont accompagnés de leur mère jusqu'à l'âge du niveau collégial. Éduqués dans ce monde très complexe, ils seront en mesure de relever les défis de la vie et de se suffire à eux-mêmes, dans la dignité.

Henry faisait le commentaire suivant : « Ces étudiants ne sont pas des gens ordinaires à la recherche de destins extraordinaires ; ces merveilleux étudiants sont des gens extraordinaires à la recherche de destins ordinaires : ils désirent aimer et être aimés, être semblables aux autres, comme ils le sont aux yeux de Dieu. Et c'est un lieu où nous trouvons beaucoup d'humour. Si jamais vous visitez l'école, vous constaterez que le rire y sévit partout.

« Je n'oublierai jamais le jour où un groupe de petits enfants m'ont invité à prendre le thé. Je me suis assis et j'ai attendu le thé. Finalement une petite fille est entrée, poussant devant elle un petit chariot, et son professeur lui dit, sur un ton quelque peu agacé : « Tu es en retard ; nous attendons le thé depuis un certain temps. Qu'est-ce qui est arrivé ? » La petite fille répondit : « Je n'ai pas pu trouver la passoire. »

J'aurais dû me contenter de cette explication, mais je dis à la petite fille : « Qu'as-tu fait alors ? » Elle répondit : « J'ai utilisé la tapette à mouches ! » J'ai été obligé de boire le thé, mais je n'en ai jamais bu depuis ! »

Henry Viscardi a une femme merveilleuse, Lucille, quatre filles et huit petits-enfants. Tout ce petit monde l'appuie dans ses rêves et ses aspirations. Il a juré que tant qu'il resterait un des seuls handicapés américains préférant les défis de la vie à une existence d'isolement, il consacrerait ses énergies aux besoins de ces personnes.

Henry a conclu sa visite à la Cathédrale de Cristal en disant : « Mes amis, l'espoir est un devoir, et non un luxe. Espérer, c'est réaliser les rêves. Bénis soient ceux qui ont des rêves et sont prêts à payer le prix pour les réaliser. »

Vous pouvez essuyer des échecs dans la joie, à condition d'avoir de l'humour et une attitude positive vous permettant de vous relever !

Si le découragement vous assaille sans crier gare, vous aurez besoin d'encouragements.

Nous avons tous besoin de réconfort de temps à autre, alors n'ayez pas peur d'admettre que vous souffrez. La chose la plus triste au monde est le fait que des gens souffrent et ne le laissent savoir à personne, pas même à leur conjoint, à leur famille, à leur pasteur ou à leurs amis. *Si vous êtes trop fier pour admettre que vous souffrez, ne soyez pas étonné que personne ne se soucie de vous.*

L'amour, l'attention, les encouragements peuvent faire des merveilles pour vous donner la force d'accepter vos défaites et le courage de vous relever. Il ne faut jamais sous-estimer le pouvoir des paroles bien senties. Les encouragements peuvent être d'un grand secours lors de défaites inattendues !

Une femme, Patti Lewis, sait à quel point il peut être difficile de subir une défaite, après avoir été mariée 40 ans au célèbre comédien Jerry Lewis. Après avoir porté et élevé six fils, elle s'est retrouvée seule.

Patti, qui a toujours été chrétienne, précise que sa relation avec le Seigneur et son amitié avec d'autres femmes l'ont aidée à surmonter son chagrin. Les encouragements de ces femmes ont été d'un tel secours que Patti et Jackie Joseph, l'ex-femme de l'acteur Ken Berry, ont mis sur pied un organisme local appelé LADIES (Life After Divorce Is Eventually Sane).

Ce groupe se compose de femmes qui ont été mariées à des hommes célèbres. Comme le dit Patti : « Soyons honnêtes. Nous voyons constamment leur photo dans les journaux, et ce n'est pas facile de ne pas devenir folle. C'est difficile de vous rappeler que vous êtes spéciale quand votre estime de soi est ébranlée à la suite d'un divorce. Vous pleurez tout le temps, vous devenez très amère et vous ne pouvez pas dormir. Mais quand vous pouvez ressentir de la colère, vous êtes sur la voie de la guérison.

« La colère est la dernière étape, et quand vous y parvenez, le ciel semble se dégager pour vous permettre d'être heureuse à nouveau. »

Je lui ai demandé : « Patti, êtes-vous amère envers Jerry ? »

Sa réponse a été rapide et sans équivoque. « Oh non ! Je n'ai pas la moindre rancune. En fait nous sommes amis. Mais je ne sais pas si j'y serais arrivée sans les prières, les encouragements et les bons conseils que j'ai reçus des membres de LADIES. »

Vous pouvez vous relever dans la joie grâce aux encouragements de ceux qui vous aiment !

Si le découragement vous assaille sans crier gare vous aurez besoin de l'aide de vos proches

J'ai remarqué que ceux qui acceptent de bonne grâce leurs difficultés et qui s'en remettent très bien sont des gens qui ont des amis, de la famille ou des êtres chers pour les appuyer, les encourager et les guider.

Dans la célèbre pièce *Anastasia*, nous faisons connaissance avec la femme qui prétend être la fille du Tsar et qui aurait échappé à la mort pendant la révolution bolchévique. Nous la trouvons dans un asile d'aliénés où elle a été enfermée après avoir tenté de se jeter du haut d'un pont dans une rivière en crue. Elle est sans ressources, déprimée et sans la moindre famille ou les moindres amis.

Puis l'un de ses médecins met la main sur une coupure de journal qui redonne la vie à cette âme perdue et marque un nouveau commencement pour elle. Dans le journal, il note une ressemblance remarquable entre sa patiente et Anastasia, la fille disparue du Tsar de Russie. Faisant appel à l'hypnose, il entend sa patiente décrire le terrible assassinat de la famille du Tsar. Elle semble connaître des détails du passé d'Anastasia que seule la princesse peut connaître.

C'est alors que commence le mystère. Ceux qui croient en Anastasia réunissent des preuves irréfutables démontrant qu'elle est la princesse disparue. Ceux qui doutent et la soupçonnent de fraude découvrent autant de preuves contre elle.

Cependant, sa « grand-mère », l'Impératrice, choisit de croire Anastasia. Anastasia commence alors à abandonner sa personnalité renfermée et résignée et adopte une prestance royale. Elle s'épanouit. Elle affiche une certaine grandeur et une certaine grâce. La jeune femme repliée sur elle-même de l'asile se transforme en une princesse.

Qu'est-ce qui a inspiré cette transformation ? Comment Anastasia s'est-elle sortie de sa situation ? Dans la pièce, elle dit : « Vous devez comprendre qu'il importe peu que j'aie ou non été princesse. Ce qui importe c'est que je suis moi, et que quelqu'un, ne serait-ce qu'une seule personne, m'a tendu les bras pour me tirer de la mort. »*

Vous pouvez vous tirer de n'importe quelle situation si vous avez quelqu'un qui croit en vous. Et vous pouvez vous dépasser si quelqu'un se soucie de vous et vous encourage.

Lou Little était entraîneur de football à l'université de Georgetown. Le doyen de l'université vint le voir un jour et, nommant un étudiant, lui demanda : « Lou, connaissez-vous ce jeune homme ?

— Bien sûr, répondit Lou. Il fait partie de mon équipe depuis quatre ans. Je ne l'ai jamais fait jouer. Il est plutôt bon, mais il manque de motivation.

— Eh bien, poursuivit le président, nous venons tout juste d'apprendre que son père est décédé. Pourriez-vous lui apprendre la nouvelle ? »

L'entraîneur posa la main sur l'épaule du jeune homme dans une pièce isolée et lui apprit la triste nouvelle concernant son père. « Je suis désolé, mon vieux. Prends une semaine de congé. »

Mais le lendemain l'entraîneur eut la surprise d'apercevoir dans le vestiaire l'étudiant qui se préparait pour le match. « Qu'est-ce que tu fais ici ? demanda Little.

— C'est un match important ce soir. Je dois jouer.

— Mais tu sais que je ne t'ai jamais envoyé sur le terrain.

— Utilisez-moi ce soir, et vous ne le regretterez pas, dit avec fermeté le jeune joueur, les yeux humides.

---

* Marcelle Maurette, *Anastasia* (New York: Random House, 1954), p. 161.

Touché, l'entraîneur décida qu'il l'utiliserait pour le premier jeu. Il ne pouvait commettre une erreur magistrale pour le retour de botté. Effectivement, au premier jeu, le nouvel orphelin prit le ballon et franchit le terrain comme une tornade. Surpris, l'entraîneur lui permit de participer à un second jeu, puis à un troisième. Il bloquait ; il plaquait ; il passait le ballon ; il courait. Il remporta virtuellement le match tout seul ce jour-là.

Dans le vestiaire, l'entraîneur, perplexe, lui demanda : « Qu'est-ce qui est arrivé ? »

Heureux et trempé de sueur, le jeune vainqueur répondit : « Vous n'avez jamais connu mon père, n'est-ce pas ? Eh bien, il était aveugle, et aujourd'hui, c'était la première fois qu'il me voyait jouer. »*

Vous pouvez vous tirer avec joie d'un mauvais pas si vous avez des proches qui croient en vous. En vérité, nous avons tous de ces proches. Nous avons tous des amis. Nous avons tous quelqu'un, quelque part, qui se soucie de nous et qui croit que nous pouvons faire un retour.

Si le découragement vous assaille sans crier gare, vous aurez besoin de valeurs pour vous aider à continuer

Vous pouvez vous relever d'une défaite dans la joie si vous empêchez le reste de vos valeurs de subir les conséquences de ce qui vous arrive. Quand vous passez d'une étape à l'autre dans la vie, quand vous laissez quelque chose derrière pour toujours, ne laissez pas aussi les idéaux, les valeurs, la morale et la déontologie.

Vous pouvez vous retrouver seul à la suite d'un décès ou d'un divorce. Cela ne vous donne pas la liberté d'abandonner

---

* Robert Schuller, *Power Ideas for a Happy Family* (Old Tappan, New Jersey: Revell, 1971) pp. 77-78.

votre morale et vos idéaux. Peut-être vous a-t-on refusé une promotion, ou peut-être même vous cherchez-vous un emploi. Cela ne vous libère pas des principes moraux qui ont toujours été vôtres.

Votre vie doit sans cesse être axée sur des valeurs éternelles et spirituelles. Ce sont les rayons de la roue des valeurs spirituelles, dont vous ne devez jamais vous détacher.

Je me souviens de la fois où Sheila, ma fille, a donné une audition pour participer à la comédie musicale de son école de niveau collégial. Sheila avait déjà fait beaucoup de travail en ce sens, alors nous l'avons encouragée à auditionner pour le premier rôle. Elle a même été contactée par le professeur de théâtre qui lui a demandé si elle désirait auditionner. Elle lui a dit : « Sheila, j'ai un rôle parfait pour toi. Emporte un scénario à la maison et lis-le au cours de la fin de semaine, tu me diras ce que tu en penses. »

Naturellement, Sheila était emballée et flattée de voir que son professeur l'avait choisie. Elle rentra vite à la maison avec le scénario. Aussitôt entrée, elle se retira dans sa chambre, rêvant de célébrité.

Le rôle que lui réservait son professeur, le premier rôle comique, semblait merveilleux à prime abord : le personnage était charmant, brillant et vivant. Mais Sheila en arriva à une scène qui la troublait profondément. Son personnage devait faire la rencontre d'un bel étranger, l'emmener à la maison et, dans le cadre d'une scène légère et drôle, le séduire. Cette scène était tout à fait contraire aux valeurs de Sheila.

Sheila ne se sentait pas à l'aise dans ce rôle parce que tout le monde à l'école connaissait ses valeurs, et elle savait que le rôle compromettrait ses convictions. Ainsi qu'elle me le confia par la suite, elle mit le scénario de côté, inclina la tête et pria. « Seigneur, je veux réussir... pour vous ! Je veux irradier votre amour. Je veux être ce que vous voulez que je sois. Aidez-moi, et montrez-moi comment y arriver. »

Sheila nous fit part de son dilemme et expliqua qu'elle ne passerait pas l'audition pour le rôle. Elle avait plutôt décidé d'auditionner pour le premier rôle.

Elle remplit sa carte d'audition et y indiqua le rôle qu'elle convoitait. Elle omit soigneusement de mentionner le premier rôle comique. Cependant, quand son professeure l'appela, elle lui demanda de lire ce premier rôle comique. Elle avait déjà pris sa décision. Sheila se sentit blessée et fâchée. En présence de 50 autres étudiants et de plusieurs professeurs, elle dit, aussi calmement que possible : « Je refuse d'auditionner pour ce rôle ».

— « Pourquoi ? » lui demanda son professeure. « C'est un excellent rôle ! »

— Il ne me convient pas. En tant que chrétienne, je ne crois pas que ce rôle soit approprié.

— Sheila, je t'ai demandé de lire le rôle. « Vas-tu le lire ou non ? »

Elle savait que la seule façon de convaincre son professeur que le rôle ne lui convenait pas était de lire. Alors elle se mit à lire, aussi lentement et avec autant de monotonie qu'elle pouvait. Son professeur connaissait ses talents de comédienne, et elle n'était pas dupe de la stratégie de Sheila. Les autres professeurs, témoins de la piètre performance de Sheila, le professeure allait être forcée de confier le rôle à une autre étudiante.

Sheila remit le scénario à son professeure médusée. Puis elle quitta l'auditorium la tête bien haute. Aussitôt sortie de la pièce cependant, elle ressentit une immense déception. Elle courut au stationnement où je l'attendais. Elle ouvrit brusquement la portière de l'auto et me dit en pleurant : « Oh papa, je n'ai pas eu le premier rôle. Elle n'a jamais eu l'intention de me le laisser lire. Elle était déterminée à me confier le premier rôle comique. »

Puis elle me raconta toute la scène. Elle versa des larmes amères et me demanda : « Pourquoi m'a-t-elle fait cela devant tous ces étudiants ? »

Je pris ma fille chérie dans mes bras et je lui dis : « Sheila, Dieu a permis que cela arrive pour que tu affirmes ta foi. Je suis si fier de toi. Dieu t'a choisie pour jouer un rôle exceptionnel aujourd'hui ! Il t'a choisie parmi tous ces étudiants pour affirmer avec amour que Dieu est le Seigneur de ta vie. »

Ensuite je la regardai carrément dans les yeux et je poursuivis en disant : « Cet après-midi, tu as fait un malheur ! Tu as eu des critiques très flatteuses de Dieu et de moi ! »

Imaginez ma fierté quand, peu de temps après, Sheila fut choisie pour chanter « Ô sainte nuit » à l'occasion du spectacle de Noël.

Sheila a été capable de sortir la tête haute de la comédie musicale. Elle a fait partie du chœur et a gracieusement soutenu la production, même si elle n'y tenait pas un rôle de premier plan. Puis elle a été capable de revenir en beauté en chantant « Ô sainte nuit ».

Faites une entrée remarquée !

Vous pouvez faire un retour en beauté, une entrée remarquée si vous tournez votre regard vers l'avenir, si vous pouvez vous rappeler que l'échec n'est pas la fin ! Et que le succès n'a pas de fin !

J'ai la possibilité de rencontrer toutes sortes de personnes. La plupart sont ordinaires comme vous et moi, mais certaines aussi sont des célébrités.

J'ai eu le très grand privilège de rencontrer Sammy Davis Jr et de lui parler en tête-à-tête. J'ai eu la chance de lui poser des questions sur lui-même et son attitude concernant sa vie, ses rêves et ses succès. Les difficultés de Sammy sont connues de tous et ont fait l'objet de nombreux articles de journaux. Son cheminement vers le succès n'a pas toujours été facile.

Quand il a fait ses débuts, il a été confronté à des critiques et a dû surmonter beaucoup d'obstacles. Il disait : « Parfois nous empruntons cette voie et notre motivation provient de bonnes pensées, mais nous accomplissons un pas de trop à cause de notre impatience d'arriver à destination. Le démon du succès vous tenaille, maintenant que vous en avez eu un avant-goût, et il vous dit constamment : « Tu peux avoir plus, tu peux avoir plus, tu peux avoir plus. » Et vous en voulez plus, parce que c'est la nature de votre métier. Plus vous croissez, mieux vous êtes. Vous vous posez des questions du genre : « Pourquoi est-ce que je ne gagne pas plus d'argent ? Pourquoi est-ce que je n'ai pas ceci ou cela ? »

« Alors j'ai commencé à me dire que je n'avais pas plus de succès parce que j'étais noir. J'avais partiellement raison. Mais j'avais tort aussi.

« Je ne sais absolument pas d'où m'est venu ce besoin d'en avoir toujours plus, mais je sais maintenant que quand je monte sur scène ces démons ne me harcèlent plus. Je peux établir avec mon auditoire un rapport qui n'a rien à voir avec la race ou la couleur, car je ne fonde pas mon rapport là-dessus. Il s'agit simplement d'un échange entre personnes. Vous savez, il y a longtemps, lorsque je regardais un spectacle télévisé et que la caméra nous montrait l'auditoire, je comptais les Noirs qui étaient présents. Maintenant je ne vois que des gens. »

Je demandai à Sammy : « Où preniez-vous votre inspiration à vos débuts ? Aviez-vous des idoles qui vous servaient de modèles ? »

« Eh bien, si vous m'écoutez chanter « Mr. Bo-jangles » vous aurez un indice à cet égard, parce que je connaissais un chanteur noir de ce genre. Il chantait dans la rue avec des manchettes et un col usés, mais sa tenue était toujours immaculée et son chapeau en bon état malgré l'usure de ses vêtements. Mais c'était un de ces hommes qui ont vécu des déceptions et des chagrins. De ces hommes qui n'ont jamais réussi, mais qui ont inspiré des jeunes gens comme moi. »

« Alors vous avez défoncé les barrières ; vous alliez très bien lorsque, en 1954, vous avez eu votre accident », lui dis-je.

« Oui, l'accident aurait dû me tuer. Il ne m'a coûté qu'un œil. Étrangement, le traumatisme ne m'a frappé que deux ans plus tard. Je portais un bandeau depuis un an environ quand Humphrey Bogart me dit : « Enlève ce bandeau. Veux-tu que nous nous souvenions de toi comme l'un des meilleurs artistes de la scène, ou comme l'homme au bandeau ? »

« Alors je l'ai enlevé. Cette année-là j'ai tourné trois films avec l'œil artificiel. Et je remercie le Seigneur d'avoir fait de moi son instrument. Des gens m'ont confié qu'ils avaient perdu un œil à la suite d'un accident, mais que cela ne les a pas découragés. Ils m'ont dit avoir été inspiré par ma réaction à moi. Je l'entends encore aujourd'hui, et je me sens très bien. »

Sammy Davis Jr sait ce que nous ressentons quand nous ne nous sentons plus dans le coup. À la suite de son accident il a été forcé de se retirer, ce qu'il a fait de bonne grâce. Il a conservé son sens de l'humour. Les blagues lui ont permis de continuer. Il a accepté les encouragements d'amis comme Frank Sinatra, qui l'ont aidé. Et de d'autres personnes : ses admirateurs. Il ne les a pas négligés. Il s'est servi de leur appui. Ainsi il a été en mesure d'effectuer un retour en beauté. Sammy a appris à transformer son travail pour en faire une inspiration.

Il nous arrivera tous, à un moment où un autre, de ne plus être dans le coup, d'être abandonnés, ballotés par le vent. Mais nous pouvons le vivre dans la joie si nous nous rappelons ceci : « Toute fin est un nouveau commencement ! »

Donc le succès n'a jamais de limites ! Ce qui ressemble à un échec n'est qu'une illusion. En fait, l'échec n'est qu'une phase de transition dans le processus du succès.

Votre passé fait encore partie de vous ! Vos succès passés continuent à porter plus de fruits que vous ne le saurez jamais. Voilà plusieurs années un individu spécial est venu me consulter. Cela a marqué le début d'une chaleureuse amitié. Après quelques années, les communications prirent abruptement fin, et pas par ma faute ! Je n'étais plus dans le coup. Je sentais que j'avais déjà réussi, mais que j'avais finalement échoué.

« Vous vous trompez », m'a dit un sage associé. « Vous l'avez conseillé pendant une certaine phase de sa vie. Vous l'avez aidé à la traverser. Maintenant il chemine seul et il est plus fort spirituellement. Vous n'avez pas cessé de réussir simplement parce qu'il n'a plus besoin de vous ! En fait votre succès continue en lui, car il continue sans vous ! »

Oui, un simple succès a une façon de continuer à aider ceux qui en aident d'autres ! Le succès n'a jamais de limites !

Deuxième étape : renouvellement et rétablissement

Maintenant que la plaie est asséchée et que les tissus ont commencé à se reformer, le rétablissement est commencé et vous savez que vous avez encore beaucoup à donner.

« Voilà peu de temps je n'ai plus eu l'énergie d'être capable, occupée, cohérente et confiante en mes moyens », écrivait la chroniqueuse Beclee Newcomer Wilson à la suite de sa profonde dépression.

Sa bataille a été difficile. Réelle. Compréhensible. Naturelle. Longue. Trop longue. Des plats d'œufs brouillés m'étaient apportés sur la pointe des pieds et servis au lit. La rôtie était tartinée de vrai beurre. Je n'avais pas à me poser de questions ; les enfants étaient là, tout simplement. Ils me donnaient un véritable réconfort afin de me fortifier, de me revigorer, de m'encourager », écrivait Wilson.

« Quand ma dépression se prolongea trop à leur goût, ils me le dirent à leur façon. Chaque plat s'accompagnait d'une rose. « Mère, me dit Beth Anne un après-midi, tu dois guérir. Il n'y a plus de roses dans le jardin. »

« C'était à moi de réagir. Je devais trouver la force, la volonté de guérir. »

Recommencez à rêver

Oui, pour vous rétablir vous devez préparer votre retour, trouver une nouvelle façon de vous donner !

Que diriez-vous de vous joindre à un club de gens qui axent leur pensée sur la possibilité ? Il en existe un dans notre localité. Il peut aussi s'agir d'un club de femmes, d'un club Rotary, d'une église locale, d'une classe d'études bibliques.

Si vous vous remettez d'un échec, d'une faillite, d'un échec financier personnel ou professionnel, réfléchissez aux gens qui axent leur pensée sur la possibilité. *Comment tiennent-ils le coup ?* Pourquoi ne sont-ils pas découragés ? Prenez la décision de vous joindre à eux. Apprenez les trucs du métier.

Ceux qui axent leur pensée sur la possibilité sont des gens qui s'emballent !

Les gens qui axent leur pensée sur la possibilité saisissent instinctivement les idées qui auront beaucoup d'impact. Je n'ai jamais caressé un projet qui ne m'emballait pas au départ. Intuitivement, le subconscient a une réaction freudienne et juge l'idée fantastique ! Exceptionnelle ! Incroyable ! Formidable ! Merveilleusement possible !

Les idées qui ne suscitent pas un tel emballement au départ ne susciteront peut-être pas suffisamment d'énergie pour que nous puissions les réaliser. Nous devons sentir que le monde ne peut s'en passer. Le premier prix va à l'idée ou à la personne qui est animée par la PASSION.

Les gens créateurs ont la capacité de générer des idées emballantes. Ceux qui axent leur pensée sur la possibilité ont développé et déployé régulièrement des trucs inventifs liés à la pensée. Permettez-moi de vous montrer comment créer des idées emballantes !

Pensez « mieux »

Question : Comment pouvons-nous faire du meilleur travail que tout le monde ? Comment pouvons-nous améliorer ce que nous faisons de mieux ? Quelqu'un brisera notre record ; faisons en sorte que ce soit nous-mêmes ! Ce qu'hier nous avons bien fait, demain nous le ferons mieux ! Comment pouvons-nous être plus sages et avisés afin de nous dépasser ? Vous êtes en voie d'acquérir la capacité de vous emballer.

Pensez « plus positif »

Celui qui axe sa pensée sur la possibilité verra le beau côté des choses. « Voyez les choses ainsi », dit l'optimiste, abordant le sujet d'un angle que personne n'a encore considéré.

Je connais une femme qui a été transformée quand elle a appris à voir le côté positif des choses. Elle avait marié un commis voyageur, ce qui l'avait arrachée à son milieu social dans une grande ville de l'est. L'homme avait été affecté à un poste situé dans le désert de la Californie. Son travail et son petit salaire ne leur permettaient pas de voyager. Le personnel militaire ennuyait la femme. Les habitants de la localité ? Selon elle « des paysans et des Indiens. » Profondément déprimée, elle écrivit à sa mère pour lui dire qu'elle ne pouvait plus le supporter. Elle quittait son mari. Elle rentrait. Elle allait retourner à l'université.

Sa mère lui répondit : « Deux personnes vivent dans la même prison. L'une voit des barreaux, l'autre des étoiles. Ne pars pas, ma chérie. Épanouis-toi là où tu es. »

Elle pleura. Cette nuit-là elle se promena et vit les étoiles comme elle ne les avait jamais vues à Philadelphie ! Elle se rendit à la bibliothèque et y trouva un livre sur les étoiles. Un nouvel intérêt était né ! Elle s'arrêta pour parler d'histoire et de culture avec une Indienne de la localité. Non seulement la femme lui enseigna-t-elle l'artisanat autochtone, mais elle l'adopta tout à fait ! Elle était à nouveau « dans le coup ! »

Quelqu'un me demandait : « Que faites-vous lorsque quelqu'un ne peut plus rien espérer ? »

Je répondis à mon ami : « Eh bien, nous pouvons au moins leur donner de l'espoir. S'ils ont de l'espoir, cette douce petite flamme se creusera un petit tunnel, et ce tunnel leur permettra de s'échapper vers la liberté. »

Voyez le beau côté des choses, et vous aussi serez emballé.

Pensez « construire »

Intuitivement, ceux qui axent leur pensée sur la possibilité demandent : « Cela sera-t-il constructif ? Pourrai-je construire quelque chose ? Une structure ? Une entreprise ? Un caractère ? Un esprit communautaire ? Une institution ? Un avenir ? Une bonne et honorable réputation ? Cela sera-t-il générateur de bonne volonté ? Cela favorisera-t-il la perpétuité ou la longévité ? Cela améliorera-t-il les relations raciales et religieuses ? Si vous obtenez des réponses positives, l'idée est dotée d'un potentiel emballant.

Pensez « beauté »

L'idée a-t-elle du « piquant » ? La beauté est aussi pratique ! En fait, il est difficile de vendre quelque chose qui ne plaît pas visuellement ! Votre foi, votre religion, votre philosophie, votre psychologie produiront-elles de « belles personnes ? » C'est le cas des miennes, et c'est pourquoi je suis si ardemment convaincu.

N'oubliez pas : L'emballement génère la volonté !

Ceux qui axent leur pensée sur la possibilité pensent « maintenant »

Quand une occasion, une invitation ou une idée emballante survient, les gens qui axent leur pensée sur la possibilité s'en saisissent !

L'oiseau matinal trouve le ver. » Ils savent cela ! Ce sont des gens qui agissent sans attendre. Ils prennent le téléphone. Ils donnent des rendez-vous. « Quand pouvez-vous venir ? » Ils se réorganisent pour trouver le temps nécessaire. Demain sera trop tard ! C'est maintenant qu'il faut saisir l'occasion.

Aujourd'hui ! Cessez de pleurer. Commencez à penser possibilités. Amorcez dès aujourd'hui votre retour. Le téléphone ne décidera pas de sonner pour vous ; les lettres ne vous tomberont pas du ciel. Vous devez vous lever, sortir, et vous mettre à l'œuvre !

Votre pire ennemi est la procrastination. Votre plus grand obstacle est l'inertie. Votre plus dangereuse tentation est de tout remettre à plus tard. Le plus difficile est de commencer. Se libérer et commencer : voilà le plus difficile. Vous risquez de perdre votre avantage en remettant la chose à plus tard. Rayez l'expression « un de ces jours. » Agissez dès aujourd'hui !

Vous allez prendre un tout nouveau départ ; n'est-ce pas merveilleux ?

Ceux qui axent leur pensée
sur la possibilité pensent « comment »

Si l'idée est emballante, les questions des gens qui axent leur pensée sur la possibilité ne commencent pas par « si », mais par « comment ». Voici comment fonctionne leur pensée :

Comment pouvons-nous en avoir les moyens ?

Comment pouvons-nous réduire les dépenses courantes ?

Comment pouvons-nous diminuer les coûts et tirer profit de cette occasion inattendue ?

Comment pouvons-nous accéder à ce secteur ?

Comment pouvons-nous reprendre notre place sur le marché ?

Comment pouvons-nous faire une percée pour découvrir un remède ?

Ceux qui axent leur pensée
sur la possibilité supportent les difficultés

« On ne gagne rien sans efforts. » Les gens qui axent leur pensée sur la possibilité n'oublient pas cela. Ils s'attendent à des difficultés.

Tout ce qui est valable a un prix. » Ils le savent.

Ils prévoient de l'angoisse, mais « transforment leurs difficultés en éléments positifs. »

Les gens qui axent leur pensée sur la possibilité ne sont pas des romantiques ridicules. Ils ne sont pas puérils. Ils sont créateurs et réalistes !

Les gens qui axent leur pensée sur la possibilité sont des gens qui gravissent des montagnes. Pas de place pour les plaignards parmi eux.

Recherchées : Personnes pouvant tolérer les tensions et la douleur. *Récompense :* Emballement. Fierté. Satisfaction à la fin de la vie ! Candidatures maintenant acceptées !

Ceux qui axent leur pensée sur la possibilité pensent « engagement »

Les gens qui axent leur pensée sur la possibilité et qui réussissent ne craignent pas l'engagement. Cependant, ils ne font rien à l'aveuglette. Ils ont posé les bonnes questions. Ils n'ont pas négligé la recherche. Ils ont fait ou fait faire des études pour évaluer les possibilités. Ils sont suffisamment humbles pour reculer avant de plonger quand des gens raisonnables et responsables leur indiquent des pièges qu'ils n'avaient pas prévus. Mais ils sont calmes et prêts à s'engager. Ils savent que les rêves ne se réalisent jamais si nous nous bornons à rêver. Une possibilité doit passer de la phase de nidification à la phase des tests, puis à la phase de l'investissement, et enfin à la phase de la réalisation.

Lorsque Dieu dit : « Allez ! », le rêveur fait le grand saut. Il n'a aucune retenue. Il donne à son rêve tout ce qu'il possède …et même plus ! Son engagement est total ! C'est un minimum !

- C'est un engagement à un commencement
  — un départ !

- C'est un engagement à continuer
  — une continuation !

- C'est un engagement à se concentrer
  — une concentration de toutes ses énergies !

- C'est un engagement à terminer
  — finir ce qui est commencé avec excellence !

L'histoire d'amour prudente, silencieuse, privée et secrète de celui qui axe sa pensée sur la possibilité avec son projet emballant sort de l'obscurité et est étalée publiquement ! Il épouse son rêve ! Ce n'est que quand il prononce ses vœux en présence de témoins que des gens le prennent au sérieux et lui accordent leur appui.

D'incroyables percées se produisent quand le rêveur s'engage et fait le grand saut. Les gens se mettent à parler :

« Il fonce ! »

« Il réussira peut-être ! »

« Après tout, ce n'est pas un imbécile ! »

« Je parie qu'il va réussir ! »

« Je parie qu'il sait quelque chose que nous ne savons pas ! »

Voilà un exemple des potins qui circulent. Est-il étonnant que les rêveurs attirent l'attention des gens intelligents et ceux qui réussissent ? Ne soyez pas surpris si vous apprenez que des gens influents se lient avec eux ! Le pouvoir de l'engagement est à l'œuvre !

Ceux qui axent leur pensée sur la possibilité font face aux obstacles.

Ils s'attaquent à leurs problèmes. Ainsi que Jackie Gleason avait l'habitude de le dire : « Bang ! En pleine gueule ! » Les gens qui axent leur pensée sur la possibilité deviennent des vainqueurs, des champions.

Vous êtes fier si vous le connaissez. Vous serez humble quand vous deviendrez l'un d'eux ! Humble ? Oui. Pas fier ? Oh bien sûr ! Parce que l'humilité ne s'oppose pas à la fierté. Vous êtes simplement conscient que vous devez beaucoup à votre entourage et au Seigneur pour le succès qui vous rend si fier aujourd'hui !

Alors... revenez à la maison ! Recommencez !

Que faites-vous quand vous n'êtes plus dans le coup ? Vous recommencez à vivre !

Où allez-vous quand vous n'êtes plus dans le coup. Là où vous voulez !

Une Française qui axait sa pensée sur la possibilité vivait dans une petite maison dans le bayou louisianais. Elle adorait cela. Cependant, elle était entourée de voisines négatives qui se plaignaient d'avoir à vivre « dans la désolation et l'isolement de l'arrière-pays. »

Un jour cette femme décida qu'elle en avait assez. Elle cloua le bec aux colons français désillusionnés en leur disant : « Vous vivez dans le bayou. Le bayou est relié à la rivière. La rivière conduit au fleuve. Le fleuve conduit au golfe. Le golfe conduit à l'océan. Et l'océan touche la rive de tous les pays du monde. Vous possédez tous un bateau. Vous pouvez aller n'importe où à partir d'ici ! »

Passons à une question plus profonde : Lorsqu'on n'est plus dans le coup, quand doit-on réagir ?

Commencez à pratiquer la pensée axée sur la possibilité comme les athlètes qui pratiquent leurs exercices chaque jour, comme le musicien qui pratique sa musique de longues heures, comme l'actrice qui répète son rôle.

J'ai été très impressionné le jour où Milton Berle a été invité à mon émission de télévision. « Faites rire les gens, Milton », lui ai-je dit. « Dieu se servira de vous et de votre humour pour soulager les âmes victimes de stress et de chagrin ! »

Eh bien il m'a pris au sérieux et il s'est penché en avant dans son fauteuil, jusqu'à ce que son regard soit à un mètre à peine du mien. Il joignit les mains comme pour prier. Ses yeux pétillaient de plaisir. Il me dit : « D'accord, révérend Bob, voici comment nous pouvons procéder. »

Il se mit à m'expliquer, de manière détaillée, ce qu'il allait dire et comment je devais réagir. Il me confia ce qu'il allait dire et me suggéra des répliques drôles. C'était merveilleux. Je n'avais jamais rencontré un professionnel si bien préparé, si merveilleusement méticuleux ! Il prenait cette courte interview avec moi et mon auditoire aussi au sérieux que si nous avions dû la présenter devant la famille royale.

Nous devons, avec autant de ferveur et de passion, exercer et planifier notre mode de pensée. Pensez à commencer. Ne laissez pas la procrastination tuer vos possibilités. Allez-y ! Maintenant !

Vous voulez attendre de ne plus avoir mal ?

Vous voulez attendre d'avoir les réponses à toutes les questions ?

Vous voulez attendre d'être certain de ne pas vous faire de mal à nouveau et de ne pas échouer comme par le passé ?

Vous commencerez quand vous serez certain de ne pas échouer ?

Vous ne ferez le premier pas que lorsque vous serez certain de pouvoir vous rendre à destination ?

Vous poserez le premier geste lorsque l'inspiration vous viendra ?

Voyons ! Soyez sérieux ! Vous avez assez porté le deuil ! Vous vous êtes assez plaint !

Comment croyez-vous que j'ai pu écrire ce livre ? Avais-je tout le contenu en tête ? Non. J'ai signé un contrat et je devais livrer un livre, même si je n'avais que des ébauches d'idées ! L'éditeur savait ce qu'il devait faire pour me décider. « Faire signer un contrat à Schuller et prévoir une échéance pour le forcer à respecter son engagement ! »

Alors qu'approchait l'échéance, je me réservai cinq semaines pour rassembler mes notes, mes idées, mes pensées et mes impressions inédites, et *je me mis au travail*. Ai-je attendu une inspiration mystérieuse, mystique ou romantique ? Non.

Chaque jour, dans mon cabinet de travail, je me mettais à la tâche et quand rien ne me venait à l'esprit, vous savez ce que je faisais ? Je prenais une nouvelle feuille vierge et un stylo, et je me mettais simplement à écrire ! C'est fantastique ce que ça a marché !

Le travail s'est fait pour une seule raison : je me suis forcé à commencer ! La moitié du travail consiste à commencer !

Vous amorcerez votre retour lorsque vous recommencerez à rêver. Vous avez encore tellement à offrir !

Pourquoi abandonner alors que tout va s'améliorer ?

Huitième chapitre

Toute fin est un nouveau commencement!

Un jour un vent violent et inattendu s'en prit sans invitation à un nid tranquille où vivaient une famille de graines innocentes. La brise s'empara de l'une des graines sans défense et la transporta pendant un certain temps, jusqu'à ce que, fatiguée et ennuyée par toute l'aventure, elle la laisse tomber.

Ainsi la graine se retrouva en terre étrangère et en sol inconnu. Là, seule et perdue, elle roula sur un trottoir de béton jusqu'à ce que sa course soit interrompue par une fissure. Un talon innocent et brutal l'enfonça alors dans la fissure. Elle était prisonnière. Isolée. Séparée de sa famille. Seule. Comme une orpheline prisonnière d'une sombre fissure. Sans recours. Sans espoir.

Puis la chose se produisit. Profondément au cœur de cette graine se manifesta une force de vie étrange, mystique et miraculeuse qui s'insurgea contre la mort, le béton et le monde! Un cri monta du cœur de la graine captive: «Je vais vivre! Je ne mourrai pas!»

Quand la première petite goutte de rosée matinale s'insinua dans la fissure du béton, la petite graine s'en saisit et l'absorba. De petits grains de poussière, balayés par un vent doux, s'introduisirent dans la fissure et recouvrirent la graine qui luttait et qui s'écria de nouveau : « Je vais prendre racine et croître ! »

Doucement, silencieusement, lui poussèrent de minuscules racines qui trouvèrent à s'alimenter dans cet étrange environnement. Là, dans de petits replis, les tendres racines trouvèrent encore plus d'humidité, plus de nourriture et la graine, remplie de détermination, s'épanouit, animée d'une vie nouvelle. Et par une matinée radieuse, une petite plante surgit de la fissure de mon trottoir, pour sourire au soleil, rire à la pluie, saluer le vent et déclarer : « Monde, me voici ! J'ai réussi en dépit des probabilités ! Et vous le pouvez aussi ! »

Si cette petite graine a réussi, ne croyez-vous pas que vous le pouvez aussi ? Comme cette graine, vous vous êtes peut-être retrouvé en terrain hostile. Avez-vous l'impression d'être arrivé au bout du chemin ? Peut-être êtes-vous profondément déprimé et avez-vous perdu tout espoir ? Vous avez essayé de nombreuses fois, et vous avez accumulé les échecs. Votre vie vous semble finie. Vos rêves se sont envolés. Vous voyez votre avenir comme un ennemi terrible plutôt que comme un ami potentiel.

Voici une bonne nouvelle :

TOUTE FIN EST UN NOUVEAU COMMENCEMENT !

Ce qui vous semble une fin peut n'être qu'une période d'obscurité précédant la naissance d'un nouveau rêve, d'un nouveau défi, d'une nouvelle occasion de réussite, de nouveaux lendemains. Vous avez en vous le pouvoir de transformer votre situation. Vous pouvez traverser cette phase pour en aborder une nouvelle. Comme la graine qui a surgi du béton pour affronter le monde, vous pouvez entreprendre une vie nouvelle et merveilleuse !

Recommencer : ce peut être agréable et c'est possible !

Rien ne semble plus décourageant et terrifiant que de recommencer. Tout ce travail que nous avons effectué en pure perte ! Quel gaspillage ! Quelle perte de temps, d'énergie et même d'argent !

Vrai ?

Faux !

La construction du canal de Panama sera toujours une inspiration pour ceux d'entre nous qui ont des défis à relever. Si ce n'était du leadership du major général George Gœthals et de sa volonté de recommencer, nous aurions peut-être abandonné le projet du canal et échoué lamentablement ! Voyez par exemple l'incident suivant :

L'une des sections du canal s'avéra extrêmement difficile à creuser. Il fallut des mois de travail ardu pour construire cette section, qui s'affaissa. Imaginez votre découragement dans de telles circonstances. Ce serait suffisant pour vous faire abandonner, plier bagages et rentrer chez vous !

Le général et son aide constatèrent les dommages, et ce dernier adopta un air incrédule. « Qu'allons-nous faire maintenant, général ? » demanda-t-il.

« *Recommencer à creuser !* » répondit-il.

Ils recommencèrent. Et aujourd'hui le monde bénéficie de ce merveilleux canal.

Ce n'est peut-être pas facile de recommencer. En fait, ce peut être la période la plus difficile de votre vie. Mais ne croyez jamais que vos efforts ont été vains ou accomplis en pure perte ! Vous pouvez tirer des leçons de votre expérience, et rien n'est plus précieux que l'éducation !

Dans les Écritures on apprend qu'un après-midi, alors que Jésus parlait sur la rive du lac Gennésareth, de grandes foules se rassemblèrent pour entendre son message. Il remarqua que Pierre et un autre pêcheur jetaient leurs filets non loin de là. Montant dans une barque vide, Jésus demanda à Pierre de le pousser au large afin qu'il puisse s'adresser à la foule. Lorsqu'il eut fini de parler, Jésus se tourna vers Pierre et dit : « Avance en eau profonde, et lâchez vos filets pour la pêche. »

Pierre répondit : « Maître, nous avons peiné toute une nuit sans rien prendre » (Luc 5, 5).

Pour Pierre, un pêcheur des plus compétents, le fait de pêcher toute la nuit sans rien prendre était un peu comme ne pas pouvoir atteindre une note aiguë pour Beverly Sills. Comme ne pas pouvoir jouer la normale pour Arnold Palmer. C'est comme si Norman Vincent Peale, cet être extrêmement positif, disait : « Je ne peux pas ! Ça ne marchera pas ! »

Pierre avait peiné toute la nuit sans aucun résultat, et Jésus lui conseillait de recommencer ?

Quand vous avez peiné en vain toute la nuit, que faites-vous ? Vous faites appel à la pensée axée sur la possibilité. *N'abandonnez jamais ; jetez vos filets ailleurs.*

Quand Pierre entendit Jésus, il n'en crut pas ses oreilles. « Avance en eau profonde, et lâchez vos filets pour la pêche. » Pierre était sans doute fatigué, et le conseil de Jésus lui semblait vain, mais il fit ce qu'on lui demandait. Soudain, il sentit le poids du poisson dans ses filets. Il y en avait tellement que les filets commencèrent à se rompre alors qu'on luttait pour les sortir de l'eau.

Quand nous sommes forcés de tout recommencer, il est tentant de devenir cynique. Peut-être désirez-vous abandonner vos études car vous avez l'impression qu'elles ne vous mènent nulle part. Peut-être voulez-vous abandonner l'écriture car les éditeurs refusent tous vos manuscrits. Peut-être voulez-vous mettre fin à certaines relations car les gens vous manifestent de l'indifférence. Peut-être avez-vous essayé de trouver de l'assurance et de la joie dans la religion, mais que cela a été vain.

Mon ami, si la vie vous semble cynique et futile, je veux vous montrer comment, en axant votre pensée sur la possibilité, vous pourrez trouver l'amour et la joie ! Voici comment éprouver une plus grande satisfaction dans la vie : Premièrement, méfiez-vous de votre pire ennemi : vous-même. Deuxièmement, suivez les conseils des gens positifs. Troisièmement, jetez à nouveau vos filets. Essayez et persistez, jusqu'à ce que vous réussissiez.

Il y a d'autres poissons dans la mer !

Gardez-vous de l'attitude négative qui vous porte à dire : « Je ne trouverai jamais l'amour, le bonheur ou le succès dans la vie. » Comme Pierre, vous pouvez être tenté de dire : « Le lac est désert. Il est impossible de croire qu'il y a encore du poisson. »

La vérité est que la mer foisonne de poissons et qu'il y a encore un avenir pour vous. Nul ne peut dire à coup sûr combien de poissons il peut attraper ou quel sera son avenir, mais chaque jour qui passe est une invitation nouvelle à de merveilleuses possibilités !

Si vous avez perdu un être cher, rappelez-vous ceci : d'innombrables personnes en ce monde vivent la même situation que vous. Comme vous, ils sont seuls et cherchent de la compagnie. Le meilleur remède contre la solitude consiste à rechercher la compagnie de gens qui souffrent plus de la solitude que soi.

Si vous avez perdu un emploi, rappelez-vous ceci : il existe d'autres emplois, peut-être meilleurs que celui que vous avez perdu !

Dans le numéro du 23 mars 1987 de *U.S. News and World Report*, le titre de la couverture disait : « Vous êtes congédié ! Un guide de survie pour ceux qui doivent repartir de zéro. » Dans l'article, nous pouvions lire : « Au cours des cinq dernières années, les corporations américaines ont éliminé les emplois de près de 500 000 cadres moyens et supérieurs totalisant trois ans d'expérience ou plus. D'ici l'an 1990, nous estimons que 400 000 autres postes seront éliminés. »

À première vue, les statistiques sont terrifiantes et menaçantes. Cependant, les auteurs de l'article poursuivent en disant : « Pourtant, dans bien des cas, le chagrin fait place à une situation heureuse. Les statistiques manquent à cet égard, mais les données que nous possédons indiquent que plusieurs cadres congédiés trouvent des emplois encore plus rémunérateurs. Ils ont aussi un travail plus satisfaisant, occupent des postes dans des entreprises plus modestes, mais jouent un rôle plus important pour la prise de décisions. Et après avoir recommencé de zéro, ils semblent avoir plus de facilité à concilier leur vie professionnelle et leur vie familiale. »

En fait, au moins 70 % des professionnels congédiés peuvent trouver de nouveaux emplois ! Voilà une bonne nouvelle ! C'est très encourageant ! Les autres 30 % ? Les données démontrent que plusieurs ont refusé des emplois moins importants, qui les auraient peut-être menés à quelque chose de plus important et de plus intéressant !

Alors n'abandonnez pas ; jetez à nouveau vos filets !

Jetez une ligne. Vous ne pourrez attraper de poisson si vous n'utilisez pas d'appât.

En 1948, un ingénieur, Theodore Elliot a résolu un problème auquel le commerce était confronté depuis des décennies. Depuis des années les agriculteurs et les gens d'affaires souhaitaient qu'un chemin de fer relie New York au Canada. Mais pour construire un tel chemin de fer, il allait falloir construire un pont sur la rivière Niagara. Les techniques traditionnelles de construction des ponts étaient insuffisantes. Mais monsieur Elliot a conçu une brillante solution : un pont suspendu. Il imagina d'ériger des piliers de 7,3 m × 24,6 m de hauteur de chaque côté des eaux extrêmement agitées de la rivière Niagara. À partir de ces piliers, il comptait suspendre un câble qui pourrait soutenir le pont.

Mais un problème se posa. Comment allait-il s'y prendre au début ? Il n'y avait aucun moyen de travailler à partir d'un bateau à cet endroit de la rivière. Il ne pouvait pas non plus travailler à partir des rives, constituées de falaises rocheuses. Et il savait qu'en commençant, la moitié du travail serait fait.

Alors il décida de démarrer en reliant les deux rives par un câble. « Un câble constitué de 36 brins de fil de fer #10 sera suffisamment gros et solide pour soutenir deux travailleurs. Ces travailleurs pourront se rendre d'un côté à l'autre et entreprendre la construction du pont », se dit-il.

« Mais comment pourrez-vous faire traverser un câble d'acier ? » lui demanda-t-on. « Vous ne pouvez le lancer de l'autre côté. C'est beaucoup trop lourd. »

Elliot hésita quelques instants, puis il eut une idée : « Pourquoi ne pas organiser un concours pour les enfants des environs, un concours de cerfs-volants ? Elliot annonça le concours et offrit un prix de 10 $ au premier petit garçon qui pourrait envoyer un cerf-volant de l'autre côté de la rivière et relier les deux rives de sa corde. Il y eut de nombreux participants qui se présentèrent, car 10 $ était une jolie somme pour un petit garçon à cette époque. Tous échouèrent, jusqu'à ce qu'un jour Homer Walsh, un petit garçon de 11 ans, mette à profit un bon vent du sud. Son cerf-volant s'envola et, plutôt que de tomber à l'eau comme les autres, il atterrit de l'autre côté. Son ami, qui attendait sur l'autre rive, y attacha la corde. Homer reçut le prix !

Le lendemain Elliot relia la corde du cerf-volant à une corde un peu plus grosse. Il relia les deux rives à l'aide de cette nouvelle corde, à laquelle il attacha une corde encore plus grosse, qu'il fit aussi traverser. Puis il y attacha son câble d'acier. En répétant le processus, il réussit à tendre son câble d'acier entre les deux rives, ce qui permit à deux travailleurs d'entreprendre la construction du pont suspendu.

Jetez vos filets ! Lancez une ligne ! Faites le premier pas ! Soyez disposé à commencer modestement ! C'est mieux que de rester assis à la maison à regarder la télévision. Vous devez simplement faire un premier pas positif !

Regardez ce qu'il vous reste ; ne regardez jamais ce que vous avez perdu !

Réjouissez-vous ! Vous avez encore ce qui importe le plus : (1) la liberté d'aller dans toutes les directions ; (2) la liberté de choisir comment vous réagirez à ce qui vient de vous arriver ; (3) la liberté de vous abandonner à l'amertume ou de vous améliorer personnellement ; (4) la liberté de faire une percée pour vous-même.

Il reste encore :

• D'innombrables possibilités !

• Des occasions fantastiques que vous avez abandonnées et sous-estimées !

• Des talents que vous avez négligés !

• Des atouts qui dorment en vous !

• Des portes ouvertes que vous pouvez franchir !

Quelle perspective fantastique ! Et vous avez en vous la liberté et le pouvoir de choisir la direction que votre vie doit prendre.

Vous pouvez espérer faire une percée !

Si vous êtes abattu, vaincu par une situation insurmontable, si vous êtes au bord de la panique, la chose la plus dangereuse que vous puissiez faire est de prendre une décision négative irréversible.

Continuez à croire, et vous trouverez une porte de sortie. Vous surmonterez les problèmes auxquels vous êtes présentement confronté. Vous vous relèverez des défaites qui vous ont empêché d'avancer. Vous en sortirez et vous direz : « *C'était pour le mieux !* »

La première question que vous vous poserez probablement est celle-ci : « *Quand le changement se produira-t-il ?* » Il pourrait se produire aujourd'hui, demain ou le jour suivant. Je ne le sais pas, et vous ne pouvez le savoir non plus. Dieu seul connaît la réponse à cette question.

Vous vous demandez peut-être aussi : « *Combien de temps pourrai-je tenir ?* » Beaucoup plus longtemps que vous ne le croyez !

Tous les psychiatres vous diront : « Nous voyons des patients mois après mois, année après année. Soudain, un beau matin, sans que nous soyons conscients d'avoir fait quelque chose de précis, la peau grise adopte une teinte rose ; une étincelle s'allume dans l'œil terne et somnolent ! C'est un moment extraordinaire, car l'espoir est extraordinaire ! Nous ne savons pas ce qui déclenche l'espoir ou de quel endroit il vient. Nous ne croyons pas qu'il vient de nous. Ce que nous savons, c'est ce qui se produit chez la personne ! Quand une personne trouve l'espoir, un renouvellement total se produit. »

Vous pouvez trouver un nouvel espoir quand vous vous rendez compte que le jour présent marque un COMMENCEMENT ! *Ce qui ressemble à une fin n'en est jamais une à moins que vous ne le décidiez.*

Dieu n'en a pas encore fini avec vous. Donnez-lui simplement une chance de vous aider. Un changement vous attend. Mais n'oubliez pas que tout dépend de vous ! Rien ne se produira à moins que vous ne franchissiez les limites que vous avez imposées à votre vie.

Aller au-delà des limites !

Nous nous imposons tous des limites qui nous empêchent d'avancer. Si nous n'avons pas réussi, ou notre succès est limité, cela est probablement dû à de fausses notions qui érigent des barrières invisibles sur notre route. Le casse-tête suivant illustre bien ce qui peut nous empêcher d'avancer. Le problème consiste à relier les neuf points à l'aide de quatre lignes droites, mais sans lever le crayon du papier.

Il semble impossible de relier tous les points à l'aide de quatre lignes droites. Mais comment rendre possible ce qui est impossible ? *Réponse :* Dépassez les limites. Quand nous dépassons les limites, l'impossible devient possible. En dépassant les limites, vous pouvez relier les neuf points à l'aide de quatre lignes droites. (Voir la solution quelques pages plus loin).

Vous vous imposez des limites que vous devez franchir. « Je ne peux trouver un seul emploi dans cette ville. » Mais pourquoi vous limiter à cette ville ? À cet État ? Rendez-vous là où abondent des emplois. « Je ne connais que la menuiserie, et aucun menuisier n'est embauché actuellement. » Pourquoi vous limiter à un métier ? Mettez à profit vos temps libres pour acquérir de nouvelles compétences ! Nul ne vous a dit que vous ne pouviez pas sortir du cadre du casse-tête pour le résoudre. *Il s'agit d'une limite que vous avez vous-même déterminée.* Et lorsque vous vous imposez de telles limites, le casse-tête devient insoluble. Vous pouvez vous débarrasser des limites imposées en pensant plus grand !

Éprouvez-vous des difficultés financières ? Vous vous êtes probablement imposé des limites au plan financier.

Je prenais récemment le déjeuner avec un membre de mon église. Un homme arriva, un porte-documents à la main ; un autre homme le suivait. Ils s'assirent à la table à côté de la mienne.

La personne qui accompagnait l'homme à la mallette dit à ce dernier : « J'aimerais vraiment avoir l'emploi. »

L'homme lui dit : « Combien voulez-vous gagner ? »

Le candidat à l'emploi répondit : « Je n'ai besoin que de 400 $ par semaine. » « Comme c'est triste », me dis-je. Triste, car il s'impose des limites. Il risque de ne jamais gagner plus.

Ne vous enfermez pas en refusant de repousser les limites que vous vous imposez.

Cela vous semble impossible actuellement ? Vous devrez sans doute fortifier votre foi. Avoir la foi, c'est sauter par-dessus la clôture ! C'est escalader les montagnes. C'est aller au-delà des frontières. C'est franchir les limites imposées par d'autres et par vous-même ! C'est entrevoir, au-delà de la fin, un recommencement et un merveilleux lendemain.

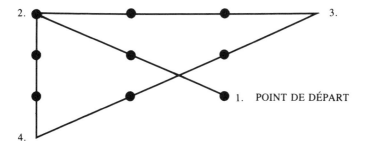

237

Ne jetez pas un voile sur votre avenir !

Hazel Wright était une philanthrope bien connue. Elle a fait des dons importants à beaucoup de nobles causes au cours de sa vie, y compris un don de 1 000 000 $ destiné à l'achat et à l'installation de l'orgue à tuyaux de la Cathédrale de Cristal. Aujourd'hui, il est considéré comme le meilleur orgue à tuyaux de toutes les églises du monde. Il porte son nom : L'orgue Hazel Wright.

Hazel a toujours aimé la musique et elle a toujours adoré danser. Un jour, à l'époque où elle était en bonne santé, elle m'a demandé si je voulais danser. J'ai été forcé de lui répondre : « Hazel, je n'ai jamais appris à danser. Je ne saurais pas, même si je le voulais. »

Plus tard Hazel est tombée gravement malade. Diagnostic : une tumeur maligne ! Son mal progressa et elle tomba dans un profond coma qui, selon ses médecins, allait la conduire à la mort. Les membres de notre église prièrent pour elle. Je priai pour elle. Je me tenais à côté de son lit et je lui parlais comme si elle pouvait me comprendre. Puis j'aperçus un petit sourire et je sus que mon message lui parvenait.

Puis la chose se produisit ! Ce fut fascinant ! Les médecins furent surpris ! Hazel sortit de son coma profond. On lui donna son congé et elle rentra chez elle, même si elle était très malade et que, du point de vue médical, ses chances de guérison étaient presque nulles.

Je lui rendis visite quelques jours avant sa mort. Elle était extrêmement fatiguée. Ses yeux ne brillaient plus. Je pris ses mains maigres et, les tenant au-dessus des draps, je la regardai et lui dis : « Hazel, je sais qu'il y a une chose que vous avez toujours voulu faire dans votre vie : danser avec le docteur Schuller. Hazel, dansons. »

Lui tenant les mains, je me mis à les balancer en fredonnant l'air de la chanson « Shall We Dance ? » Son visage était resplendissant. Sa peau redevint rose. Ses yeux se mirent à briller, comme si elle avait eu 18 ans.

Je dis : « Hazel, que puis-je vous donner ? Y a-t-il quelque chose que vous désireriez ? »

Elle répondit : « Oui ! Je sais ce que j'aimerais. J'aimerais avoir un calendrier pour la nouvelle année. Un gros, sur lequel j'ai de la place pour écrire des tas de choses. »

Voilà un bel exemple d'espoir ! Tant que vous pouvez respirer, ayez un calendrier, « un gros qui vous permette d'écrire des tas de choses ». Le « bout du chemin » n'existe pas ; il n'y a que des courbes. Et quelle que soit l'importance d'une barrière, vous pouvez toujours la franchir si vous avez l'espoir et si vous tournez votre regard vers un nouveau lendemain !

Demain est déjà là !

Ce qui est excitant à constater, c'est que demain est beaucoup plus près que vous ne le croyez. En fait, pour plusieurs d'entre vous, il est déjà là ! Et, aussi contradictoire que cela puisse sembler : « Demain est aujourd'hui ! »

Voilà quelques années, comme je visitais la Terre Sainte et demeurais dans un hôtel au bord de la mer de Galilée, je téléphonai à Arvella, restée en Californie. Nous étions mardi, 5 h du matin en Galilée, et lundi, 19 h le soir en Californie.

Ma femme et moi avons parlé un peu. Je lui fis part de mes expériences. Puis, au lieu de me dire au revoir, Arvella me dit : « Aie un merveilleux lendemain. »

Je lui dis : « Mais nous sommes déjà demain. » Et c'était vrai.

Demain est déjà là ! Ne vous souciez pas du lendemain. Concentrez-vous sur la journée présente, car votre lendemain, c'est aujourd'hui. Votre façon de penser et d'agir aujourd'hui sera déterminante pour votre avenir. À un degré très important, vous pouvez contrôler votre vie et vos changements par la façon dont vous les percevez. Alors préparez-vous et priez en prévision du lendemain.

Aujourd'hui est un nouveau jour !

Le soleil brille, le ciel est bleu !
Un nouveau jour se lève pour vous et moi.
À chaque lever du soleil
De nouvelles possibilités se présentent.
À chaque matin
Naissent de nouvelles occasions.

Savez-vous ce qui arrivera demain ? Devinez !

• De nouvelles cures seront découvertes.

• Des inventions seront créées.

• Des drogues miracle seront mises en marché.

• Des lois oppressives seront abrogées.

• Des moyens de résoudre des conflits émergeront.

• De nouvelles entreprises seront mises sur pied.

• De nouvelles carrières s'ajouteront.

Préparez-vous pour demain, car vous aurez un rôle à jouer !

Quoi que vous fassiez aujourd'hui, faites-le mieux demain

Neuvième chapitre

Dites adieu à l'échec!
Dites bonjour au succès!

Vous êtes maintenant prêt à dire « adieu à l'échec » et « bonjour au succès ».

Quel est l'élément magique qui peut assurer le succès et éliminer l'échec de notre vie ? C'est la foi ! Axer sa pensée sur la possibilité, c'est avoir la foi.

Vous êtes sous le contrôle de pensées positives ou de pensées négatives. Vous serez dominé et motivé par la crainte ou par la foi. Si vous ne vivez pas dans la foi, vous vivrez automatiquement dans la crainte. N'abandonnez jamais le leadership de votre vie à la crainte !

Bien sûr, la crainte fait partie de notre instinct de survie. Mais la crainte compulsive est une tout autre chose. Il s'agit d'un vague et constant sentiment d'appréhension, d'anxiété et d'inquiétude. La crainte compulsive n'est pas normale, car elle ne vient pas de Dieu. Elle provient surtout de l'esprit incrédule des gens négatifs.

Le docteur E. Stanley Jones, l'un des cerveaux les plus éclairés du siècle actuel, l'a merveilleusement résumé :

Je vois que je suis intérieurement fait pour la foi et non pour la crainte. La crainte n'est pas mon pays d'origine ; la foi l'est.

Je suis ainsi fait que la crainte et l'anxiété sont du sable dans l'engrenage de la vie, et que la foi est de l'huile. Je vis mieux par la foi et l'assurance que par la crainte, le doute et l'anxiété. Dans l'anxiété et le souci mon être suffoque, mais dans la foi et l'assurance je respire librement. Un médecin de Johns Hopkins dit que « les gens soucieux meurent plus jeunes que les autres, mais c'est un fait. » Mais moi, qui suis une personne modeste, je crois que je sais : nous sommes structurés, nerfs et tissus, cerveau et âme, pour la foi et non pour la crainte. Dieu nous a faits ainsi. Vivre dans l'inquiétude c'est vivre à l'envers de la réalité.*

Nulle force, nulle émotion ne paralyse davantage que la crainte. Elle bloque le vendeur sur le point de voir un client, le jeune homme sur le point de faire une demande en mariage, le candidat à l'emploi sur le point de demander une entrevue, le cadre qui s'apprête à poser un geste décisif, celui qui cherche la vérité, sur le point de consacrer sa vie à Dieu.

De tout l'éventail sordide et malheureux des craintes humaines, aucune n'est plus destructive et nuisible que la crainte de l'échec. La peur du rejet contrôle votre vie. Écartez un tel mode de pensée négatif et erroné.

Certains d'entre vous avez vécu votre vie entière dans la crainte. Vous avez appris à être sceptique et suspicieux. Vous croyez qu'il s'agit de prudence, et vous vous êtes peut-être habitué à entretenir une perspective profondément pessimiste.

Vous êtes peut-être pris dans l'engrenage de l'anxiété comme la pauvre veuve qui vivait en Orient. Elle avait deux fils et dépendait entièrement de sa modeste entreprise. Chaque jour elle s'inquiétait de l'état des affaires, espérant que tout irait bien.

L'un de ses fils vendait des parapluies, et quand la mère se réveillait le matin elle regardait pour voir si le soleil brillait

---

* *Colombus Dispatch*, Sunday, July 29, 1979.

ou si le temps était à la pluie. Si le ciel était sombre et nuageux, elle se réjouissait et disait : « Il vendra sûrement des parapluies aujourd'hui. »

Si le soleil brillait, elle était malheureuse toute la journée, car elle craignait que son fils ne vende aucun parapluie.

Son autre fils vendait des ventilateurs. Chaque jour, lorsqu'elle regardait le ciel, si le soleil était caché et que la pluie semblait imminente, la pauvre vieille veuve était très déprimée et disait en grognant : « Personne n'achètera de ventilateurs aujourd'hui. »

Peu importe le temps qu'il faisait, cette pauvre vieille avait de quoi s'inquiéter. Avec une telle attitude, elle était constamment perdante.

Un jour elle rencontra une amie qui lui dit : « Tu te trompes sur toute la ligne, ma chère. À la vérité, tu ne peux que gagner. Tes deux fils te font vivre. Si le soleil brille, les gens achèteront des ventilateurs ; s'il pleut, ils achèteront des parapluies. Quoi qu'il arrive, qu'il pleuve ou qu'il y ait du soleil, tu es gagnante ! »

À compter de ce moment, selon la légende, elle vécut heureuse et en paix !

Le processus du succès requiert de votre part une discipline mentale visant à rejeter les modes de pensée erronés. Cela n'est pas facile, car vous avez probablement passé toute votre vie à créer et à polir un système élaboré et complexe de pensée négative. Pour vous convertir, pour changer, pour être une nouvelle personne, vous devez oublier la personne que vous avez été jusqu'ici. Peut-être même aurez-vous l'impression de vous éloigner d'une vie entière de travail !

Je n'oublierai jamais le voyage que j'ai fait en compagnie de ma femme au barrage d'Aswan sur le Nil. Nous y avons vu le site où les fameux obélisques égyptiens étaient taillés et polis. Les sculptures de renommée mondiale ont toutes été tirées de cette carrière de granit. Et chaque obélisque était taillé par les Égyptiens à partir d'un bloc unique de granit.

Ces monuments ont malheureusement été dispersés à travers le monde. L'un d'eux a été emporté à Londres, un autre sur la Place Saint-Pierre. J'en ai aussi vu un à Paris, et un autre à Istanbul. Il en reste encore quelques-uns en Égypte, mais le plus imposant de tous est encore dans la carrière.

Les Égyptiens ont passé des décennies à le couper, à le ciseler et à le poncer, mais il est resté sur place. Il mesure 4,3 m à sa base et totalise 43,3 m de longueur. J'ai marché dessus. Il est simplement couché sur le sol. Pourquoi ? Car au moment où les experts s'apprêtaient à le transporter, ils l'ont examiné et ont découvert ce que personne d'autre ne pouvait voir : des failles dans le granit. Et à cause de ces failles, ils ont choisi de l'abandonner.

Si vous vivez dans la crainte, considérez cela comme une faille, car la pensée négative constitue une faille. Elle refuse de se tenir debout ! Elle est condamnée à se briser ! Tenez-vous loin de la pensée négative. Osez vivre dans la foi !

Peut-être avez-vous passé votre vie entière dans le scepticisme, le cynisme, l'agnosticisme et le matérialisme pur. Vous devez vous rendre compte que ces modes de pensée comportent une faille.

Je vous demande aujourd'hui, si vous avez vécu sans croire en Dieu ou en Jésus, si vous êtes un sceptique et un cynique, si vous ne croyez pas ou vous doutez, d'examiner votre mode de pensée. Vous êtes destiné à croire !

Si vous voulez dire adieu à l'échec, débarrassez-vous de vos craintes. Elles reposent sur d'insidieuses présomptions qui faussent la pensée. Par exemple, réfléchissez à la crainte de l'échec. Elle suppose au fond que si vous échouez, vous serez embarrassé, on rira peut-être de vous, vous aurez honte. La thérapie de la pensée axée sur la possibilité dit au contraire :

pourquoi craindre l'embarras ? En mourrez-vous ? En fait, vous présumez que si l'on rit de vous, vous ne pourrez plus vous respecter, vous ne vous aimerez plus et vous n'aurez plus aucune estime de vous-même.

Le conseiller qui axe sa pensée sur la possibilité peut exposer la distorsion de la pensée causée par les présomptions négatives et sournoises. La foi remplace la crainte et permet de clarifier les pensées faussées et malsaines : réfléchissez-y : vous échouerez peut-être, mais vous serez fier d'avoir vraiment essayé ! Et les gens respecteront votre courage et votre esprit d'aventure !

Alors il faut remplacer la crainte par la foi.

La Bible est remplie de conseils portant sur le courage. On a déjà compté les « ne craignez pas » dans la Bible et on a dénombré 365 versets de ce genre, soit un pour chaque jour de l'année ! En voici quelques-uns :

- « Ne crains pas... Si tu passes par les fleuves ils ne te submergeront pas. Si tu traverses le feu... la flamme ne te consumera pas... Car je suis Yahvé, ton Dieu. Ne crains pas, car je suis avec toi. » (Isaïe 43, 1-5).

- « Sois fort et tiens bon ? Sois donc sans crainte ni frayeur, car Yahvé ton Dieu est avec toi partout où tu iras ». (Josué 1, 9).

- « Car ce n'est pas un esprit de crainte que Dieu nous a donné, mais un Esprit de force, d'amour et de maîtrise de soi. » (2 Timothée 1, 7).

- « Si vous avez de la foi gros comme un grain de sénevé, vous direz à cette montagne : « Déplace-toi d'ici à là, et elle se déplacera, et rien ne vous sera impossible. » (Matthieu 17, 20-21).

Vous pouvez contribuer à chasser de votre vie les craintes qui provoquent les échecs grâce à la pensée axée sur la possibilité ou à la foi dynamique. Nous observerons maintenant que *la foi est la force qui vous rend libre de réussir.*

Examinez le tableau quelques pages plus loin. Il montre comment la foi agit dans votre vie pour vous libérer des émotions négatives et donner libre cours aux puissantes émotions positives qui transformeront totalement votre être tout entier !

Examinez soigneusement le tableau afin de voir comment et pourquoi la foi est une telle super-puissance qu'elle peut complètement transformer une vie négative en une vie positive. La foi vous libère des émotions amoindrissantes, dégradantes et négatives et les remplace par des émotions génératrices de succès !

Lisez d'abord la première colonne. Voyez comment la foi conduit au rêve. Le rêve conduit au désir. Le désir conduit à la prière. La prière conduit au commencement. Le commencement conduit à la décision. La décision conduit à la planification. La planification conduit à l'attente. L'attente conduit au paiement du prix. Le paiement du prix conduit à la gestion des problèmes, ce qui conduit à l'espérance du succès ! Ce processus s'appelle « la foi profonde ! »

Lisez maintenant la deuxième colonne. La foi produit une force appelée intention, qui produit une force appelée passion, qui produit une force appelée espoir, qui produit une force appelée engagement. L'engagement produit une force appelée direction, qui conduit à une force appelée continuité, qui génère une force appelée patience. La patience produit une force appelée détermination, qui produit une force appelée contrôle, qui libère une force appelée enthousiasme !

Et maintenant, lisez la troisième colonne.

Oui la foi consiste à rêver, ce qui génère un dessein qui vous libère de la nonchalance. Quand vous êtes libéré de la nonchalance, vous vous libérez de l'ennui. Quand vous êtes libéré de l'ennui, vous vous libérez de l'anxiété. Une fois libéré de l'anxiété, vous vous libérez de l'inertie. Une fois libéré de l'inertie, vous vous libérez de l'indécision. Une fois libéré de l'indécision, vous vous libérez de la confusion. Une fois libéré de la confusion, vous vous libérez de l'impatience. Une fois libéré de l'impatience, vous vous libérez de l'opportunisme. Une fois libéré de l'opportunisme, vous vous libérez du défaitisme. Une fois libéré du défaitisme, vous vous libérez de la crainte de l'échec.

La foi vous libère des émotions négatives qui freinent votre progression, car elle remplace ces émotions par des forces positives qui vous poussent à aller de l'avant et à progresser. Lisez la dernière colonne pour voir où conduit la foi. D'abord vous êtes intéressé ! Puis excité ! Encouragé ! Concerné ! Dévoué ! Organisé ! Conséquent ! Fiable ! Optimiste ! Prospère !

Lisez maintenant chaque début de colonne horizontalement ! Voyez comment la FOI est la FORCE qui vous rend LIBRE de RÉUSSIR.

La ligne suivante illustre le processus du succès.

Rêve ➡ Intention ➡ Nonchalance ➡ Intérêt

Le rêve produit une force appelée intention qui vous libère de la nonchalance génératrice d'échecs et vous donne un intérêt pour la réussite véritable.

La ligne suivante illustre le fascinant processus du succès.

Désir ➡ Passion ➡ Ennui ➡ Excitation

Le rêve devient un désir qui génère une force plus puissante que l'intention : la passion ! La passion vous libère de l'ennui, et au lieu d'être tout bonnement intéressé, vous êtes maintenant excité !

La ligne suivante illustre le processus croissant du succès.

Prière ➡ Espoir ➡ Anxiété ➡ Encouragement

Le désir fait place à la prière, qui produit l'espoir, qui vous libère de l'anxiété, ce qui vous procure un réel encouragement.

Voyez comment votre succès évolue : le processus du succès est en marche pour vous : la graine devient une plante, qui devient un bourgeon, puis une fleur !

Lisez la ligne suivante. La foi vous fait passer de l'étape de la prière à l'étape du commencement.

Commencement ➡ Engagement ➡ Inertie ➡ Implication

Encouragé, vous commencez. Cela libère une force appelée engagement ! L'engagement vous libère de l'inertie ! Vous êtes désormais concerné. Cela vous libère pour l'étape suivante du succès.

Lisez la prochaine ligne, et vous verrez clairement l'évolution !

Décision ➡ Direction ➡ Indécision ➡ Dévouement

La foi consiste maintenant à prendre une décision. Cela libère une force appelée direction, qui vous libère de l'indécision et suscite le dévouement.

Wow ! Voyez maintenant ce qui se produit !

Planification ➡ Continuité ➡ Confusion ➡ Organisation

La foi arrive à l'étape de la planification et génère une force appelée continuité qui vous aide à « faire un tri » et libère votre esprit de la confusion. Maintenant vous vous sentez organisé ! Un progrès fantastique se produit au cours de ce processus du succès !

Votre foi est maintenant prête à aborder la phase de l'épreuve.

Attente ➡ Patience ➡ Impatience ➡ Conséquence

Vous serez confronté à des difficultés. Votre succès risque de chanceler. Votre foi devient alors un «jeu d'attente.» Une force fantastique appelée patience vous libère d'une dangereuse et potentiellement fatale impatience et vous rend conséquent ou stable.

Paiement du prix ➡ Détermination ➡ Bâclage ➡ Fiabilité

Le paiement du prix : c'est la force de la foi à cette étape du processus du succès. Investissez beaucoup et vous libérerez une incroyable force appelée détermination. Vous serez instantanément libéré de la tentation de prendre un raccourci appelé bâclage. Vous tenez bon. Vous n'abandonnez pas. Vous êtes fiable !

Désormais votre foi s'exprime par votre façon de gérer les problèmes, plutôt que par votre tendance à les fuir.

Gestion des problèmes ➡ Contrôle ➡ Défaitisme ➡ Optimisme

La gestion des problèmes génère une énorme force appelée contrôle qui vous évite d'être submergé par vos difficultés, alors vous êtes optimiste !

Vous êtes prêt pour la dernière ligne.

Attente du succès ➡ Enthousiasme ➡ Échec ➡ Succès

La foi consiste maintenant à attendre la réussite. Cela génère une force ultime appelée enthousiasme. Vous êtes maintenant libéré de l'échec et vous serez vainqueur. Ainsi vous pouvez voir que la foi est la force qui vous libère ! Vous pouvez voir que le processus du succès consiste à vivre, à un degré ou l'autre, une foi positive !

La FOI est la	FORCE qui vous rend	LIBRE de	RÉUSSIR
Rêve	Intention	Nonchalance	Intérêt
Désir	Passion	Ennui	Excitation
Prière	Espoir	Anxiété	Encouragement
Commencement	Engagement	Inertie	Implication
Décision	Direction	Indécision	Dévouement
Planification	Continuité	Confusion	Organisation
Attente	Patience	Impatience	Conséquence
Paiement du prix	Détermination	Bâclage	Fiabilité
Gestion des problèmes	Contrôle	Défaitisme	Optimisme
Attente du succès	Enthousiasme	Échec	Succès

Dixième chapitre

Comment être animé d'espoir!

Je suis allé à deux reprises à Minneapolis au Minnesota, rendre visite à mon ami Hubert H. Humphrey après qu'il eut été atteint du cancer. On venait tout juste d'apprendre à Hubert qu'il ne lui restait que quelques mois à vivre, et sa famille m'avait invité à lui rendre visite et à essayer de le convaincre de se rendre une dernière fois à Washington. Toute sa vie il avait été un batailleur, mais pour la première fois il s'abandonnait au découragement. Il n'avait plus d'espoir. Le désespoir s'était installé.

« Hubert, lui demandai-je, comment te relevais-tu à la suite de tes défaites? » Il avait connu sa part de défaites, notamment à la course à la présidence contre Richard Nixon.

« Muriel, apporte-moi mon petit carnet de notes », dit-il à sa femme. Elle lui tendit un petit carnet noir, rempli de bouts de papier qui dépassaient comme des jupons de femmes. De grosses bandes élastiques étaient enroulées autour de l'épais carnet. Soigneusement, de ses mains maigres et affaiblies, Hubert se mit à retirer les bandes élastiques et à me faire part des notes amassées pendant toute une vie: idées édifiantes, aphorismes positifs, nobles citations. Oh, voici le verset de la Bible que tu m'as envoyé, Bob, lorsque j'étais à la clinique Kettering de New York », dit-il. « Mes employés m'avaient apporté un dossier de

15 cm d'épaisseur rempli de télégrammes. Le tien était sur le dessus ! Avant celui du président Carter, rien de moins ! Le voici. « Cher Hubert, tiens bon. N'abandonne jamais, jusqu'à ce que Dieu te rappelle à lui. « Car je sais, moi, le dessein que je forme pour vous, — oracle de Yahvé, — dessein de paix et non de malheur, qui vous réserve un avenir plein d'espérance. » (Jérémie 29, 11). C'est fantastique. Quel formidable verset biblique, Bob ! »

Je voyais l'espoir se lever. Il reprenait vie. Et soudain, il dit : « Muriel, je crois que nous devrions nous rendre à Washington une fois de plus ! »

Le lendemain, (le président des États-Unis à l'époque), Jimmy Carter et l'avion présidentiel s'arrêtèrent à Minneapolis pour ramener Hubert Humphrey à Washington, l'un des plus grands honneurs à jamais échoir à un Américain vivant. Ainsi, le succès de Hubert était sans fin. Et ses échecs ne furent pas la fin !

Quelques mois plus tard Hubert s'éteignit doucement. Je reçus un appel téléphonique à mon bureau ensoleillé de Californie pour me demander de prononcer l'éloge funèbre à Minneapolis. Malgré une température inférieure à –17°C, des gens vinrent des quatre coins de l'Amérique pour assister aux funérailles. Billy Graham, Jesse Jackson, le président Jimmy Carter, les sénateurs les plus éminents des deux partis, des célébrités de Hollywood. Les trois réseaux de télévision étaient prêts à transmettre la cérémonie en direct à des dizaines de millions d'Américains. Le moment de mon allocution arriva. C'est le plus grand honneur que j'aie eu de ma vie. Mes paroles à l'intention d'Hubert sont des paroles que j'offre pour votre vie... et pour la mienne : « Il arrive à la fin de sa vie avec la fierté derrière lui, l'amour tout autour de lui et l'espoir devant lui. »

Un journaliste déclara par la suite : « Hubert Humphrey a perdu sa bataille contre le cancer. » Les cyniques auraient pu ajouter : « Il a espéré jusqu'à la fin, mais c'était un vain espoir. » Vraiment ? La vérité est que chacun de ses jours d'espoir a été un jour de vie !

Beaucoup de gens cyniques et critiques ont dénoncé la pensée axée sur la possibilité, alléguant qu'elle suscitait de faux espoirs. Attendez un peu ! L'espoir, déçu ou non, n'est jamais une vaine et fausse promesse ! Il récompense immédiatement et instantanément la personne qui espère, en la sauvant du désespoir !

Nous ne pouvons être certains que du moment présent. Alors l'espoir contient sa récompense immédiate. La dépression morbide fait place à une perspective optimiste ! Le passé est derrière soi. Le lendemain peut ne jamais arriver. Si je puis ensoleiller et égayer la journée présente, n'ai-je pas sauvé une vie ? Nul espoir n'est faux s'il permet à un cœur découragé d'échapper au désespoir pendant une seule minute.

Mais lorsque Hubert Humphrey est mort, son succès a pris fin, n'est-ce pas ? » Je ne le crois pas, mais votre réponse dépend de la façon, positive ou négative, dont vous considérez la vie et la mort. Est-il décédé, ou est-il plus exact de dire qu'il est né dans la vie éternelle ? L'enfant meurt-il lorsqu'il quitte le ventre de la mère ? Dites à l'enfant à naître qu'il va pénétrer dans un monde de couleurs, de sons et de gens. S'il pouvait communiquer, il poserait des questions auxquelles vous et moi ne pourrions jamais répondre : « Que sont les couleurs ? Qu'est-ce qu'un son ? Que sont les gens ? » Nous ne pourrions que lui dire : « Aie la foi ! Tu mourras à un monde, mais tu renaîtras à un autre ! »

Ainsi, des gens se tiennent sur une rive pour dire au revoir à ceux qui partent, alors que sur l'autre rive d'autres gens les accueillent en disant : « Les voici ! »

Je vous offre donc l'idée la plus édifiante qui soit, la possibilité ultime : l'invitation à devenir un super-penseur axé sur la possibilité et à suivre celui qui, à mon avis, est le plus grand penseur axé sur la possibilité qui soit : Jésus-Christ.

Il l'a dit : « Si vous avez la foi d'un grain de sénevé, vous direz à cette montagne : « Déplace-toi... et rien ne vous sera impossible ! » Il nous a enseigné que nous pouvions être sauvés de la mort et accéder à la vie éternelle ! Il nous a enseigné que le succès n'a pas de fin ! Qu'il « serait là » pour nous pardonner nos péchés et nous accueillir auprès de lui pour l'éternité ! La miséricorde ! Cela équivaut à rejeter l'échec une fois pour toutes ! À accéder au paradis !

Le vrai salut est une vraie possibilité !

Pendant des années, des chrétiens sains et authentiques expriment un enthousiasme naturel et une joie débordante. Ils consacrent beaucoup de temps, d'énergie et d'amour à se donner aux autres. Si nous leur demandons pourquoi, ils répondront probablement en citant l'évangile de Jean, chapitre 3, verset 16 : « Oui, Dieu a tant aimé le monde qu'il a donné son Fils unique, pour que tout homme qui croit en lui ne périsse pas, mais ait la vie éternelle. » Ils disent être sauvés et renaître à la suite du salut de leur âme.

Qu'est-ce qu'être sauvé ?

Eh bien, que vous vous en rendiez compte ou non, Dieu vous a probablement sauvé de tragédies d'ordre physique. Vous ne saurez jamais ce qui vous a été épargné par la grâce de Dieu. Il nous arrive à l'occasion d'avoir une vague idée de ce dont nous avons été sauvés.

Je pense par exemple à la fois où je devais accompagner Billy Graham lors d'un rassemblement à Las Vegas. Mes réservations étaient faites au Grand Hôtel MGM. Cependant, un membre du personnel de Billy vint me chercher à l'aéroport et me dit : « Si vous n'avez pas d'objections, nous vous avons réservé une chambre au Hilton. Billy l'a décidé car c'est là qu'il séjourne et c'est plus près du centre des congrès. »

Donc cette nuit-là je dormis au Hilton. Le lendemain matin je vis avec horreur le MGM brûler : 107 personnes y perdirent la vie. Je rends grâce à Dieu de m'avoir empêché d'y passer la nuit.

Au mois d'avril 1986, j'ai aussi ressenti le pouvoir protecteur et salvateur de Dieu. Ma femme et moi étions à Londres, en route pour l'Afrique où je devais donner une conférence. Il n'y avait que quelques jours que les États-Unis avaient bombardé la Lybie. J'avais demandé à nos fidèles de prier pour notre sécurité.

Notre hôtel était situé à proximité de l'ambassade américaine. Je dis à Arvella : « Il faut que j'aille en vitesse faire corriger nos billets d'avion ; nous n'avons pas eu le temps de le faire à Los Angeles. » Donc, à 16 h, l'après-midi, je longeai Oxford Street jusqu'à l'immeuble de la British Airways, où sont aussi situés les bureaux de American Airlines et American Express. Je donnai mes billets aux préposés de British Airways. On me dit que le changement allait prendre 40 minutes environ, alors je m'assis et me mis à lire les brochures de voyage.

Quarante-cinq minutes plus tard j'obtins mes billets. Je quittai le bureau de British Airways à 16 h 45. À 4 h le lendemain matin, une explosion souffla le bureau. Complètement ! Vous en avez sans doute entendu parler aux nouvelles. Les experts croient que la bombe était déjà là au moment où j'y suis allé. Ce qui est fantastique, c'est que, selon les experts, la bombe devait probablement exploser à 16 h de l'après-midi plutôt qu'à 4 h du matin. Par la grâce de Dieu, elle a explosé alors que l'immeuble était désert. Personne n'a été tué et je suis vivant !

Le salut de Dieu est incroyable. La plupart d'entre nous ne saurons jamais ce qui nous a été épargné. Mais certains le savent. Certains d'entre vous avez perdu une jambe ou un bras à la suite d'un accident ou d'une maladie qui vous a presque tués, mais qui vous a épargnés. Pour vous, il est facile de croire que Dieu vous aime.

Dieu nous a sauvés, plus que nous ne le croyons, et de plus de façons que nous le croyons. La notion de salut revient très souvent dans la Bible :

> « Chantez à Yahvé, toute la terre !
> Proclamez jour après jour son salut »... (1 Chroniques 16, 23).

> « ... auquel tu donneras le nom de Jésus : car c'est lui qui sauvera son peuple de ses péchés. » (Matthieu 1, 21).

Le salut ! C'est un mot qui transforme la vie. Mais qu'est-ce que cela veut vraiment dire que d'être sauvé ? La liste suivante vous permettra de mieux comprendre :

Voici comment le salut peut vous apporter l'ultime succès !

L'amour de Dieu nous sauve :

du cynisme... pour nous conduire à la pensée axée sur la possibilité !

du doute aveugle... pour nous donner la foi qui ouvre les yeux !

de la peur défensive... pour nous donner l'amour !

de la fierté entêtée... pour nous donner l'humilité !

de la négation malhonnête... pour nous pousser à avouer nos fautes !

de la culpabilité... pour nous conduire au pardon !

de la condamnation... pour nous conduire à la miséricorde !

de la solitude... pour nous réunir avec d'autres !

de la honte... pour nous donner la gloire !

de l'égoïsme... pour nous conduire à l'estime de soi !

des sautes d'humeur... à la motivation authentique !

de la faiblesse... pour nous donner la puissance !

du mal... pour nous conduire à la sainteté !
du désespoir... pour nous donner l'espoir !

Pas étonnant que nous puissions revivre ! Grâce à l'espoir ! *Si nous sommes sauvés !*

Sauvé : du cynisme pour aller à la pensée axée sur la possibilité !

Le cynisme équivaut à l'arrogance. C'est la manière d'agir de l'élitiste, qui se considère trop intelligent et trop brillant pour se laisser convaincre. Il est si critique que sa réaction spontanée à toute proposition positive est une objection négative.

Le salut commence quand nous passons du cynisme à la pensée axée sur la possibilité. Cette adaptation, douce et prudente, de notre attitude à une proposition positive, est le premier pas vers le salut.

Certains d'entre vous, qui lisez ces lignes, êtes des cyniques avoués. Lorsque vous entendez parler des chrétiens animés d'une vie nouvelle, vous vous dites : « Oh, je les connais ces nouveaux chrétiens. Ils ne sont pas aussi vrais et aimants qu'ils le prétendent. J'en ai moi-même rencontré quelques-uns, et ils ne sont pas différents de moi ! »

Mais il existe une différence ! Ils vivent au niveau de la foi, alors que vous vivez au niveau de la suspicion. Ils croient sans hésiter, alors que vous doutez sans hésiter. Si vous êtes cynique, commencez par l'admettre, car le cynisme doit faire place à la pensée axée sur la possibilité pour que le processus du salut puisse commencer.

Sauvé : du doute aveugle, pour trouver la foi qui ouvre les yeux !

Le cynique dirait : « Les chrétiens ont une foi aveugle », présumant que ses doutes lui permettent une meilleure compréhension. Ce n'est pas vrai !

- Le doute vous ferme les yeux à toutes sortes de possibilités !

- La foi vous ouvre les yeux à toutes sortes d'occasions !

Sauvé : de la peur défensive
pour trouver l'amour !

L'incrédule tend à être cynique, à être aveuglé par le doute et à vivre sur la défensive. Il craint la conversion. Il a peur de renaître, peur de la religion, peur de l'émotion.

Il est plus facile à Dieu de nous dire non

Que de nous amener à lui dire oui !

Vous devez être sauvé de la peur défensive pour trouver l'amour. Lorsque vous oserez poser ce geste, vous aurez peut-être la surprise de découvrir que vous avez les larmes aux yeux. Il faut du courage pour être réceptif à l'amour.

Sauvé : de la fierté entêtée
pour trouver l'humilité !

La personne qui est sauvée de la fierté entêtée est en mesure de dire avec humilité et honnêteté :

« Beaucoup de choses me sont inconnues. Pouvez-vous me les apprendre ? »

« Je croyais posséder toutes les réponses, mais je ne suis plus certain qu'elles soient justes. »

« À l'université, mon professeur était un athée convaincu. Je le trouvais si intelligent. Je n'en suis plus sûr. »

L'humilité est une forme d'honnêteté. Elle est le meilleur moyen d'apprendre la vérité. Par ailleurs, la fierté entêtée risque de perpétuer les inexactitudes et les faussetés.

Sauvé : de la négation malhonnête
pour avouer nos fautes !

Une fois que vous êtes sauvé de la fierté entêtée pour trouver l'humilité, vous pouvez être sauvé de la négation malhonnête. La négation honnête existe, mais ce qui nous préoccupe ici, c'est la négation malhonnête. Un exemple de négation malhonnête est l'alcoolique qui nie avoir un problème d'alcool. Vous pouvez être sauvé de la négation malhonnête en avouant, franchement et honnêtement : « J'ai besoin d'aide. Je ne suis pas parfait. »

Avouer franchement et honnêtement, c'est recourir à la confession biblique : « Si nous confessons nos péchés, Il est assez fidèle et juste, pour remettre nos péchés. (1 Jean 1, 9).

Sauvé : de la culpabilité
pour trouver le pardon !

Il n'existe absolument aucune expérience émotionnelle qui soit plus apaisante pour l'esprit et l'âme que le pardon honnête de nos péchés et la restauration de notre honneur. Pensez-y ! Tout individu décent souffre de culpabilité lorsqu'il sait avoir eu tort. Toute culpabilité disparaît quand nous acceptons l'offre de Jésus-Christ d'être notre Sauveur !

Sauvé : de la condamnation
pour trouver la miséricorde !

Lorsque vous êtes sauvé de la culpabilité pour trouver le pardon, vous êtes aussi sauvé de la condamnation pour trouver la miséricorde. Vous savez alors que, jusqu'à votre mort, Dieu ne vous condamnera jamais ! Même si d'autres ne sont pas d'accord avec vous, ne vous comprennent pas ou vous critiquent, cela importe peu à condition que vous ayez trouvé la miséricorde.

Sauvé : de la solitude pour être réuni avec d'autres !

Vous n'êtes plus isolé ; vous renouez plutôt des rapports avec les autres. Voyez-vous, celui qui n'est pas sauvé est fondamentalement cynique. Il est aveuglé par le doute et n'entretient pas de rapports positifs avec les autres. Il est figé par la peur défensive, la fierté entêtée et la négation malhonnête. Il vit dans la culpabilité et la condamnation subconsciente. Ce genre de personne ne peut se faire honnêtement, ouvertement et facilement des amis.

L'amour de Dieu vous sauve de la solitude. Il vous libère et vous permet de nouer des rapports sains et gratifiants avec les autres et avec Dieu. Lorsque vous êtes sauvé vous êtes uni à Dieu et non plus séparé de lui. C'est ce que la Bible qualifie de réconciliation.

Le Christ est appelé réconciliateur. Il nous réconcilie avec Dieu. C'est pourquoi la Bible parle de ne faire qu'un avec Dieu. Lorsque je suis sauvé, Dieu et moi ne formons qu'un seul être. Alors je fais partie d'un groupe de croyants, je suis sauvé de la solitude et je suis réuni avec d'autres.

Sauvé : de la honte pour trouver la gloire !

Lorsque je suis sauvé de la honte pour trouver la gloire, je renais. Je ne me vois plus comme une personne honteuse, mais comme la glorieuse créature d'un Dieu aimant. J'ai un esprit qui peut abriter les pensées de Dieu, un cœur qui peut aimer comme Jésus, des mains qui peuvent aider les gens, des lèvres qui peuvent livrer un message d'amour et de courage.

Selon la Bible, le message du salut est celui-ci : « C'est le Christ parmi vous ! L'espérance de la gloire ! » (Colossiens 1, 27).

J'ai prononcé une allocution à ce sujet à Los Angeles, lors du congrès de l'Association américaine de psychiatrie. Les psychiatres présents furent très intrigués par ce message. Je le mentionne pour une seule raison : nul ne connaît un meilleur traitement, que ce soit pour votre esprit, vos émotions ou votre âme, que Dieu !

Sauvé : de l'égoïsme, pour retrouver l'estime de soi !

Nous sommes sauvé de la honte pour trouver la gloire et de l'égoïsme pour retrouver l'estime de soi. L'égoïsme est la marque de ceux qui veulent toujours avoir le dernier mot, et ce, pour que tout le mérite leur revienne. Ils ont faim de gloire personnelle. Même leur culpabilité et leur honte flattent leur ego. Ces gens se disent que tant que leur ego est satisfait, ils pourront oublier leur honte et trouver la gloire. Cela n'est pas vrai. C'est une fausseté, une impasse, un vain espoir.

Si vous avez l'amitié du Seigneur, vous vous estimez et vos problèmes d'ego sont résolus.

Sauvé : des sautes d'humeur
pour trouver une motivation authentique !

Quand

- Le cynisme a été remplacé par la pensée axée sur la possibilité,

- Le doute aveugle a fait place à la foi qui ouvre les yeux,

- La peur défensive a fait place à l'amour,

- La fierté entêtée a fait place à l'humilité,

- La négation malhonnête a fait place à la confession franche et honnête,

263

- La culpabilité a fait place au pardon,

- La condamnation a fait place à la miséricorde,

- La solitude a fait place à la réunion avec d'autres,

- La honte a fait place à la gloire,

- L'égoïsme a fait place à l'estime de soi,

Alors vous êtes prêt, émotionnellement, à accepter une grande idée, un merveilleux rêve !

Dieu lui-même peut arriver dans votre vie et vous dire ce que vous pouvez faire et accomplir. Vous comprenez soudain l'ampleur de la contribution que vous pouvez faire.

Sauvé : de la faiblesse pour trouver la puissance !

Vous êtes désormais motivé par un enthousiasme intérieur, et non par des pressions extérieures. L'enthousiasme tient lieu d'endurance. Étrangement, l'enthousiasme vous donne la puissance qui vous permet de tenir bon ! Vous êtes sauvé de la faiblesse pour trouver la puissance !

Quand vous voyez ce que Dieu peut faire de votre vie et à travers elle, vous vous mettez à croire le verset de la Bible qui dit : « Je puis tout en Celui qui me rend fort. » (Philippiens 4, 13).

Lors de mon premier voyage en Corée du Sud au début des années 60, il n'existait plus un arbre dans le pays. Après la guerre, les gens avaient mangé toutes les feuilles des arbres. Ils avaient utilisé l'écorce pour en faire du bouillon. Finalement ils avaient coupé les troncs et les branches pour se protéger des températures allant jusqu'à –30°C.

Pas d'automobiles ni même de bicyclettes. Les rues étaient pleines de gens qui se déplaçaient à pied. Nous aurions pu dire que ces gens étaient désespérés. Mais pourtant, ils avaient de l'espoir !

Les Coréens ont fait un progrès formidable. Ils sont passés de la faiblesse à la puissance. Comment ont-ils fait ? Ils ont cru en eux-mêmes ! Ils ont vraiment axé leur pensée sur la possibilité ! Cela leur a donné l'énergie nécessaire. Aucun pays n'a travaillé plus fort. « Les Coréens sont les seules personnes qui travaillent tellement fort qu'à côté d'eux les Japonais font figure de paresseux », se sont mis à dire les leaders mondiaux des affaires.

Sauvé : du mal pour trouver la sainteté !

Qu'est-ce que le mal ? Et qu'est-ce que la sainteté ?

• Le mal consiste à rejeter, à ignorer et à négliger les occasions de réussite que Dieu vous envoie. La sainteté consiste à devenir ce à quoi Dieu vous destine.

• Le mal consiste à vivre uniquement pour soi. La sainteté consiste à demander : « Comment puis-je accomplir l'œuvre de Dieu au cours de ma vie ? »

Sir James Young Simpson a vécu une « sainte » vie (non pas une vie parfaite, mais une vie productive). Il a fait un don précieux au monde : l'anesthésie. Si vous doutez de la valeur de ce don, pensez à l'horrible douleur que pouvait causer une intervention chirurgicale avant cette découverte.

Sir James est né en Écosse en 1811. Il était le huitième enfant du banquier du village. Ses parents décidèrent de lui offrir de poursuivre des études, et ils l'inscrivirent à l'université d'Édimbourg alors qu'il n'avait que 14 ans. En 1830, encore adolescent, il devint membre du collège royal des chirurgiens, mais sans pouvoir pratiquer la médecine à cause de son jeune âge. Il devint donc assistant d'un certain docteur Thomas, professeur de pathologie, qui l'encouragea à opter pour l'obstétrique.

Quand le jeune James commença en obstétrique, cette discipline était considérée comme le parent pauvre de la profession médicale. Mais il lui donna ses lettres de noblesse.

Dès le début, le docteur Simpson était préoccupé par la douleur que causaient la chirurgie et les accouchements, et il s'efforçait de trouver des moyens de l'atténuer. Lorsque l'éther fut utilisé en 1847 aux États-Unis, le docteur Simpson le mit à l'essai, mais fut insatisfait, à cause des inconvénients que cela entraînait pendant les accouchements.

Le médecin et deux de ses assistants se livrèrent eux-mêmes à des expériences, essayant de trouver quelque chose qui donnerait des résultats. Le 4 novembre 1847, les assistants du docteur Simpson inhalèrent du chloroforme et s'évanouirent immédiatement. Après des tests additionnels, le chloroforme fut utilisé lors d'une intervention chirurgicale publique à l'infirmerie royale d'Édimbourg. L'usage du chloroforme devint officiel lorsque la reine Victoria y fit appel à l'occasion d'un accouchement.

Mais le chloroforme ne fut pas la seule contribution de Simpson à la médecine. Il travailla constamment à améliorer les services aux hôpitaux et les soins donnés aux malades.

N'importe lequel d'entre nous serait fier de compter à son actif la contribution et les découvertes de Sir James Young Simpson. Sacré chevalier en 1866, il se vit décerner de nombreux prix et honneurs.

Pourtant, lorsqu'un journaliste lui demanda quelle était sa plus grande découverte, Sir James Y. Simpson répondit : « Le fait d'avoir un Sauveur ! »

Sauvé : du désespoir pour retrouver l'espoir !

Le salut consiste à retrouver l'espoir, à croire que, quoi qu'il arrive — même la mort — j'y survivrai.

Vous me demandez : « Docteur Schuller, croyez-vous au paradis ? Croyez-vous à l'enfer ? »

Eh bien, je n'y suis jamais allé, alors je ne puis parler de mon expérience personnelle. La Bible nous donne une vague idée de ce à quoi nous devons nous attendre, mais la plupart des détails sont sujets à interprétation. Il y a très peu de choses que je puisse vous dire avec certitude concernant le paradis ou l'enfer.

Ce que je puis vous affirmer cependant, c'est qu'il existe une autre autorité en la matière, et j'ai découvert qu'il est préférable de faire confiance à une autorité. Si vous voulez les bonnes réponses, et non pas n'importe quelle réponse, adressez-vous à la bonne personne.

J'ai effectué récemment un court voyage de 24 h à l'extérieur de la ville. À mon retour, comme j'étais à l'aéroport, j'entrai dans un magasin afin d'acheter des chocolats pour ma femme. Arvella adore les chocolats ! Et elle adore les amandes recouvertes de chocolat. J'entrai dans le magasin Fannie Mae où une employée me salua derrière le comptoir. Il s'y trouvait déjà une autre cliente, une vieille dame avec un sac de voyage et une petite valise. Elle semblait se limiter à regarder.

Elle n'était pas prête à passer sa commande, alors je demandai : « Avez-vous des amandes recouvertes de chocolat ? »

À ce moment la cliente dit : « Bien sûr qu'ils en ont ! Ils ont des boîtes de 454 g de toutes les sortes d'amandes !

Je regardai l'employée, qui était après tout la vraie autorité en la matière. Elle voyait que j'attendais sa réponse. « Oui, dit-elle, nous pouvons vous faire une boîte de 454 g de toutes les sortes d'amandes recouvertes de chocolat. »

« Avez-vous des boîtes de 454 g d'amandes et de caramel recouverts de chocolat ? » demandai-je.

La cliente répondit à nouveau : « Oui, ils en vendent en boîtes de 454 g. Ils les ont aussi en boîtes d'un kilo et demi ! »

Je regardai l'employée, attendant une réponse de la véritable autorité (et non pas l'opinion peu sérieuse d'une simple cliente) ! L'employée jeta un regard nerveux en direction de la cliente qui nous interrompait et dit finalement : « Oui, nous les avons en boîtes de 454 g et aussi en boîtes d'un kilo et demi. »

À ce moment la cliente s'en mêla à nouveau pour nous donner un autre conseil que personne ne lui demandait : « Mais je vous recommande la boîte Coloniale de 454 g. Elle contient aussi des chocolats à la crème. »

De l'autre côté du comptoir, l'employée dit : « Oui, pourquoi n'essaieriez-vous pas la boîte contenant les chocolats à la crème ? La Coloniale est vraiment un bon choix. »

Je me dis : « Mais qui est l'employée dans ce magasin ? » Cela devenait vraiment exaspérant. « Combien coûte la boîte Coloniale ? » demandai-je.

L'employée me répondit, puis la cliente ajouta : « Vraiment, la Coloniale a de tout. Il y a des chocolats au caramel, des noix recouvertes de chocolat, des noix d'acajou, des amandes et des arachides. Et tout est très bien emballé ! » Puis elle regarda l'horloge et dit : « Oh, je dois partir sinon je vais rater mon avion ! »

Puis elle ramassa son sac et sortit. Comme l'employée, je laissai échapper un soupir de soulagement.

L'employée se tourna alors vers la porte qui donnait sur l'arrière-boutique et cria : « Voilà, les filles, vous pouvez sortir. Fannie Mae est partie !

— Vous plaisantez ! lui dis-je, estomaqué.

— Pas du tout ! dit-elle. C'était Fannie Mae. En fait, ce n'est pas son vrai nom. À sa mort, son mari lui a laissé ses magasins, alors elle a décidé de faire quelque chose de sa vie. Elle a mis au point de nouvelles recettes et a créé de nouvelles friandises, et aujourd'hui elle possède 117 magasins à travers les États-Unis ! Elle les appelle ses 117 enfants, et elle passe son temps à voyager en avion pour visiter ses magasins. »

Fannie Mae était l'autorité en la matière, mais je ne voulais pas l'écouter. Elle connaissait toutes les recettes, avait monté toute l'entreprise et je m'entêtais à poser des questions à une employée, qui n'avait sans doute jamais fabriqué un chocolat de toute sa vie !

Si vous voulez connaître Dieu, la vie, la prière, le salut, le paradis ou l'enfer, adressez-vous aux autorités en la matière. Les ministres, théologiens, prêtres et psychologues ne sont que des commis. La véritable autorité est Jésus-Christ.

Ce que je sais à propos du paradis ? Ce que je sais à propos de l'enfer ? Si j'ai peur de mourir ? Tout ce que je sais, c'est que j'ai un bon contact. Il a vécu et est mort sur une croix pour moi. Il est ressuscité et il est mon ami. Je suis sauvé du désespoir. J'ai de l'espoir ! Voilà le salut ! Et voilà ce que l'amour de Dieu peut faire pour vous !

Michael McCulloch était un psychiatre de renommée internationale, et il était le fondateur de Delta, un organisme qui étudiait les rapports existant entre les gens et leurs animaux domestiques. Malheureusement, il fut brutalement assassiné.

Je parlai à sa femme Jane, peu après avoir appris la terrible nouvelle. Quand Jane épousa Michael, il était agnostique. «Il aurait été athée, mais il était trop brillant pour aller aussi loin», me confia Jane.

Quand Molly, son cinquième enfant, vint au monde, Michael se rendit compte soudain qu'il avait consacré trop d'années à soigner sa carrière, à gagner de plus en plus d'argent et à acquérir des maisons de plus en plus grosses. Un jour il regarda Molly et dit : «Tu sais, je regrette de ne pas avoir vu grandir les enfants.»

À peu près à la même époque, un médecin de l'hôpital où travaillait Michael invita Michael et sa femme à dîner chez lui. Ce couple confia aux McCulloch qu'ils étaient insatisfaits de leur vie et qu'ils avaient le sentiment d'avoir perdu leur temps. Ils invitèrent Michael et Jane à se joindre à eux pour l'étude de la Bible. Peu de temps après, Michael se mit à fréquenter l'église, et il trouva rapidement la foi dans le Seigneur. Cette foi fut le salut de sa famille et le sien.

Un jour, Michael se leva tôt et partit pendant que sa famille dormait encore. Il alla nager, se rendit à la chapelle et alla rendre visite à ses patients.

Jane me décrivit une journée qu'elle n'oubliera jamais. « Ray, mon fils, se leva et se rendit à son travail à un ranch des environs. Amy, Molly et moi étions à la maison. Je ne me sentais pas bien et j'étais étendue sur un fauteuil dans la salle de séjour avec Molly qui regardait « Sesame Street. » Je me rendis à la cuisine et j'ouvris la radio à un poste de musique classique. Soudain l'émission fut interrompue pour un bulletin spécial : « Un psychiatre de Portland a été victime d'un meurtre dans son bureau du centre-ville. »

« À Portland, beaucoup de bureaux de médecins sont situés à proximité des hôpitaux. Lorsque j'entendis la nouvelle, j'essayai de me rappeler d'autres psychiatres qui travaillaient au centre-ville. Mais je n'y parvins pas, et je devins un peu nerveuse. Alors je décidai d'appeler au bureau et de m'assurer que Michael allait bien. Je tombai sur un service téléphonique ce qui m'étonna car il était 10 h 30 le matin. Je commençai à m'inquiéter vraiment.

« Je posai des questions aux préposés au service téléphonique, puis je dis finalement : « Laissez tomber. » Je composai un autre numéro pour appeler au bureau. Une réceptionniste que je connaissais très bien me répondit et je lui dis : « Jane McCulloch à l'appareil ; je voudrais parler à Michael. Je viens d'apprendre que quelqu'un a été tué et je veux m'assurer qu'il va bien.

La femme répondit : « Un instant. » Elle ne me dit pas : « Michael va bien. » Puis elle dit à nouveau : « Un instant », et elle me mit en attente. À ce moment je me doutais bien que c'était Michael qui avait été abattu. Puis l'un des associés de Michael me parla en bégayant et en hésitant un peu, puis il dit : « Euh, Michael est mort. »

Je demandai à Jane : « Comment avez-vous fait pour passer à travers une telle épreuve ? » Écoutez sa réponse :

« Eh bien, nous savons tous que la vie est un projet comportant des choix multiples où chacun prend ses propres décisions. En raccrochant le téléphone, je me fis passer un test comportant plusieurs choix. Nous agissons tous ainsi, que nous en soyons conscients ou pas. Lorsque vous traversez une épreuve comme celle-là, vous dites à voix haute ou vous vous dites intérieurement : « Je ne pourrai pas le supporter. » Ou bien : « Ce sera difficile, mais je vais m'en remettre. »

« Je me fis passer ce test aux choix multiples, puis Molly entra en trottinant dans la cuisine, et je n'eus aucun doute quant à mon choix. Il fallait que je continue.

« Docteur Schuller, poursuivit Jane, vous le savez, la vie est comme une mosaïque. Michael et moi avions visité Saint-Pierre de Rome, et nous étions tombés en amour avec les merveilleuses mosaïques que nous y avions vues. Elles sont toutes faites de pierre, et certaines de ces pierres sont très noires, alors que d'autres sont très claires. Je vois la vie comme une mosaïque. Nous avons un maître artiste qui rassemble les pièces pour finalement donner naissance à un merveilleux tableau. Il arrive que nous nous posions des questions du genre : « Pourquoi a-t-Il posé une telle pièce en un tel moment ? » Mais alors j'entends le Seigneur qui me dit : « Jane McCulloch, cela ne te regarde pas. Je pose cette pièce au moment précis où elle doit être posée. Fais ce que tu as à faire sur terre, et laisse-moi m'occuper des choses éternelles. Ne demande pas pourquoi. »

Une fondation a été instituée à la mémoire de Michael McCulloch. Grâce à cette fondation Michael donne encore de sa personne. De l'argent provenant de cette fondation a été versé à la Cathédrale de Cristal pour nourrir des enfants. À Noël des centaines d'enfants dans le besoin dans les régions les plus pauvres de la Californie du Sud, ont reçu de quoi manger en mémoire de l'amour de Michael McCulloch.

Alors la vie continue… là-bas ! Et ici aussi ! C'est vraiment possible ! Le succès n'a pas de fin ! Et l'échec n'est pas la fin !

Épilogue

Maintenant, mon ami, croyez-moi quand je vous dis que vous pouvez réaliser vos rêves.

La balle est dans votre camp. Vous, vous seul pouvez décider où vous serez dans 5, 10 ou 20 ans. Je vous ai dit tout ce que je pouvais vous dire. Le moment est venu pour vous de réussir.

Comment réaliser vos rêves ? En axant votre pensée sur la possibilité. En vous dotant d'un merveilleux rêve. Où trouver le rêve ? Dans la prière positive. Jésus a dit : « Demandez et l'on vous donnera ; cherchez et vous trouverez ; frappez et l'on vous ouvrira. » (Matthieu 7, 7). Grâce à la prière Dieu peut faire partie de votre vie. « C'est en elle en effet que nous avons la vie, le mouvement et l'être. » (Actes des apôtres 17, 28). La Bible analyse avec justesse la vitalité et l'énergie humaines dans cette phrase : « *C'est en lui que nous avons la vie.* » Il nous donne un rêve, et cela nous donne la vie ! « *...le mouvement* » en avant ! Courageusement ! Audacieusement ! Maintenant ! « *...et l'être !* » Nous découvrons notre véritable identité : camarades de travail du Christ sur terre !

Alors commencez en agissant !

Comment ?

• Certains se traînent les pieds.

• Certains flânent.

• Certains marchent d'un pas rapide.

- Certains font du jogging.

- Certains courent.

- Certains avancent au PAS DE COURSE !

Vous et vos rêves, vous vous réaliserez si vous vous pressez un peu. Le mot clé est EFFORT ! Retenez bien ce mot. Sentez l'énergie que ce mot produit et imprégnez votre esprit des lettres qui le forment. Laissez vos émotions positives se charger de la puissance de ce mot, et vous réussirez !

- Commencez modestement.

- Pensez possibilités.

- Allez un peu plus loin.

- Investissez sagement.

- Visualisez votre succès.

- Optez pour une expansion prudente.

Commencez modestement

Commencez par un rêve, une prière, sans question d'argent. C'est ainsi que les rêves se réalisent. Vous faites des efforts, mais vous commencez doucement. Vous ne plongez pas sans réfléchir. Commencez modestement ; gardez les pieds sur terre ; assurez-vous que vous savez ce que vous faites ; assurez-vous que vous maîtrisez votre projet et que vous savez où vous allez. Ne commencez pas en lion ; vous risquez d'échouer. Commencez modestement. Allez-y étape par étape.

Certains d'entre vous ne sont pas chrétiens. Je vous invite maintenant à choisir d'être chrétiens. Comment ? Pas en avalant la Bible tout entière. Commencez par accepter le fait que Jésus a vécu, est mort et vit encore de nos jours. Mettez-vous en harmonie avec lui, et de merveilleuses choses vous arriveront. Je mise ma vie, ma fortune, ma réputation sur cette promesse !

Essayez-le ! Maintenant ! Voilà mon invitation pour que vous deveniez chrétien ! Vous pouvez choisir d'abandonner, ou d'aller de l'avant !

Pensez possibilités

« Impossible ! » Ne croyez pas en ce mot ! Peut-être devrez-vous réviser vos plans, revoir vos priorités, corriger votre projet, redéfinir votre stratégie, relocaliser votre centre de décisions, vérifier vos réponses traditionnelles ou sortir de l'ornière, mais ce n'est pas impossible !

Vous dites : « J'ai un rêve, mais c'est impossible, » et je dis que votre rêve n'est pas impossible. Vous n'avez simplement pas encore appris comment le réaliser. Peut-être devrez-vous communiquer avec des gens mieux informés ou trouver quelqu'un qui pourra inventer une nouvelle façon de procéder.

Vous dites : « J'aimerais partir à l'assaut de mon rêve, mais ce n'est pas possible, docteur Schuller. » Je vous réponds que vous n'avez qu'à résoudre certains problèmes, c'est tout. C'est-à-dire que vous devrez peut-être prendre des décisions difficiles ou vous fixer de nouveaux objectifs.

Vous dites : « J'ai un rêve, mais il est impossible. Je n'ai pas l'argent nécessaire. » Je vous dis qu'il n'est pas impossible. Tout ce que vous avez à faire, c'est réunir l'argent. Augmentez votre revenu, réduisez vos dépenses, éliminez le gaspillage ; mais ne me dites pas que c'est impossible, car ce n'est pas le cas.

Allez un peu plus loin

Faites preuve d'imagination. Vous pouvez être plus que ce que vous êtes. Visez les étoiles. Plus vous viserez loin, plus vous irez loin.

J'ai toujours dit à mes enfants que s'ils voulaient obtenir un B, ils devaient viser un A.

Investissez sagement

Et maintenant, commencez à économiser de l'argent et de l'énergie. Soyez prêt à miser votre réputation. Mais faites attention à la manière dont vous vous dépensez et dont vous dépensez vos dollars, vos émotions, votre énergie et votre réputation. Choisissez bien les gens avec lesquels vous travaillerez. Optez pour des gens honorables. « Votre cœur sera là où votre trésor se trouve », disait Jésus. Alors quand vous aurez misé votre réputation et votre fortune sur votre rêve, vous serez vraiment motivé à aller de l'avant !

Visualisez votre succès

Visualisez votre rêve. Mon rêve le plus récent, je l'ai clairement à l'esprit. Je vois un clocher à la Cathédrale de Cristal, avec une chapelle à sa base ! Je vois des cloches tout en haut, et je peux les entendre sonner. Je vois des gens qui prient ! Je vois tout cela très clairement.

Optez pour une expansion prudente

Maintenant, soyez prêt à élargir votre fondation. Procédez à une expansion lente, sûre et efficace. Vous savez, j'ai quelques réalisations à mon actif, mais il m'a fallu plusieurs années ! J'accomplirai beaucoup de choses au cours des prochaines années ! Vous ne pouvez rester sur place ; vous devez faire croître votre succès, sinon il mourra.

Alors vous avez réussi ? Vous avez vu vos rêves se réaliser ? Trouvez une façon de poursuivre votre croissance et continuez à rêver ! *« C'est en lui que nous avons la vie, le mouvement et l'être. »* Assurez-vous que Dieu est en vous et que vous êtes en Dieu.

Une dernière prière

Seigneur, je veux que votre cœur soit dans mon cœur. Car grâce à vous je vis et je passe d'une mort ennuyeuse à une vie excitante !

Grâce à vos promesses, je passerai du découragement à l'espoir.

Grâce à votre miséricorde, je passerai de la honte à la gloire. Grâce à votre puissance, je passerai de la faiblesse à la force.

Grâce à votre providence, je passerai de l'échec au succès ! Merci, Seigneur.

Amen.